Udo Kuckartz

Computergestützte Analyse qualitativer Daten

WV studium Band 178

Udo Kuckartz

Computergestützte Analyse qualitativer Daten

Eine Einführung in Methoden und Arbeitstechniken

Westdeutscher Verlag

Die Deutsche Bibliothek – CIP-Einheitsaufnahme

Kuckartz, Udo:
Computergestützte Analyse qualitaver Daten : eine Einführung in Methoden und Arbeitstechniken / Udo Kuckartz. – Opladen : Westdt. Verl., 1999
(WV-Studium ; Bd. 178 : Sozialwissenschaft)
ISBN 3-531-22178-7

Der Westdeutsche Verlag ist ein Unternehmen der Bertelsmann Fachinformation GmbH.

www.westdeutschervlg.de

Höchste inhaltliche und technische Qualität unserer Produkte ist unser Ziel. Bei der Produktion und Verbreitung unserer Bücher wollen wir die Umwelt schonen: Dieses Buch ist auf säurefreiem und chlorfrei gebleichtem Papier gedruckt. Die Einschweißfolie besteht aus Polyäthylen und damit aus organischen Grundstoffen, die weder bei der Herstellung noch bei der Verbrennung Schadstoffe freisetzen.

Umschlaggestaltung: Horst Dieter Bürkle, Darmstadt
Druck und buchbinderische Verarbeitung: Langelüddecke, Braunschweig
Printed in Germany

ISBN 3-531-22178-7

Inhalt

Vorwort

„Wie aufregend Ihre Erfahrungen bei der Datenerhebung auch sein mögen, es kommt der Tag, an dem die Daten analysiert werden müssen.“

Als der Sozialwissenschaftler Anselm Strauss diesen Satz in der Zeit seiner aktiven Forschungsarbeit formulierte, ist ihm vermutlich die Frage noch nicht in den Sinn gekommen, ob und inwieweit Computersoftware geeignet ist, die Analyse von Texten und qualitativen Daten in der Sozialforschung zu unterstützen. In den Sozialwissenschaften fand die Frage einer Methodik zur *Auswertung* von qualitativen Daten ohnehin lange Zeit nur wenig Beachtung. Man interessierte sich vor allem für die Datenerhebung und für die Probleme der Feldarbeit. Die dominanten Fragen lauteten etwa: Wie gestaltet man die Interviewsituation? Wie lockt man Erzählungen hervor? Wie vermeidet man es, als teilnehmender Beobachter zu sehr zum Teil des untersuchten Feldes zu werden - „going native“ nannten die Ethnologen dieses Phänomen.

Dieses Buch setzt einen anderen Schwerpunkt: Die Probleme der Datenerhebung werden ebenso außer Acht gelassen wie die wissenschaftstheoretischen Auseinandersetzungen über Art und Status der zu wählenden Forschungsmethode. Dieser Text beginnt mit dem Tag der Datenbearbeitung und -analyse. Gegenstand sind die neuen, computergestützten Techniken des Datenmanagements und der Datenauswertung, die im letzten Jahrzehnt entwickelt worden sind. Für diese EDV-Programme zur computergestützten Analyse qualitativer Daten hat sich im englischen Sprachgebrauch die Bezeichnung „QDA-Software“ bzw. „CAQDAS“ durchgesetzt. QDA steht hierbei für „Qualitative Data Analysis“,

CAQDAS für „Computer Assisted Qualitative Data Analysis Software“.

Die seit Ende der 80er-Jahre mit rasantem Tempo betriebene Entwicklung von QDA-Software ist in beispielhafter Weise interdisziplinär geschehen. Die Entwickler der Programme entstammen sehr unterschiedlichen Disziplinen, unter anderem der Soziologie, Psychologie, Erziehungswissenschaft, Gesundheitsforschung und Informatik. Noch vielfältiger ist das Spektrum der Benutzer, das über die genannten Disziplinen hinaus u.a. Sportwissenschaftler, Mediziner, Kommunikationswissenschaftler, Linguisten, Historiker, Literaturwissenschaftler, Politikwissenschaftler, Kriminologen, Stadtforscher, Sozialarbeiter, Marktforscher, Islamwissenschaftler, Japanologen und andere mehr umfasst. Mit den neuen technischen Möglichkeiten ist eine Interdisziplinarität entstanden, die zur Folge hat, dass die alten Bezeichnungen und Kategorien nicht mehr recht passen wollen. So gibt bereits die Bezeichnung „computergestützte Analyse qualitativer Daten“, die aus dem Bereich der Sozialwissenschaften stammt, bei vielen Nutzern Anlass für Missverständnisse. Im Begriff „qualitative Daten“ spiegeln sich weder die Vielfalt der methodischen Herangehensweisen der Programmnutzer, noch die potentiellen Einsatzfelder der Programme wider. Manchen Disziplinen ist der Begriff „qualitative Daten“ völlig fremd. In anderen Disziplinen versteht man darunter standardisierte Daten mit Nominalskalenqualität.

Die heutigen QDA-Programme können erheblich mehr leisten, als lediglich Hilfsmittel im Prozess traditioneller qualitativer Sozialforschung zu sein. Sie ermöglichen *Textanalysen, Inhaltsanalysen, Medienanalysen, Dokumentanalysen*, *Aktenanalysen*, *Argumentationsanalysen* und viele weitere Formen der wissenschaftlichen

Bearbeitung von Texten, wie sie in den vorgenannten Disziplinen anzutreffen sind.

Dieses Buch richtet sich also keineswegs nur an qualitativ arbeitende Sozialwissenschaftler, sondern an alle, die professionell mit der Auswertung von Texten befasst sind, d.h. auch an Leser außerhalb des Wissenschaftsbereiches. Der vorliegende Text ist als *Studienbuch* konzipiert und folgt in seinem Aufbau der Logik des Ablaufs der Datenanalyse im Forschungsprozess: Ehe ein Text *codiert* werden kann, muss er zunächst *transkribiert*, *formatiert* und in das QDA-Programm *importiert* werden. Und ehe man nach Mustern von Kategorien oder Kategorienabfolgen suchen kann, muss der Text bzw. einzelne Passagen zuvor codiert werden – sei es durch die automatische oder durch intellektuelle Codierung. An dieser Logik hintereinander ablaufender und aufeinander aufbauender Arbeitsschritte ist das Buch orientiert.

Nach einem *einführenden Kapitel*, in dem die grundlegenden Arbeitsabläufe und die verschiedenen Anwendungsfelder der computergestützten Textanalyse dargestellt werden, befasst sich *Kapitel 2* mit dem Sine-Qua-Non der computergestützten qualitativen Datenanalyse, dem *Text*. Fokussiert werden die Fragen der Texttranskription, die notwendigen Schritte der Aufbereitung von Texten für das QDA-Programm sowie spezielle, vorstrukturierte Textformen. Die vorgestellten Beispiele beziehen sich meist auf das offene Interview, das in der Sozialforschung unter den qualitativen Methoden der Datenerhebung die Spitzenstellung einnimmt.

In den *Kapiteln 3 und 4* geht es um die Analysewerkzeuge von QDA-Software und um die Basistechniken der computergestützten Textauswertung. Hier steht der Vorgang der Textsegmentierung und Kategorienzuordnung (in englischer Terminologie „Cut-and-Paste"), dem in der computergestützten Textanalyse eine große Bedeutung zukommt, im Mittelpunkt. *Kapitel 3* befasst sich mit dem Vorgang des Segmentierens und Codierens, *Kapitel 4* mit den Methoden zum Wiederfinden codierter Textpassagen („Text-Retrieval"). Das Kategorisieren und Wiederfinden - im Englischen als „Code-and-Retrieve" bezeichnet - ist eine grundlegende Technik von QDA-Software.

Kapitel 5 behandelt die verschiedenen Varianten der *Textexploration*, die durch QDA-Software erleichtert werden. Die *lexikalische Suche* in den Texten erfordert keine Vorbereitungen: Sie lässt sich einsetzen, ohne dass es dazu vorhergehender manueller Codierungsarbeit bedarf.

In *Kapitel 6 und 7* sind zwei weitere analytische Werkzeuge zur computergestützten Auswertung Thema: *Memos* und *Fallvariablen*. Damit ist gewissermaßen der Grundkurs „Computergestützte Analyse qualitativer Daten" abgeschlossen. Die folgenden Kapitel sind *fortgeschrittenen Techniken* der computergestützten Textanalyse gewidmet:

Kapitel 8 und 9 nehmen Erweiterungen der Techniken des Text-Retrievals in verschiedene Richtungen vor: *Kapitel 8* stellt Techniken des selektiven Text-Retrievals vor, bei denen codierte Textsegmente in Abhängigkeit von Werten der Fallvariablen wiedergefunden werden. *Kapitel 9* behandelt die komplexe Suche nach dem gemeinsamen Vorkommen von Codes und die Möglichkeiten der Hypothesenuntersuchung und Matrixanalyse. Abschließend geben *Kapitel 10* und *11* einen Einblick in die Forschungspraxis. *Kapitel 10* diskutiert die Konstruktion von Kategoriensystemen und die Entwicklung der Kategorien während des Analyseprozesses. Am Beispiel der Vorgehensweise verschiedener Forschungsprojekte wird deutlich gemacht, wie eine strukturierte Inhaltsanalyse mit Computerunterstützung abläuft. *Kapitel 11* stellt Möglichkeiten vor, Verfahren der empirischen Klassifikation zur Ermittlung von Mustern in den Daten einzusetzen. Hier wird also der Horizont um die Einbeziehung von bzw. das Weiterarbeiten mit quantitativen Verfahren erweitert. Ein kurzer Ausblick auf die Weiterentwicklung der QDA-Software und die derzeit absehbaren Tendenzen schließt das Buch ab.

Dem Charakter eines Studienbuches entsprechend war ich bemüht, den Text übersichtlich und anschaulich zu gestalten. In den meisten Kapiteln sind *Beispiele* und *praktische Hinweise* enthalten. Grundlegende Begriffe und Definitionen sind deutlich hervorgehoben.

Software für die Datenanalyse verändert sich sehr schnell, wird weiterentwickelt und ist abhängig von der generellen Entwicklung der Betriebssysteme. Leitprinzip war es deshalb, möglichst wenig softwarespezifisch zu sein, aber dennoch hinreichend konkret, um den Leser in die Lage zu versetzen, schnell in die Praxis computergestützter Textanalyse einsteigen zu können. Die in den einzelnen Kapiteln gegebenen *praktischen Hinweise* und *Arbeitsvorschläge* beziehen sich auf das vom Autor entwickelte Computerprogramm WINMAX. Aus dem Internet ist eine Try-out-Version des Programms als Download abrufbar, mit der sich alle Arbeitsvorschläge bearbeiten lassen. Details zum Download und zur Installation sind dem Anhang zu entnehmen. Dort findet sich auch eine Übersicht über andere QDA-Software.

Im Feld der computergestützten Datenanalyse sind in den letzten Jahren mit großer Schnelligkeit Innovationen vorangetrieben worden, die Ende der 80er-Jahre noch unvorstellbar waren. Ich bin der festen Überzeugung, dass hier eines der großen Zukunftsfelder der empirischen Methoden liegt. Für die Sozialwissenschaften gilt, dass unter dem Eindruck einer sich rasant verändernden Gesellschaft und einer sich wandelnden Gesellschaftstheorie auch die Veränderung und Weiterentwicklung der Forschungsmethoden ansteht. Einstellungsforschung und Mittelwert-Statistik dürften wohl nicht mehr der Königsweg einer Sozialforschung der *zweiten Moderne* (Ulrich Beck 1996) sein. Dieses Buch will dazu beitragen, neue Analysetechniken und -möglichkeiten jenseits der alten Dualität von qualitativen und quantitativen Verfahren vorzustellen. Ich hoffe, dass dies bei vielen Forschern und in vielen Disziplinen gleichermaßen auf Interesse stößt.

Berlin, im Januar 1999 Udo Kuckartz

1 Textanalyse mit QDA–Programmen

1.1 Der Sinn und Zweck: Vom Text zum Text

Die Fähigkeiten von QDA-Software unterscheiden sich erheblich von Textverarbeitungsprogrammen und Textarchivierungsprogrammen. Im Kern geht es darum, ausgehend von einem Set von Texten, den *Primär-, Roh-* oder *Originaltexten*, einen neuen Text, z.B. einen Forschungsbericht, zu erstellen. Die Situation lässt sich folgendermaßen visualisieren.

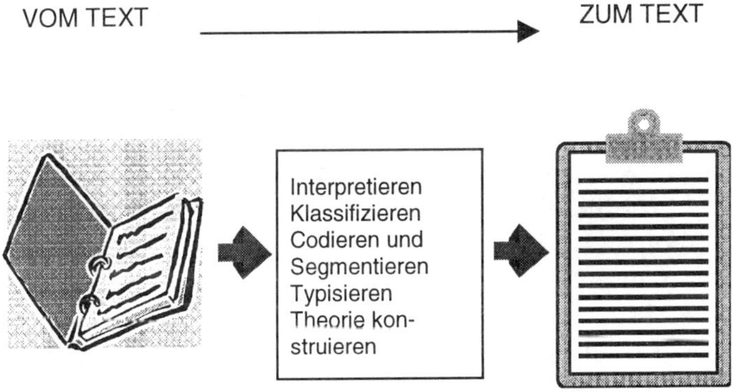

Abb. 1: Der Arbeitsprozess mit QDA-Software

Die Arbeit beginnt mit einer gewissen Anzahl von Originaltexten, beispielsweise im Forschungsprojekt „Umweltkommunikation und Lokale Agenda 21-Initiativen[1]“ (im Folgenden abgekürzt als „Umweltkommunikation“),

---

[1] Das Projekt wurde im Rahmen des Umweltforschungsplans des Umweltbundesamtes von U. Kuckartz und G. de Haan durchgeführt; vgl. de Haan/Kuckartz/Rheingans (1996 ff.).

einer Feldstudie, die wir in verschiedenen Berliner Bezirken durchgeführt haben, mit 30 Interviews, die mit den Akteuren dieser lokalen Initiativen geführt wurden. Je nach Studientyp ist das aus diesen Primärtexten bestehende Datenmaterial unterschiedlich:

- In Interviewstudien stellen üblicherweise die transkribierten Interviews die Primärtexte dar.
- In Feldstudien hat man es häufig mit mehreren Arten von Primärtexten zu tun: Interviews mit Akteuren, Interviews mit Experten, Dokumente, Sitzungs- und Beobachtungsprotokolle, Feldnotizen und anderes mehr. Zum Beispiel bestehen in einer Feldstudie über die Interaktion zwischen medizinischem Personal und Patienten auf Intensivstationen die Primärtexte aus Beobachtungsprotokollen und aus Interviews mit den Ärzten und dem Pflegepersonal (v. Grote/Sprenger/Weingarten 1983).
- In einer Dokumentenanalyse entsprechen die Primärtexte der Gesamtheit bzw. einer Stichprobe der Dokumente, z.B. in einer Studie über die Themen und Schwerpunkte des Soziologiekongresses 1996 sind 370 Abstracts die Basistexte der Analyse.

Die systematische Auswertung der Primärtexte geschieht mit dem Ziel, einen neuen Text zu erstellen, zum Beispiel in Form eines Forschungsberichtes, eines Zeitschriftenartikels, einer Buchpublikation, einer Examensarbeit, einer Dissertation o.ä. Die Primärtexte selbst haben den *Status von Dokumenten*, d.h. sie werden während des Auswertungsprozesses mit dem QDA-Programm normalerweise nicht verändert. Verschiedene QDA-Programme lassen zwar Modifikationen an den Texten zu, doch ist zumindest der Anfänger gut beraten, an der Vorstellung festzuhalten, dass die Primärtexte den Status von Dokumenten besitzen. Die Auswertung der Texte besteht nun aus einer Reihe unterschiedlicher, aufeinander bezogener Akte mit den Kernbestandteilen

- Exploration,
- Interpretation,
- Kategorisierung,
- Klassifikation,
- Typisierung und
- Theoriekonstruktion.

Die methodisch kontrollierte Analyse von Texten unterscheidet sich prinzipiell von der Textrezeption im Alltagsleben. Dort geht es eher um Inspiration: Eindrücke, die sich beim Lesen der Texte einstellen, werden zum Anlass für eigenes Nachdenken und vielleicht zur Formulierung eines neuen, eigenen Textes genommen. Im Zentrum der Analyse mittels QDA-Software steht die systematische Textbearbeitung, d.h. eine weitgehend codifizierte Vorgehensweise, bei der es nicht nur um die bloße selektive Plausibilisierung eigener Hypothesen durch entsprechend gewählte Zitate geht.

Die QDA-Software stellt für solche systematische Formen der Textbearbeitung verschiedene *Werkzeuge* zur Verfügung. Welche man davon nutzt und welche nicht, ist ausschließlich Angelegenheit des Benutzers und hängt davon ab, welchem methodischen Paradigma er bei der Auswertung folgt. Von QDA-Programmen werden in dieser Hinsicht keine Vorschriften gemacht. Sie beschränken ihre Benutzer allenfalls in der Hinsicht, dass bestimmte Operationen und Prozeduren mit dem Programm nicht möglich sind, zwingen sie aber nicht, einer bestimmten Auswertungsmethodik zu folgen.

Damit sind die Unterschiede zu EDV-Programmen aus anderen Bereichen wie Textverarbeitung, Text-Retrieval, Textverwaltung und Textarchivierung klar bezeichnet. QDA-Programme unterstützen eben jene Tätigkeiten, die in der schematischen Darstellung von Abbildung 1 in der Mitte stehen, d.h. den gesamten Analyseprozess von der Exploration und Interpretation bis zur Theoriekonstruktion. Sie dienen jedoch nicht zur *Eingabe* von Primärtexten, nicht zu deren *Archivierung,* und ebensowenig zur *Formatierung* und graphischen bzw. *typographischen Gestaltung* der Arbeitsergebnisse in Form von Forschungsberichten.

Angesichts der immer perfekter werdenden Textverarbeitungsprogramme und ihrer stark ausgeweiteten Fähigkeiten mag die Frage gestellt werden, ob solche Programme denn nicht ausreichen, um qualitative Datenanalyse zu betreiben. Was unterscheidet QDA-Programme eigentlich von normalen Textverarbeitungsprogrammen wie Microsoft WORD[2]? Ließe sich denn nicht auch WORD zur computergestützten qualitativen Datenanalyse benutzen? Die Antwort lautet „Ja, aber nur sehr eingeschränkt“. Moderne Textverarbeitungsprogramme sind in ihrem Leistungsspektrum mit jeder neuen Version verbessert und erweitert worden, doch sind sie für ein völlig anderes Aufgabenfeld als für die systematische und wissenschaftliche Auswertung von Textkorpora konzipiert. Sie haben vor allem Formatierungs- und Layoutfunktionen. Zwar verfügen Programme wie WORD inzwischen über gute Indexfunktionen, doch sind sie für das Arbeiten mit Kategoriensystemen ebenso wenig konzipiert wie für die Eingabe von Text-Memos oder für die Vercodung von Textinhalten in Variablen.

---

[2] Microsoft Word ist ein geschütztes Warenzeichen der Microsoft Corporation.

Wie sieht es mit den existierenden Programmen zur quantitativen Inhaltsanalye wie TEXTPACK (Züll/Mohler/Geis 1991), INTEXT (Klein 1997) oder GENERAL INQUIRER (Züll/Mohler 1989) aus? Lassen sich diese nicht auch für die Aufgaben der qualitativen Textanalyse nutzen? Auch hier lautet die Antwort „Ja, aber nur sehr eingeschränkt“. Diese Programme verfolgen das Ziel, Texte diktionärsbasiert in Kategorien zu vercoden: Aus Texten wird so eine numerische Datenmatrix erzeugt. Diese Vercodung ist syntaktischer Art: Das Vorkommen bestimmter Worte oder Zeichenketten im Text löst eine Codierung aus. Nach dem Durcharbeiten des Textkorpus ist dieser überflüssig und wird nicht weiter benötigt: Alle weiteren Analysen basieren auf der quantitativen Kategorienmatrix und sind rein statistischer Natur (vgl. Kap. 3). QDA-Programme arbeiten in ihrem Kernbereich hingegen mit semantikbasierten und nicht mit automatischen Codierungen von Zeichenketten. Auch bleiben die Texte während des gesamten Analyseprozesses präsent und sind jederzeit leicht zugänglich, denn sie werden immer wieder für Zwecke der Interpretation benötigt. Das Endprodukt einer Auswertung mit QDA-Software besteht aus Text bzw. Textinterpretationen, möglicherweise auch aus Textverweisen und –zitationen und –montagen, jedoch nicht aus Zahlentabellen, Signifikanzen, Strukturkoeffizienten oder anderen statistischen Ergebnissen.

1.2 Anwendungsfelder

Die Anwendungsfelder von QDA-Programmen sind äußerst vielfältig, sie werden heute in einer Vielzahl von Wissenschaftsdisziplinen und Praxisfeldern sowie in der Marktforschung eingesetzt. Die meisten Anwendungen findet man in den klassischen sozialwissenschaftlichen

Disziplinen, der Soziologie, Psychologie und Politikwissenschaft. Soziologen analysieren beispielsweise die Biographien von Studenten oder Lebensvorstellungen von Jugendlichen. In der Psychologie und Psychoanalyse geht es etwa um Bewältigungsstrategien in kritischen Lebenssituationen. Ein typisch politikwissenschaftliches Anwendungsfeld ist die Analyse von Dokumenten und Protokollen, beispielsweise von Politikerreden im Deutschen Bundestag zu ausgewählten Themen.

Zu den Hauptanwendungsfeldern zählen auch die Erziehungswissenschaft, Sozialarbeit, Sozialpädagogik und die Bildungsforschung. Inhaltlich geht es hier etwa um Berufsbiographien arbeitsloser Lehrer, um berufliche Einmündung von Diplompädagogen, um Experteninterviews in der Jugendhilfeforschung oder um die subjektive Bedeutung des Computers für Schülerinnen.

Ein stetig wachsendes Feld ist die Kommunikations- und Medienwissenschaft. Die Inhaltsanalyse von Massenmedien (Printmedien und Fernsehen) ist dabei ebenso zu nennen wie die Analyse von Kommunikationsformen, die mit den neuen Medien, Internet und Multimedia, assoziiert sind (z.B. Kommunikation in User-Groups und in Chat-Rooms).

Auch in neuen, querschnittlich angelegten Disziplinen werden QDA-Programme häufig eingesetzt, u.a. in der Frauenforschung, den Gesundheits- und Pflegewissenschaften, den Rehabilitationswissenschaften und den Umweltwissenschaften.

Noch vergleichsweise selten sind Anwendungen in klassischen geisteswissenschaftlichen Fächern, den Philologien und der Geschichtswissenschaft. Häufiger werden QDA-Programme jedoch bereits in der Sportwissenschaft, der Theologie, Ethnologie, den Wirtschaftswissenschaften und der Marktforschung eingesetzt.

Das Spektrum der Anwendungsfelder weitet sich stetig aus und es lässt sich begründet vermuten, dass all jene Disziplinen, die es mit der systematischen Auswertung und Bearbeitung von Texten zu tun haben, in den nächsten Jahren QDA-Programme für sich entdecken werden.

1.3 Arbeitsabläufe mit einem QDA- Programm

Wie läuft nun die Textanalyse mit einem QDA-Programm ab? Im Mittelpunkt stehen natürlich die *Texte*, die zunächst in das QDA-Programm importiert werden müssen, bevor man mit ihnen arbeiten kann. Charakteristisch für die Arbeit mit QDA-Programmen ist, dass gewöhnlich nicht nur mit einem Einzeltext gearbeitet wird, wie dies typischerweise bei einem Textverarbeitungsprogramm der Fall ist, sondern mit einem *Set von Texten*, die inhaltlich zusammengehören und die man zusammen analysieren will. Man will die Texte miteinander vergleichen, sie kontrastieren, Gemeinsamkeiten herausarbeiten und Regelmäßigkeiten feststellen. Es kommt also weniger auf den einzelnen Text in seiner Besonderheit an, sondern vielmehr auf die Gesamtschau. Dieser Fokus auf ein ganzes Set von Texten bedeutet allerdings keineswegs, dass detaillierte Zeile-für-Zeile-Analysen damit ausgeschlossen wären. Die Vielfalt der verschiedenen Methoden der Text- und Inhaltsanalyse bedingt, dass keine allgemein verbindliche Abfolge von Arbeitsabläufen und Analyseschritten angegeben werden kann. Es lassen sich allerdings Bearbeitungsphasen unterscheiden, die in den verschiedenen methodischen Paradigmen eine mehr oder weniger große Rolle spielen. QDA-Programme lassen sich mit Werkzeugkästen vergleichen, die umfangreiche Sammlungen von Werkzeugen enthalten.

Die Werkzeuge können mehr oder weniger brauchbar und von unterschiedlicher Qualität sein. Es lassen sich aber deutlich bestimmte Basisklassen von Werkzeugen wie Zangen, Schraubenschlüssel, Steckschlüssel etc. unterscheiden. Natürlich sind nicht alle Werkzeugkästen quantitativ und qualitativ gleich bestückt. Manche enthalten nur wenige Werkzeuge, manche enthalten vielleicht sehr viele Dinge, die man aber nur selten benötigt.

Das Programm WINMAX, auf das in diesem Buch häufig Bezug genommen wird, verfügt über folgende Werkzeuge zur Bearbeitung der Texte:

- *Codes (Kategorien)* können in Form eines mehrstufigen hierarchischen Kategoriensystems definiert werden und frei definierten Textpassagen zugeordnet werden
- *Fallvariablen* beziehen sich auf einen Text in seiner Gesamtheit und können beispielsweise verwendet werden, um Informationen über die Entstehung des Textes zu speichern (Interviewer, Ort, Datum, Interviewlänge, persönliche Daten des Befragten)
- *Memos* sind eigene Aufzeichnungen des Forschers, die Hypothesen und Ideen in Bezug auf die Texte oder die gebildeten Kategorien enthalten
- *Gewichtungsvariablen* sind codierten Textsegmenten zugeordnet und können beispielsweise festhalten, wie bedeutsam ein bestimmtes Segment für eine bestimmte Hypothese ist („Relevanz-Score")

Wir haben es also einerseits mit einem Set von *Primärtexten* zu tun, andererseits mit *Codes*, *codierten Textsegmenten*, *Memos* und *Variablen*. All dies zusammen bildet eine Einheit. Im Programm WINMAX wird diese Gesamtheit als *Projekt* bezeichnet, im Programm ATLAS/ti firmiert dies als *Hermeneutische Einheit*.

Die folgenden acht *Arbeitsaufgaben* beschreiben grundsätzliche Arbeitsweisen bei der computergestützten Analyse qualitativer Daten, die in unterschiedlicher Kombination und Schwerpunktsetzung in den verschiedenen methodischen Paradigmen eine Rolle spielen. Diese Arbeitsaufgaben müssen nicht notwendigerweise hintereinander ablaufen. Sie können parallel bearbeitet oder auch in zirkulärer Reihenfolge durchlaufen werden.

Arbeitsaufgabe 1 - Projekt und Textgruppen einrichten

Die erste Arbeitsaufgabe bei der Arbeit mit einem QDA-Programm besteht im Anlegen eines neuen *Projektes*, d.h. der Einrichtung von einer Art Lagerhaus für alle Daten, die jetzt oder zukünftig im Rahmen der Auswertung anfallen. Am besten wählt man einen aussagekräftigen Namen für das Projekt, beispielsweise für die erwähnte Studie über Lokale Agenda 21-Initiativen „Umweltkommunikation und LA 21".

Sinnvoll ist es, verschiedene *Textgruppen* zu unterscheiden und entsprechend zu benennen. Im Projekt „Umweltkommunikation" wurden einerseits die Akteure der lokalen Initiativen interviewt, andererseits auch Experten aus dem Umfeld. Zum Datenmaterial gehören die Sitzungsprotokolle der Initiativen, ferner wurden Beobachtungsprotokolle über die Treffen der Initiativen und ihrer Arbeitsgruppen angefertigt.

Es empfiehlt sich dementsprechend vier Textgruppen zu unterscheiden:

- Interviews mit Akteuren
- Interviews mit Experten
- Beobachtungsprotokolle
- Sitzungsprotokolle

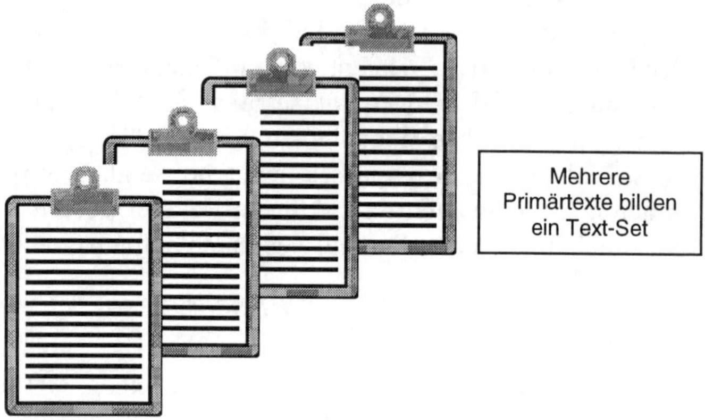

Abb. 2: Ausgangssituation: Mehrere Primärtexte

Arbeitsaufgabe 2 - Import von Primärtexten

Hat man ein Projekt eingerichtet und Textgruppen gebildet, um verschiedene Arten von Texten zu unterscheiden, dann kann der Import von Primärtexten beginnen. Zuvor müssen diese entsprechend vorbereitet werden. In QDA-Programmen haben die Primärtexte den Status von Dokumenten, d.h. sie können während des Analyseprozesses nicht oder nur marginal verändert werden. Eine sorgfältige Korrektur der Primärtexte ist deshalb angeraten; Ebenso sind die Texte vor dem Import zu anonymisieren. Weitere Texte können auch später noch, zu jedem beliebigen Zeitpunkt des Analyseprozesses, eingelesen werden. Man ist also nicht gezwungen, gleich alle Texte bereits zu Beginn der Textauswertung zu importieren. Häufig wird eine Arbeitsweise praktiziert, bei der zunächst jeder importierte Text in zeilennummerierter Form ausgedruckt wird. Ein solcher Ausdruck ist eine gute Grundlage für eine in der Forschergruppe gemeinsam vorgenommene Bearbeitung und Diskussion. Der zeilennummerierte Ausdruck stellt ferner einen guten Ausgangspunkt für die Analyse- und Codierarbeit dar: Man kann Notizen an den Rand schreiben, Themen vermerken, Relevantes markieren und Kategorien notieren.

Arbeitsaufgabe 3 - Texte segmentieren und Codeworte zuordnen

In der dritten Phase kann die Codierung von Texten beginnen. Relevante Textpassagen werden markiert und ihnen werden aussagekräftige Codes zugewiesen.

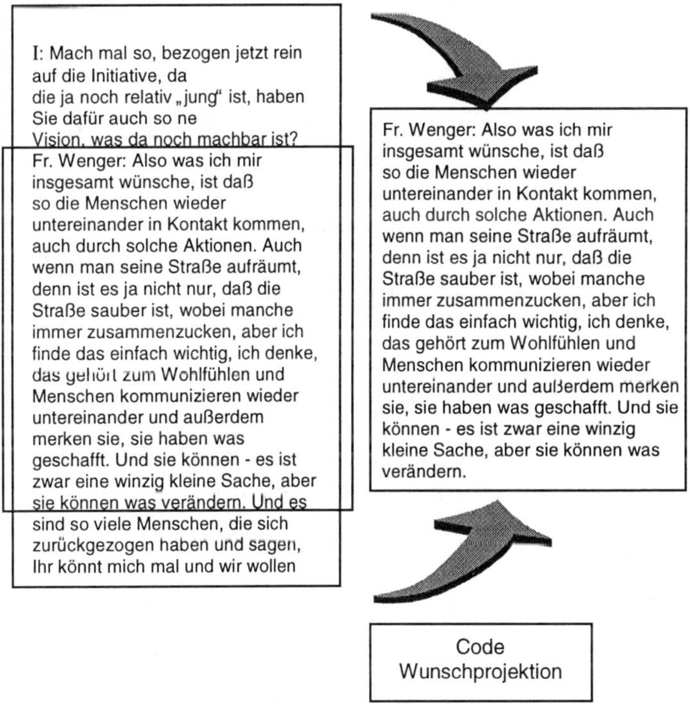

Abb. 3: Text segmentieren und codieren

In der Definition eines Textsegmentes ist man dabei völlig frei: Ein Textsegment kann nur aus einem Wort bestehen, einem oder wenigen Sätzen oder auch aus längeren Textpassagen. Die gleichen Textstellen können mehrmals codiert werden, d.h. dem Segment können gleichzeitig mehrere Codeworte zugeordnet werden. Auf diese Weise werden die Texte des Projektes systematisch bearbeitet. Dies stellt eine wesentliche Vorarbeit dar, um später alle Textstellen zu bestimmten Themen zusammenstellen zu können oder um die Struktur des Textes, den Zusammenhang zwischen Kategorien zu erforschen.

Arbeitsaufgabe 4 - Ideen, Hypothesen und Theorien in Form von Memos festhalten

Ein weiteres wichtiges analytisches Werkzeug von QDA-Programmen stellen die *Memos* dar. Dabei handelt es sich zunächst um nichts anderes als um die Möglichkeit, Notizen zu verfassen und zusammen mit den Originaldaten zu speichern und zu verwalten. Etwas Wichtiges auf eine Karteikarte aufzuschreiben, war natürlich auch schon vor dem Computerzeitalter im Forschungsalltag ein ständig praktiziertes Verfahren, um z.B. Kategoriendefinitionen, Hypothesen oder komplexe Gedankengänge festzuhalten. Memos können sich auf bestimmte Texte, Textstellen oder auf Codes beziehen, sie können aber auch als „theoretische Memos“ frei von einer solchen Zuordnung sein. Memos sind ein wichtiges Hilfsmittel, um die eigenen Hypothesen zu entwickeln. Sie können wichtige Meilensteine auf dem Weg zum eigenen Text sein.

Arbeitsaufgabe 5 - Ein System von Kategorien entwickeln

Das Arbeiten mit dem Kategoriensystem stellt einen wesentlichen Teil der analytischen Arbeiten dar. QDA-Programme leisten hier wirksame Unterstützung. Die Codes wachsen im Verlauf des Analyseprozesses zu einem dichten, geordneten System von Kategorien zusammen. Dabei können einerseits verschiedene Codes zu einem neuen, übergreifenden Code zusammengefasst werden. Andererseits können Codes ausdifferenziert werden. Es mag sich beispielsweise als nützlich herausstellen, bei einem Code „Wunschprojektion“ zwischen sozialen, ökologischen und ökonomischen Wünschen zu unterscheiden. QDA-Programme ermöglichen es dann, ohne größeren Aufwand die bereits mit „Wunschprojektion“ codierten Textsegmente einer der drei neu gebildeten Subkategorien zuzuordnen.

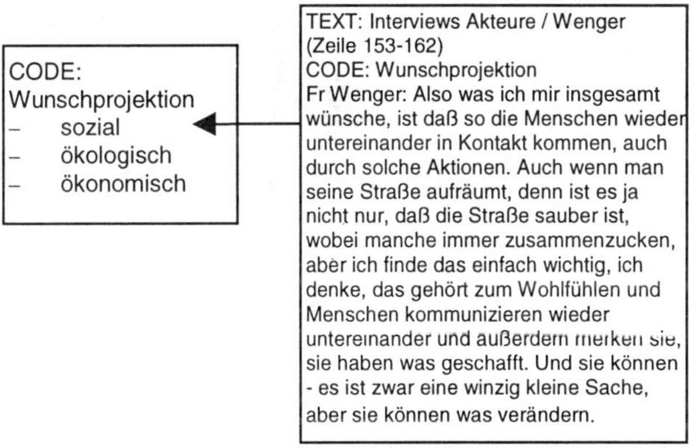

Abb. 4. Ausdifferenzierung des Kategoriensystems

Arbeitsaufgabe 6 – Fallvariablen definieren, Textmerkmale bewerten und klassifizieren

Mit dem Hilfsmittel der *Fallvariablen* können einerseits a priori vorhandene Informationen über den Text festgehalten werden, z.B. sozio-demographische Daten, Informationen über den Interviewer und den Interviewverlauf. Andererseits kann das Werkzeug der Fallvariablen auch dazu benutzt werden, um Klassifizierungen und Bewertungen, die auf der Grundlage der Textinterpretation vorgenommen werden, in Form von Variablenwerten festzuhalten. Die Fallvariablen können als Selektionskriterien für das Text-Retrieval, d.h. das Wiederfinden codierter Textpassagen herangezogen werden: Vorausgesetzt dass die Variablen *Anzahl der Kinder* und *Einkommenshöhe* als Fallvariablen erfasst wurden, lässt sich so etwa die Frage „Wie sehen die sozialen Wunschprojektionen von Befragten mit Kindern und einem Monatseinkommen über 6000 DM aus?“ beantworten. Auch lassen sich mit den Fallvariablen statistische Berechnungen durchführen.

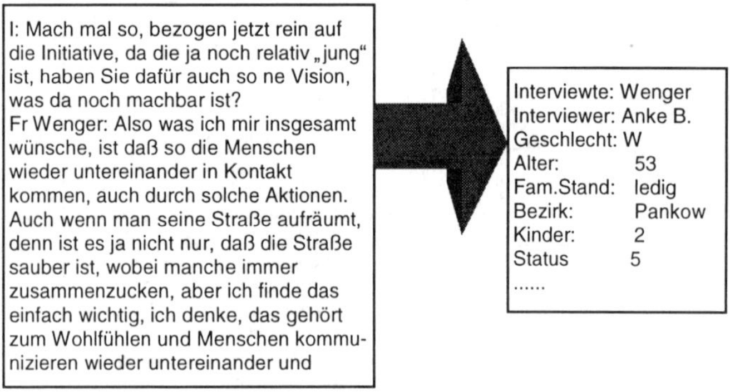

Abb. 5: Mit dem Text assoziierte Fallvariablen

Arbeitsaufgabe 7 - Text-Retrieval: Fragen an das Material stellen

Mit dem Mittel des Text-Retrievals können alle zu einer bestimmten Kategorie oder Subkategorie zugeordneten Textstellen des gesamten Text-Sets zusammengestellt werden. Sie lassen sich in einer geordneten Liste zusammen mit der Herkunftsangabe ausgeben, speichern und drucken. Dies stellt eine sehr einfache Möglichkeit zur Themenanalyse dar. Man erhält beispielsweise alle auf den Bereich „Soziales“ zielenden Wunschprojektionen der Befragten und kann zusätzlich zwischen verschiedenen Textgruppen (Akteure und Experten) unterscheiden. Anders als manuelle Karteisysteme machen gute QDA-Programme es möglich, nach Belieben in den Primärtext zurückzuspringen und den größeren Kontext einer codierten Textpassage einzusehen, wann immer dies für sinnvoll erachtet wird.

Komplexere Formen des Text-Retrievals sehen beispielsweise so aus, dass nach gemeinsamen Kategorien bzw. Kategorienfamilien geforscht wird. Mittels spezieller Abfragewerkzeuge lassen sich Fragen an das Material stellen, z.B. „existieren Textstellen, in denen Befragte ihre auf die Initiativgruppe bezogenen Wünsche beschreiben (Code „Wunschprojektion/sozial“) und gleichzeitig „negative Emotionen“ äußern?“

Arbeitsaufgabe 8 – Komplexe Analyse

QDA-Programme bieten heute so viele Möglichkeiten, dass auch sehr komplizierte Formen der Analyse problemlos durchzuführen sind. Komplexe Formen des Text-Retrievals ermöglichen die gezielte Prüfung von Hypothesen. Es wird nicht mehr lediglich nach dem gemeinsamen Auftreten von Kategorien geforscht, sondern es kann etwa mit Hilfe von Entfernungsoperatoren überprüft werden, welche Themen im Umkreis bestimmter Fragen erörtert oder gerade nicht erörtert werden.

Ferner besteht die Möglichkeit, Textinformationen in Form von Variablenwerten zu vercoden und mit diesen Variablen auch quantitative Auswertungen durchzuführen. Statistische Verfahren wie die Faktorenanalyse, Clusteranalyse oder Korrespondenzanalyse können eingesetzt werden, um nach Mustern und Typologien zu suchen. Die Resultate lassen sich wiederum in Kombination mit Techniken des Text-Retrievals nutzbar machen. Relevanz-Scores ermöglichen es, die Bedeutsamkeiten von Textsegmenten festzuhalten und ebenfalls beim Text-Retrieval zu berücksichtigen.

Mit der im Laufe des Forschungsprozesses entstehenden Sammlung von Memos verfügt man über einen Fundus von Ideen, Hypothesen und Auswertungsmodulen. All dies erleichtert die Anfertigung eines Forschungsberichtes. Man kann in Memos gezielt nach Begriffen suchen, auch lassen sich den Memos wiederum Kategorien zuordnen, die das Auffinden bestimmter Ideen und Beschreibungen ermöglichen. Auf diese Weise lassen sich Memos in umfassenden Memos integrieren und zu Forschungsberichten ausbauen.

1.4 Methodische Orientierungen: Das Auswertungsmodell hinter WINMAX

Für die meisten QDA-Programme gilt, dass sie ursprünglich vor dem Hintergrund eines bestimmten praktischen Problems der Datenanalyse entwickelt wurden und Präferenzen für ein methodisches Paradigma beinhalten. *Programme folgen bestimmten methodischen Orientierungen.* Natürlich lassen sich mit ihnen auch andere Auswertungsprozesse durchaus erfolgreich organisieren, an die seitens der Programmentwickler überhaupt noch nicht gedacht wurde, doch ist es ganz hilfreich, die prägende Orientierung zu erfahren, die einem Programm zugrunde liegt und diese in Beziehung zu der Form von Analyse zu setzen, die man für die eigenen Daten anwenden möchte.

Das Programm WINMAX ist entlang eines Modells der Datenanalyse konzipiert, das an den methodischen Überlegungen von Max Weber und Alfred Schütz orientiert ist und auf eine *methodisch kontrollierte Typenbildung* zielt:

Schütz zeigte auf, dass der kognitive Vorgang der *Typisierung* eine anthropologische Basistechnik ist, mit der wir uns im Alltag wie auch in der Wissenschaft zurecht finden. Wir denken mit Hilfe von Abstraktionen und Typisierungen, infolgedessen sind Prozeduren der Klassifikation, der Quantifizierung und der Typenbildung unterschwellig immer am Werke, selbst dort, wo keine formalisierte Klassifizierung und kein Zählvorgang im mathematischen Sinne in Erscheinung tritt (vgl. Schütz 1962: 7 ff.).

Weber erklärte die Konstruktion von *verständlichen Handlungstypen* zum zentralen Ziel der empirischen Sozialwissenschaft. Sie sind eine Art Bindeglied zwischen einer hermeneutischen Methodik, die auf das Verstehen des Einzelfalls abzielt, und einer auf gesetzesartige Zusammenhänge fixierten sozialwissenschaftlichen Statistik. Qualitative und quantitative Forschungstechniken erscheinen hier als aufeinander bezogen, allerdings mit je eigenen Kriterien der Zuverlässigkeit und Gültigkeit. Methodologisch geht es um das Erkennen von Mustern, von sozialen Regelhaftigkeiten und um deren Verständlichkeit im Sinne des kontrollierten Fremdverstehens (vgl. Weber 1964; Hopf/Weingarten 1979; Kuckartz 1991a; Lazarsfeld 1972).

Das an diese Methodiken angelehnte Modell der Datenanalyse verknüpft qualitative und quantitative Operationen miteinander. In ihren ersten Schritten arbeitet die Methode hermeneutisch, d.h. sie verläuft weitgehend parallel zu Verfahren, die im Bereich der Phänomenologie und Ethnographie Verwendung finden (vgl. Geertz 1973): Es geht zunächst darum, den subjektiv gemeinten Sinn eincs Textes herauszukristallisieren. *Verstehen* bedeutet zuallererst das Verstehen des Verhaltens der am sozialen Geschehen beteiligten Einzelnen. Erst auf dieser Grundlage kann die Frage nach Regelmäßigkeiten, nach *verständlichen Handlungstypen* gestellt werden.

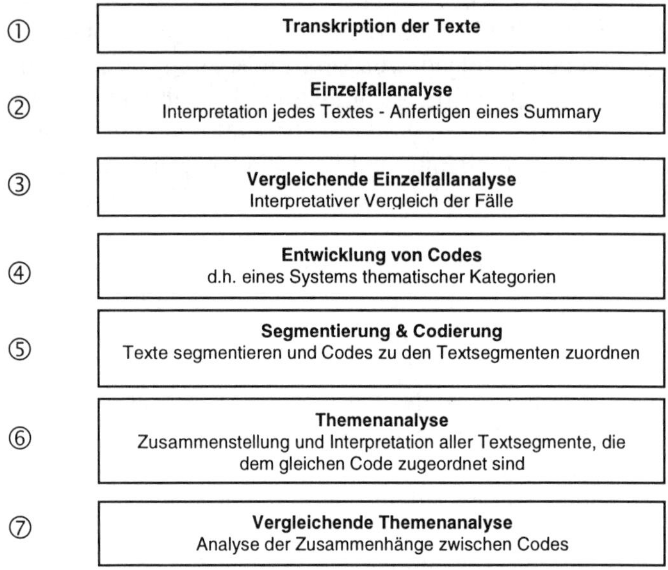

Abb. 6: Ablaufschema des ersten Codierungsprozesses: Von den Interviewtranskripten zu codierten Textsegmenten

Begonnen wird deshalb nicht mit einer Segmentierung der Texte und einer De-Kontextualisierung von Textsegmenten, sondern mit einer „Gesamtschau" von Einzelfällen[3]. Die Codeworte, die in den beiden folgenden methodischen Phasen entwickelt und Textsegmenten zugeordnet werden, haben bei dieser Form der Analyse den Charakter von *thematischen Kategorien.* Sie dienen dazu,

[3] In vielen Forschungsprojekten werden beispielsweise Porträts oder Summaries angefertigt, deren Aufgabe es ist, eine kohärente Gesamtdeutung von Einzelfällen zu geben.

Themen in den Interviews zu identifizieren. Die Codierung ist die Vorstufe, die notwendige Voraussetzung für die darauf folgende Auswertung des Datenmaterials, bei der zunächst die zu den gleichen Kategorien gehörenden Textsegmente in vergleichender Weise bearbeitet werden. Diese vergleichende Themenanalyse zielt dann darauf ab, durch kontrastierende Vergleiche Ähnlichkeiten zwischen den einzelnen Personen, Besonderheiten einzelner Fälle und Zusammenhänge von Kategorien zu finden.

Hat man diese sieben Schritte durchlaufen, ist die Auswertung bereits ein gutes Stück vorangekommen: Das Datenmaterial ist strukturiert worden, d.h. in eine überschaubare Ordnung gebracht worden. Es gleicht nun den geordneten Arzneimitteln in der Apotheke, die sich wohl sortiert in Schubladen- oder Regalschränken befinden. Schubladenetiketten geben Auskunft darüber, was einen erwartet, wenn man sie öffnet. In diesen einzelnen Schubladen befinden sich die Textsegmente verschiedener Interviews, die man zuvor durch Codierung entsprechend zugeordnet hat. Diese Materialien lassen sich im weiteren sehr einfach deskriptiv auswerten, indem gewissermaßen der Schubladeninhalt ausgebreitet und zu einem neuen Text verdichtet und montiert wird. Sofern das Datenmaterial überschaubar ist, lassen sich durch sorgfältige Inspektion und Interpretation typische Muster erkennen, und man ist in der Lage, „dichte Beschreibungen" (vgl. Geertz 1973) zu geben.

Je größer das Sample und je umfangreicher infolgedessen das Datenmaterial ist, desto schwieriger wird es allerdings, komplexe Muster zu erkennen. Bei qualitativen Interviewstudien ist es durchaus üblich, 20 und mehr Interviews durchzuführen und schon bei dieser, im Vergleich zu den Samplegrößen der Survey-Sozialforschung sehr geringen Populationsgröße, wird es immer schwieriger festzustellen, ob die per Augenschein und intuitiv bemerkten Zusammenhänge, die man häufig mit quasistatistischen Begriffen belegt (*typisch*, *meist*, *Muster*, *Orientierungsmuster*, *Leitbild*, *Leitmotiv*), denn nun auch tatsächlich die Gegebenheiten des gesamten Datenmaterials widerspiegeln.

Das WINMAX-Modell der *Analyse* bietet eine Möglichkeit, mit diesem Problem umzugehen, indem das Werkzeug der Fallvariablen genutzt wird. Durch sorgfältige Klassifikation des Datenmaterials und durch Einstufung individueller Aussagen auf Merkmalsdimensionen lassen sich komplexe Zusammenhänge in den Daten erkennen. Bezeichnet man das, was bei der Technik der Segmentierung und Codierung geschieht, als *Codierung erster Ordnung*, so lässt sich die Nutzung der Fallvariablen als *Codierungsprozess zweiter Ordnung* bezeichnen. Den denkbar einfachsten Fall stellt ein Codierungsprozess dar, bei dem lediglich eine Einstufung auf einer einzigen Variablen mit Ja/nein-Skalierung durchgeführt wird. Zwischen Anfangs- und Endpunkt der Codierung zweiter Ordnung finden Interpretations- und Klassifizierungsvorgänge statt, die einen mehrmaligen Durchgang durch das Datenmaterial erfordern.

An drei Stellen - im ersten, vierten und siebten Schritt - ist ein Durchlauf durch das Material bzw. durch die jeweiligen codierten Segmente erforderlich. Wenn dieses sehr umfangreich ist, empfiehlt es sich, die Dimensionsanalyse und die Definition von Variablen und Skalenpunkten nur mit einem Teil des Materials durchzuführen. Das Ablaufmodell ist nicht als ein starres, sequentiell vorwärts zu durchlaufendes Schema gedacht. An bestimmten Punkten kann es sich als notwendig erweisen, noch einmal einen modifizierenden Rückwärts-Schritt zu vollziehen, so kann sich etwa bei der „fallbezogenen Codierung“ zeigen, dass nominale Skalenwerte nicht genug gegeneinander abgegrenzt sind, so dass die Codieranleitung geändert werden muss, auch mag sich zeigen, dass vorgesehene Ordinalskalen einen Grad an Differenziertheit aufweisen, der der Qualität des Datenmaterials nicht entspricht. In diesem Fall müssen die Schritte 5 bis 7 erneut durchlaufen werden.

① Durchsicht aller Textsegmente zu einem Code

② Dimensionsanalyse

③ Definition von Dimensionen (Variablen)

④ Erneute Durchsicht aller Textsegmente zu diesem Code

⑤ Bestimmung des Skalentyps und Definition der Skalenwerte

⑥ Formulierung einer Codieranweisung mit prototypischen Beispielen

⑦ Fallbezogene Codierung und Eingabe der Werte pro Fall

Abb. 7: Der zweite Codierungsprozess: Von der Dimensionsanalyse zur fallbezogenen Codierung

Dieser zweite Codierungsprozess stellt eine zusätzliche Möglichkeit des WINMAX Programms dar, die über das Codieren von Textpassagen und das Arbeiten mit Memos hinausgeht. Der Sinn und Zweck des zweiten Codierungsprozesses liegt weniger in den hierdurch ermöglichten statistischen Auswertungen, als vielmehr auf der Ebene der Zusammenhangsanalyse und den nun möglichen selektiven Retrievals von Textsegmenten, bei denen die Variablenwerte bzw. das Muster der Variablenwerte der befragten Personen als Auswahlkriterium für den Zugriff auf Textsegmente dienen.

1.5 Datenarten, Analysestile und Analysemethoden

Als Hilfsmittel der Datenanalyse sind QDA-Programme nicht auf eine bestimmte Disziplin festgelegt, sondern mit einem bestimmten Problem assoziiert: nämlich *der systematischen Auswertung von Text*, genauer gesagt digitalisiertem Text. So unterschiedlich die QDA-Programme auch sein mögen, in der zentralen Voraussetzung zu ihrer Benutzung sind sie sich relativ ähnlich: Die zu bearbeitenden Texte müssen *maschinenlesbar* vorliegen. Häufig fragen Interessierte, die erstmals mit einem QDA-Programm konfrontiert sind, ob das in Frage stehende Programm auch mit eingescannten Texten arbeiten kann. Dies ist selbstverständlich der Fall, denn wie ein solcher digitalisierter Text zustande kommt, ob durch Eintippen, Einscannen oder Voice-Recorder, ist für das QDA-Programm völlig gleichgültig. Allerdings besitzen QDA-Programme keine spezielle Texterkennungsfunktionen, da muss schon auf einschlägige Programme wie beispielsweise *Omnipage (*geschütztes Warenzeichen der Caere Corporation*)* zurückgegriffen werden.

Für QDA-Programme gilt, dass sie nicht mit einer bestimmten Wissenschaftsdisziplin, sondern mit einer bestimmte Klasse von Problemen assoziiert sind. Diese Eigenschaft teilen sie mit Statistik-Programmsystemen: Auch diese werden in den verschiedensten Bereichen der Wissenschaft, in Verwaltungen, Unternehmen und Forschungsinstituten eingesetzt. Im Fall der Statistikprogramme ist es ganz selbstverständlich, für welche Datentypen sich diese eignen, nämlich für numerische Daten, die man mittels statistischer Algorithmen zu analysieren beabsichtigt. Im Fall der QDA-Programme ist die Zuordnung von Datentypen keineswegs so selbstverständlich. Für welche Datenarten eignet sich QDA-Software eigentlich? Schaut man sich empirisch im Kreis der Programmbenutzer um, so sind die ausgewerteten Datenarten außerordentlich vielfältig. Unter anderem kann man folgende Arten von Datenmaterial finden:

- Transkripte von offenen Interviews aller Art (narrative Interviews, Tiefeninterviews etc.)
- Feldnotizen und Feldprotokolle aus der sozialwissenschaftlichen und ethnologischen Forschung
- Aufzeichnungen von Gruppendiskussionen
- Vorstrukturierte Texte, beispielsweise Resultate von Datenbankrecherchen
- Dokumente verschiedenster Art wie beispielsweise Lehrpläne, Zeitungsartikel u.ä.
- Leitfadenstrukturierte Interviews, Expertengespräche
- Akten (z.B. der Sozialverwaltung)
- Aufsätze (z.B. Schüleraufsätze, Abituraufsätze), Briefe (z.B. von Migranten)
- Antworttexte auf offene Fragen aus standardisierten Fragebögen
- Beobachtungsprotokolle, Therapieprotokolle, Protokolle von Anamnesegesprächen, protokollierte Träume
- Literarische Texte, Zeitungsannoncen

Außer der Grundvoraussetzung, dass es sich um digitalisierten Text handeln muss, bestehen im Grunde keine weiteren Vorbedingungen für das Arbeiten mit QDA-Programmen. Man sollte aber berücksichtigen, dass die Programme nicht für spezialistische Analyseverfahren entwickelt wurden. Wer etwa hoch differenzierte Transkriptionssysteme benutzt, wird feststellen, dass diese von QDA-Programmen nur unzureichend unterstützt werden.

In Bezug auf den Analysestil legen QDA-Programme zwar einen Rahmen fest, doch ist dieser hinreichend flexibel. Der Benutzer wird nicht auf eine bestimmte Methode der Text- oder Inhaltsanalyse festgelegt. Eine vom Autor durchgeführte Befragung der Benutzer von WINMAX erbrachte das Resultat, dass die große Mehrheit sich bei der Auswertung ihrer qualitativen Daten nicht an einer bestimmten Methode und an einem vorgegebenen Modell der Analyse orientiert, sondern die Programme eher „freihändig" benutzt. Ein Charakteristikum von QDA-Programmen ist gerade ihre Flexibilität hinsichtlich der Analysestile und Modelle. Tesch (1990: 58) hat bezogen auf die Soziologie, Psychologie und Erziehungswissenschaft versucht, die Analyseformen zu systematisieren und folgende Liste zusammengestellt:

Action Research
Case Study
Clinical Research
Cognitive Anthropology
Collaborative Inquiry
Content Analysis
Dialogical Research
Conversation Analysis
Delphi Study
Descriptive Research
Direct Research
Discourse Analysis
Document Study
Ecological Psychology
Educational Connoisseurship and Criticism
Educational Ethnography
Ethnographic Content Analysis
Ethnography
Ethnography of Communication
Ethnomethodology
Ethnoscience
Experimental Psychology
Field Study
Focus Group Research
Grounded Theory
Hermeneutics
Heuristic Research
Holistic Ethnogaphy
Imaginal Psychology
Intensive Research
Interpretive Evaluation

Interpretive Interactionism
Interpretive Human Studies
Life History Research
Naturalistic inquiry
Oral History
Panel Research
Participant Observation
Participative Research
Phenomenography
Phenomenology
Qualitative Evaluation
Structural Ethnography
Symbolic Interactionism
Transcendal Realism
Transformative Research

Auf eine Übersetzung wird an dieser Stelle verzichtet, weil häufig ohnehin die englischen Bezeichnungen wiederholt werden müssten (Grounded Theory, Ethnomethodology) oder durch eine Übersetzung nur Unklarheit gestiftet würde, etwa, wenn *Focus Group Research* mit *Kleingruppenforschung* übersetzt würde. Offenkundig beziehen sich die von Tesch zusammengestellten Analyseformen auf verschiedene Ebenen: Einige bezeichnen die *Art des Forschungsprozesses* (Action Research, Case Study), andere den *theoretischen Ansatz* (Symbolic Interactionism), wieder andere die *Art des Materials* (Document Study). Der Versuch, eine Art Typologie qualitativer Forschung auf dieser Basis zu erstellen, muss deshalb scheitern. An dieser Stelle interessiert diese Liste auch nur insofern, als alle genannten Methoden Anwendungsfelder für die computergestützte Analyse qualitativer Daten sind. Tesch hat die Vielzahl der oben aufgeführten Methoden in Form einer *Cognitive Map* nach dem Gesichtspunkt des Forschungsinteresses geordnet, wobei sie danach unterscheidet, ob das Forschungsinteresse auf die Charakteristika von Sprache, die Entdeckung von Regelmäßigkeiten, das Verstehen der Bedeutung des Textes bzw. der Handlung oder auf Reflexion gerichtet ist (vgl. Tesch 1990: 63 ff.).

Unter die erste Abteilung (Charakteristika von Sprache) werden u.a. die Diskursanalyse, die Ethnomethodologie, der symbolische Interaktionismus und die Inhaltsanalyse subsumiert. Der zweiten Abteilung (Entdeckung von Regelmäßigkeiten) wird die Grounded Theory, die Ethnographie, die Aktionsforschung und die qualitative Evaluation zugeordnet. Hermeneutik, Lebenslaufforschung und Phänomenologie sind Beispiele für den dritten Typ von Forschungsinteressen, der sich primär auf Verstehen von Bedeutungen bezieht.

Der Einsatz von QDA-Programmen ist keineswegs auf qualitative Paradigmen beschränkt. Auch für die Auswertung von Antworttexten auf offene Fragen in Surveys lassen sie sich hervorragend nutzen. Andererseits wird man feststellen müssen, dass QDA-Software nicht für solche Formen der Textanalyse konzipiert ist, die sich hauptsächlich am Muster hermeneutischer Textinterpretation und Textexegese orientieren. Auch mikroskopische Analysen, die mit einer akribischen und zeitaufwendigen Zeile-für-Zeile-Vorgehensweise arbeiten, werden naturgemäß von der Computerunterstützung nur wenig profitieren können. Qualitative Datenauswertung ist zeitaufwendig und insofern teuer. Allzu berechtigt ist deshalb die Frage, welcher zusätzliche Aufwand durch die Entscheidung für eine computergestützte Auswertung entsteht. Nun, wo immer in verschiedenen Gesellschaftsfeldern in den letzten Jahrzehnten auf computerisierte Abläufe umgestellt wurde, ist der Computereinsatz mit dem Versprechen der Zeitersparnis und der Erleichterung der Abläufe einher gegangen. Dies hat sich in der Praxis nicht immer bewahrheitet. Der Bereich der computergestützten Auswertung qualitativer Daten bildet hier keine Ausnahme: auch hier hatte man sich schnellere und verbesserte Abläufe versprochen (vgl. Kelle 1990; Tesch 1990), doch ist es weniger die Effizienzsteigerung vorhandener Auswertungstechniken als vielmehr die Eröffnung von neuen Analysemöglichkeiten, die durch QDA-Programme bewirkt wird. Die Programme evozieren einen völlig neuen Analysestil. So zeigte denn auch die erwähnte Befragung von Benutzern, dass es sich bei ihnen überwiegend um „Einsteiger“ in qualitative Forschung handelt und nicht um „Umsteiger“, die bereits eine längere Erfahrung in der Durchführung traditioneller, ohne Computerunterstützung betriebener qualitativer Datenauswertung besitzen. Neben diesem neuen Analysestil versprechen die QDA-Programme einen erheblichen Zugewinn an Reliabilität und Validität: Kategoriensysteme, Memos und codierte Textsegmente sind leicht zugänglich und machen es möglich, die Resultate qualitativer Forschung nachzuprüfen. Gerade diese mangelnde Nachprüfbarkeit der Ergebnisse bei traditionellen Vorgehensweisen ist in der Vergangenheit der qualitativen Forschung immer wieder zum Vorwurf gemacht worden und hat nicht unerheblich zum einseitigen Reputationsgewinn quantitativer Verfahren beigetragen.

Zurück zur Frage des zusätzlichen Aufwandes, der durch den Einsatz von QDA-Programmen entsteht. Heute ist es zur Regel geworden, alle Transkriptionen mittels Computer vorzunehmen. Damit ist die wesentliche Voraussetzung für den Einsatz eines QDA-Programms, nämlich das Vorhandensein digitalisierter Texte, schon erbracht - allerdings sind bestimmte Restriktionen in Bezug auf die Transkriptionsregeln zu beachten (vgl. Kapitel 2.5). Die darüber hinausgehenden Vorleistungen sind denkbar gering, sie bestehen lediglich im Import der Texte in das QDA Programm. Dies eröffnet ein ganzes

Arsenal von Möglichkeiten, deren einfachste im Kapitel 6 „Textexploration“ beschrieben sind. Bei relativ geringen Investitionskosten dürfte somit der Einsatz von QDA-Software immer mit Gewinn, teilweise mit großem Gewinn im Hinblick auf Zeitersparnis, Qualität und Komplexität der Analyse verbunden sein.

1.6 QDA-Software

EDV-Programme für die qualitative Datenanalyse existieren seit der zweiten Hälfte der 80er-Jahre. Mittlerweile liegen vielfältige Erfahrungen mit deren Einsatz vor (vgl. Fielding/Lee 1998). In der Vergangenheit haben verschiedene Autoren versucht, Übersichten über die Programme zu erstellen und ihre Leistungen miteinander zu vergleichen (vgl. Kelle 1990 und 1995; Kuckartz 1991; Tesch 1990; Weitzman/Miles 1995). Solche Programmvergleiche stehen jedoch immer vor dem Problem, dass sie angesichts der Schnelligkeit der Entwicklungen in diesem Bereich immer schon veraltet sind, wenn sie schwarz auf weiss gedruckt vorliegen. Auf derartige Programmvergleiche soll in diesem Buch von vornherein verzichtet werden. Die in einzelnen Kapiteln des Buches enthaltenen Arbeitsvorschläge beziehen sich auf das vom Autor entwickelte Programm WINMAX (Kuckartz 1998), das von zahlreichen Wissenschaftlern benutzt wird. MAX, wie das Programm in den Anfängen hieß, entstand ursprünglich im Kontext der Migrationsforschung und der qualitativen Gesundheitsforschung und verdankt seinen Namen dem bewussten Bezug auf Max Webers Ansatz einer qualitative und quantitative Schritte integrierenden Methodologie (vgl. Kuckartz 1988). Bereits 1989 erschien die erste DOS-Version für den IBM-PC, seit 1994 wurden Versionen für WINDOWS entwickelt.

In diesem Buch stehen Arbeitstechniken und Analysemethoden im Vordergrund und nicht etwa ein systematischer Vergleich der existierenden Programme. Vermutlich wäre ein Programmautor auch nicht die geeignete Instanz, um einen solchen Vergleich anzustellen. Das Problem dürfte hierbei weniger die Missachtung der gebotenen Objektivität sein. Vielmehr ist auch die Beurteilung von Programmen in mancherlei Hinsicht „Geschmackssache“ und es ist eine Angelegenheit der persönlichen Anforderungen an die Analyse, die jemanden ein bestimmtes Programm bevorzugen lässt. Im Anhang werden Hinweise auf andere QDA-Programme gegeben und in tabellarischen Übersichten sind die jeweiligen Charakteristika zusammengestellt. Die angegebenen Internet-Adressen ermöglichen es jedem, Demoversionen zu beziehen und sich selbst ein Urteil zu bilden. Bei der Beurteilung der Leistungsfähigkeit von Programmen sollte man folgende Kriterien als Entscheidungshilfen in Betracht ziehen:

- Einfachheit der Bedienung, Systematik der Funktionen, Gestaltung der Benutzeroberfläche
- Visualisierung dessen, was man tut bzw. bereits getan hat, also der codierten Segmente und der vorhandenen Memos
- Flexibilität bei der Definition von Textsegmenten
- Strukturierung und Visualisierung des Codesystems
- Angebot an verschiedenen Funktionen des Text-Retrievals
- Art und Ausstattung der Memofunktion und der lexikalischen Suchfunktionen

- Qualität und Verständlichkeit des Handbuchs, Vorhandensein einer On-line-Hilfe
- Möglichkeit zur lexikalischen Suche und zur automatischen Codierung von Fundstellen
- Vorhandensein von Fallvariablen, Anbindung an Statistiksoftware (SPSS o.ä.)

Bedeutsam sind ferner die jeweils vorhandenen strukturellen Beschränkungen, z.B. die maximal erlaubte Länge von Texten, die maximale Anzahl von Zeichen in einer Textzeile, die Anzahl der Codes insgesamt, die Anzahl der Codes pro Segment, die Länge der Codes, die Anzahl der Textsegmente pro Code sowie die maximale Anzahl der Memos.

Von nicht zu unterschätzender Bedeutung ist zudem, ob ein QDA-Programm dem neuesten Stand der Betriebssystemsoftware entspricht. So ist es also durchaus von Belang, ob ein QDA-Programm für DOS, WINDOWS 3.1 oder WINDOWS 95/98/NT entwickelt worden ist. Weitzman/Miles zählten 1995 in ihrem mittlerweile von der Entwicklung bereits überholten Buch „Computer Programs for Qualitative Data Analysis" 24 Programme auf. Mittlerweile dürfte die Anzahl der Programme noch weiter angewachsen sein. Von den führenden Programmen sind seither ausnahmslos neue, erweiterte Versionen erschienen, so dass die dort enthaltenen Vergleichstabellen weitgehend obsolet sind.

Im Anhang dieses Buches finden sich Kurzbeschreibungen von fünf Programmen, die vom Autor zum Zeitpunkt der Manuskripterstellung als die leistungsstärksten eingeschätzt wurden. Es handelt sich um die Programme AQUAD, ATLAS/ti, NUD.IST, THE ETHNOGRAPH und WINMAX. Alle Programme sind englischsprachig und als WINDOWS Versionen erhältlich. Eine deutsche

Version mit deutschsprachigem Handbuch existiert nur von WINMAX.

Definitionen

In den meisten QDA-Programmen wird mit folgenden Begriffsdefinitionen gearbeitet:

Projekt: Unter einem Projekt ist die Gesamtheit aller Daten zu verstehen, die mit einem Analyseobjekt assoziiert sind. Ein Analyseobjekt kann z.B. ein sozialwissenschaftliches Forschungsprojekt sein. Zu den Daten eines Projektes gehören also die Gesamtheit aller Texte (Text-Set), die Codes und ihre Struktur in einem Kategoriensystem, alle vorgenommenen Codierungen, die Variablen und die Memos.

Text-Set: Das Text-Set, manche sprechen von „Textbase" oder „Textdatenbank", umfasst alle Texte, die im Rahmen der Textanalyse interessieren und analysiert werden. Im Falle von offenen Interviews gehören hierzu alle Transkripte der durchgeführten Interviews. Das Text-Set kann in Textgruppen unterteilt werden.

Textgruppe: Hierunter wird eine Zusammenstellung von Primärtexten eines Text-Sets verstanden. Texte, die man auch gesondert analysieren will, sollten sinnvollerweise zu einer Textgruppe zusammengefasst werden. Beispielsweise ist es sinnvoll, bei einer qualitativen Längsschnittstudie pro Messzeitpunkt eine Textgruppe zu definieren. In einer Feldstudie kann es sinnvoll sein, für die verschiedenen Datenarten Textgruppen einzurichten, z.B. „Feldnotizen", „Interviews" und „Dokumente".

Text (Primärtext, Originaltext): Jedes Text-Set bzw. jede Textgruppe besteht aus einzelnen Texten, die den Charakter von Dokumenten besitzen. Diese Texte sind Gegenstand der Analyse, sie werden aber durch die Auswertung selbst nicht verändert. Originaltexte müssen im ASCII-Format (DOS) bzw. ANSI-Format (WINDOWS) formatiert sein.

Textsegment: Ein Textsegment ist eine Textpassage eines Primärtextes, das für die Analyse von Interesse ist und codiert wird. Die Größe eines Textsegmentes kann vom Benutzer frei bestimmt werden: Es kann sich u.U. nur um ein einziges Wort handeln, aber auch um einen Satz, Absatz oder eine längere Passage eines Textes. Der Vorgang des Segmentierens ist eng mit dem des Codierens verbunden. Codierungen werden allerdings nicht direkt im Primärtext vorgenommen. Dieses wird wie das historische Dokument in einer Bibliothek von den Anmerkungen und Codierungen des Forschers nicht berührt.

Code: Codes bzw. Kategorien sind die Standard-Werkzeuge der computergestützten Analyse qualitativer Daten. Sie können in Abhängigkeit von der verwendeten Methode sehr verschiedene Bedeutung haben, z.B. können sie wie Wegweiser auf Textstellen verweisen, die für bestimmte Themen interessant sind, sie können das Vorhandensein von Fakten im Text markieren oder eine bestimmte Bewertung von Textinhalten festhalten.

Text-Retrieval: Das Text-Retrieval, das Wiederauffinden von Textstellen, ist die zum Codieren komplementäre Tätigkeit. Textstellen zu codieren, d.h. ihnen ein Codewort zuzuordnen, macht nur unter der Bedingung Sinn, dass man diese Stellen später unter Angabe des Codewortes auch wiederfinden kann. Einfache Formen des Text-Retrievals stellen für das Text-Set alle zu einem Code zugeordneten Segmente zusammen. Komplexe Formen des Retrievals suchen nach Überschneidungen von Codeworten, fragen nach ihren Abständen voneinander und integrieren Text- und Faktenretrieval.

2 Die Texte: Transkription, Vorbereitung und Import

2.1 Allgemeines

Welche Texte lassen sich überhaupt mit einem QDA-Programm analysieren? Gibt es Beschränkungen hinsichtlich der Länge und der Anzahl der Texte? Muss eine bestimmte Syntax eingehalten werden? Sind nur bestimmte Schriftzeichen und Schriftarten erlaubt?

Dieses sind häufig gestellte Fragen, wenn es um den Einsatz von QDA-Software geht. Bringen wir zunächst etwas Klarheit in die Ausgangssituation. Zunächst einmal gilt es zu unterscheiden:

- zwischen dem einzelnen Text und dem
- gesamten Text-Set, d.h. allen zu einem Forschungsprojekt gehörenden Texten.

Betrachten wir zunächst den einzelnen Text: Was ist eigentlich im Sinne eines QDA-Programms ein „normaler Text", was ein langer und was ein kurzer Text? Ein durchschnittliches offenes Interview von vielleicht einer Stunde Dauer produziert ein Transkript von etwa 25 bis 60 Seiten. Das ist kein besonders langer Text, weder für diese Art der Datenerhebung noch für ein QDA-Programm. Hingegen kann man einen mehr als 100 Seiten umfassenden Text durchaus als einen langen Text bezeichnen. Solche Texte sind in der Praxis der Sozialforschung eher selten und auch bei Medienanalysen keineswegs als normal zu betrachten, schließlich müssen die Bearbeiter solche Texte natürlich auch lesen. Den Prototyp eines kurzen Textes stellt ein Abstract von einer halben Seite dar. Auch die Antworttexte auf offene Fragen in Fragenbogeninterviews umfassen selten mehr als etwa 20 Zeilen.

Im Hinblick auf das gesamte Text-Set hat man es gewöhnlich mit relativ geringen Fallzahlen zu tun. In qualitativen Interviewstudien arbeitet man mit vielleicht 20 oder 60 Interviews, mitunter auch mit 100 oder mehr, aber niemals mit mehreren tausend. Das sind beträchtliche Datenmengen, doch wird nicht erst seit der Existenz von QDA-Programmen in der qualitativen Forschung mit großen Mengen von Text gearbeitet. Hunderte oder gar mehrere tausend Seiten von Feldprotokollen und Interviews mit Personen im Feld gehörten auch bereits vor der Ära der QDA-Programme zum Alltag qualitativer Forscher. Das typische Datenmaterial für QDA-Software stellt also ein Text-Set von etwa 20 bis 60 Texten à 25 bis 60 Seiten dar. Wenn man hiervon sehr stark abweicht, mag dies je nach Programm und Rechnertyp zu Problemen führen, etwa dazu, dass die Ausführungsgeschwindigkeit stark sinkt.

Den neuen computergestützten Techniken zur Auswertung von Textdaten ist gemeinsam, dass die ersten Schritte - gleichgültig, welches Softwareprogramm eingesetzt wird - weitgehend die gleichen sind. QDA-Programme sind für die Aufgabe der *Textauswertung* konzipiert, nicht für die Aufgabe der Texteingabe bzw. Transkription. Infolgedessen wird die Transkription bzw. die Eingabe des Textes *mit einem normalen Textverarbeitungsprogramm* realisiert. Es spielt keine Rolle, welches Textverarbeitungsprogramm zur Texterfassung verwendet wird. Hauptsache ist, dass das Programm in der Lage ist, einen Text in unformatierter Form als sogenannte Nur-Text-Datei im *ASCII/ANSI-Format* zu speichern. Wenn eben möglich sollten bereits bei der Texterstellung die Spezifika von QDA-Programmen beachtet werden, d.h. die Texte sollten schon im Hinblick auf den späteren Einsatz eines QDA-Programms gestaltet werden. Die entsprechenden Anforderungen und Restriktionen von QDA-Programmen sind nicht sonderlich hoch, so dass auch bereits vorhandene Texte meist problemlos entsprechend präpariert werden können.

2.2 Texte im Textverarbeitungsprogramm

Im Feld der nicht-quantitativ arbeitenden Sozialwissenschaftler war es – ebenso wie bei Historikern (vgl. Greenstein 1994) – lange Zeit verpönt, Computer im Forschungsprozess einzusetzen. Computer wurden mit quantitativen Methoden und statistischen Verfahren assoziiert und aus diesen Gründen war man nicht sonderlich willig, sie als Werkzeuge zu begreifen und in der eigenen Arbeit einzusetzen (vgl. Kuckartz 1993). Mit dem Aufkommen preiswerter Personal Computer in der zweiten Hälfte der 80er-Jahre änderte sich dies und ein Prozess der „De-Stigmatisierung" des Computers setzte ein. Heute ist es zumindest für die jüngere Wissenschaftler(innen)generation selbstverständlich geworden, die eigenen Texte mit Textverarbeitungsprogrammen zu schreiben. Man benutzt den Computer für die unterschiedlichsten Aufgaben: Schriftverkehr, Seminarpläne, Literaturlisten, Datenbanken für die Literaturrecherche, Internet und die Erstellung von Camera-ready-Manuskripten und Tagungsbänden. Nur verhältnismäßig wenig nutzt man Textverarbeitungsprogramme für die systematische Analyse von Text, der häufigsten Datenquelle nicht-quantitativer Forschung. Betrachten wir etwas genauer, welche Formen von Textbearbeitung mit Textverarbeitungsprogrammen auf dem derzeitigen Stand der Technik möglich sind. Ein Programm wie Microsoft WORD vereinigt in sich verschiedene Programmroutinen: einen *Editor*, mit dem man Texte am Bildschirm eingeben und modifizieren kann, ein *Formatierungsmodul*, das die Darstellung am Bildschirm und die Form des Ausdrucks steuert (z.B. die Seitenränder, die Zeilenabstände, die benutzten Schriftarten und Schriftgrößen) und ein *User-Interface*, das bestimmt, was der Benutzer am Bildschirm sieht, auf welche Weise er die Programmfunktionen steuert und das ihn hierbei wirkungsvoll unterstützt, beispielsweise indem es sogenannte Assistenten zur Verfügung stellt. Textverarbeitungsprogramme haben die Art und Weise, wie wir Texte erstellen, vollständig verändert: Heute kann man an jede beliebige Stelle eines Textes springen und Abschnitte einfügen oder löschen, wobei die Programme automatisch alle folgenden Seiten neu formatieren. Wörter oder Zeichenketten lassen sich global im gesamten Text ersetzen - eine Funktion, die vor allem für die Anonymisierung von Interviews oder Beobachtungsprotokollen außerordentlich nützlich ist, denn so lassen sich mit einem Befehl alle Erwähnungen einer Person verändern: aus „Dr. Schulte" wird überall „Dr. A".

Eine Vielzahl weiterer automatischer Funktionen steht zur Verfügung: Inhaltsverzeichnisse können erstellt und Fußnoten verwaltet werden. Wird eine Fußnote gelöscht, werden alle folgenden Fußnoten neu durchnumeriert. Eine besonders hoch einzuschätzende Leistung von Textverarbeitungsprogrammen des WINDOWS-Zeitalters ist ihre Fähigkeit, den Text genauso am Bildschirm zu präsentieren wie der spätere Ausdruck aussehen wird („What you see is what you get"). Gleichzeitig ist es allerdings so, dass der Benutzer nicht zu sehen bekommt, wie der Text als gespeichertes Dokument eigentlich aussieht.

In der internen Darstellung von WORD ist ein Text kaum wiederzuerkennen. Die von WORD erstellte Doc-

Datei, die sich mit jedem Editor ansehen lässt, beginnt mit unverständlich erscheinenden Zeichen. Man wird zurecht vermuten, dass der Beginn der Datei nur interne Informationen für das WORD-Programm enthält. Der eigentliche Text erscheint ebenfalls ganz anders als in Bildschirmdarstellung, nämlich als eine endlose Schlange von Wörtern[4]. Der Text läuft über den Seitenrand des Bildschirms hinaus. Ebenfalls lässt sich ersehen, dass einige Sonderzeichen wie die Anführungszeichen oben und unten nicht mehr als solche zu erkennen sind, das ß hat sich in ein Viereck verwandelt und deutsche Umlaute (ä, ö, ü) sind durch merkwürdig aussehende Sonderzeichen ersetzt worden.

Dieses interne Format von WORD entspricht keinerlei allgemein festgelegten Standards, sondern ist nur firmenintern definiert. Solche Textdateien sind für andere Programme nicht verständlich – liest man sie dort ein, erhält man ein nur schwer prognostizierbares Ergebnis, zumeist nur ein Kauderwelsch von Hieroglyphen. Fast alle Textverarbeitungsprogramme sind aber in der Lage, Texte auch in einer Form zu speichern, bei der alle diese internen Formatierungsmerkmale weggelassen werden und lediglich die ASCII-Zeichen nach den festgelegten Regeln gespeichert werden.

Was bedeutet nun ASCII-Formatierung und wie sieht eine ASCII-Datei aus? Dies ist eine Form von Textdatei, die lediglich Zeichen des Zeichensatzes *American Standard Codes for Information Interchange* (ASCII enthält. Außer einigen Grundformatierungen (z.B. Zeilenvorschub) ist die Datei frei von allen programmspezifischen

4 Wer dies selbst einmal nachvollziehen möchte, sollte einfach den Windows-Editor starten (Programme > Zubehör > Editor) und eine beliebige von Word erstellte Doc-Datei öffnen.

Formatierungsangaben wie Kursiv- und Fettdruck, Unterstreichungen, Schriftart und Schriftgröße.

Hex Digits 1st → 2nd ↓	0-	1-	2-	3-	4-	5-	6-	7-	8-	9-	A-	B-	C-	D-	E-	F-
-0		►		0	@	P	`	p	Ç	É	á	░	└	ð	Ó	-
-1	☺	◄	!	1	A	Q	a	q	ü	æ	í	▒	┴	Đ	ß	±
-2	☻	↕	"	2	B	R	b	r	é	Æ	ó	▓	┬	Ê	Ô	‗
-3	♥	‼	#	3	C	S	c	s	â	ô	ú	│	├	Ë	Ò	¾
-4	♦	¶	$	4	D	T	d	t	ä	ö	ñ	┤	─	È	õ	¶
-5	♣	§	%	5	E	U	e	u	à	ò	Ñ	Á	┼	ı	Õ	§
-6	♠	▬	&	6	F	V	f	v	å	û	ª	Â	ã	Í	µ	÷
-7	•	↨	'	7	G	W	g	w	ç	ù	º	À	Ã	Î	þ	¸
-8	◘	↑	(	8	H	X	h	x	ê	ÿ	¿	©	╚	Ï	Þ	°
-9	○	↓	)	9	I	Y	i	y	ë	Ö	®	╣	╔	┘	Ú	¨
-A	◙	→	*	:	J	Z	j	z	è	Ü	¬	║	╩	┌	Û	·
-B	♂	←	+	;	K	[	k	{	ï	ø	½	╗	╦	█	Ù	¹
-C	♀	∟	,	<	L	\	l	|	î	£	¼	╝	╠	▄	ý	³
-D	♪	↔	-	=	M	]	m	}	ì	Ø	¡	¢	═	¦	Ý	²
-E	♫	▲	.	>	N	^	n	~	Ä	×	«	¥	╬	Ì	¯	■
-F	☼	▼	/	?	O	_	o	⌂	Å	ƒ	»	┐	¤	▀	´	

Abb. 8: Die Code-Page 850

ASCII-Dokumente können von den meisten Programmen gelesen werden und sind deshalb auch leicht zwischen Programmen transferierbar. Der ASCII-Zeichensatz bestand ursprünglich aus 128 Zeichen und wurde später um weitere 128 Zeichen ergänzt („erweitertes ASCII"), so dass er nun aus 256 Zeichen besteht. Wie diese dargestellt werden, hängt von der in WINDOWS gewählten Zeichensatztabelle („Code-Page") ab. Diese Zeichensatztabellen sind je nach Land verschieden, so unterscheidet sich etwa die arabische von der japanischen oder lateinischen Code-Page. Zur Auswahl der Zeichensatztabelle dient die Ländereinstellung in der WINDOWS Systemsteuerung. Die in Deutschland üblicherweise eingesetzte Code-Page 850 (lateinisch) ist in Abb. 8 wiedergegeben. Durch die Auswahl einer anderen Zeichensatztabelle ändern sich in den meisten Fällen die unteren 128 Zeichen des ASCII-Zeichensatzes nicht, lediglich die

Sonderzeichen sind von der Auswahl betroffen. Das Problem ist nun, dass Texte, die im ASCII-Zeichensatz gespeichert werden, alle Formatierungsmerkmale mit Ausnahme des Absatzzeichens (Return-Taste) verlieren. Alle Textauszeichnungen wie Fett- oder Kursivdruck, Unterstreichungen etc. gehen ebenso verloren wie Schriftarten und Schriftgrößen. Auf diese Weise entstehen durch die Konvertierung lange Wortschlangen, die jeweils bis zum nächsten Absatzzeichen reichen. Alle Zeichen der eingestellten Code-Page stehen zur Verfügung. Welche dies sind, kann man leicht in Erfahrung bringen, in dem man im WORD-Programm die Funktion „Einfügen, Sonderzeichen" aufruft. Wählt man nun als Schriftart „normaler Text" so werden alle benutzbaren Zeichen angezeigt.

Mittels der Kombination der Alt-Taste und des über den numerischen Tastenblock eingegebenen ASCII-Codes lassen sich Sonderzeichen auch ohne diesen Umweg über das Menü „Einfügen, Sonderzeichen" erzeugen. Die Tastenkombination ALT+225 etwa erzeugt das ß, die Kombination ALT+184 das Zeichen für Copyright ©. Sonderlich kompliziert ist all dies nicht und normalerweise muss man sich um Fragen des Zeichensatzes auch gar nicht weiter kümmern, es sei denn, man verwendet bewusst Sonderzeichen oder wertet etwa französische oder arabische Texte aus.

Wer nicht über ein Textverarbeitungsprogramm verfügt, kann seine Texte auch mittels des WINDOWS Word-Pad oder eines Texteditors eingeben. Im Gegensatz zu den luxuriösen Textverarbeitungsprogrammen stammen *Texteditoren* noch aus den Anfängen des Computerzeitalters. Mit ihnen lassen sich von vornherein nur ASCII-Dateien erstellen und bearbeiten.

2.3 Texte im QDA-Programm

Zwei Punkte müssen bei der Vorbereitung eines Textes für ein QDA-Programm beachtet werden:

- erstens, dass QDA-Programme nur ASCII-formatierte Texte bearbeiten, also Texte in einem ganz bestimmten Formatierungsstandard und nicht etwa WORD Doc-Dateien oder Word-Perfect-Dateien,
- zweitens, dass einige Programme zwingend die Vorab-Definition von Texteinheiten verlangen.

Durch die eingeschränkten Formatierungsmöglichkeiten des ASCII-Zeichensatzes ergeben sich eine Reihe von Beschränkungen, die bei der Transkription bzw. Texterfassung unbedingt zu beachten sind. Man kann keine speziellen Zeichenformatierungen benutzen (Fettdruck, Unterstrichen, Kapitälchen etc.) und nicht mit verschiedenen Schriftarten und Schriftgrößen arbeiten. Ferner sollte im Textverarbeitungsprogramm keine Trennhilfe benutzt und auch keine manuelle Trennung von Wörtern vorgenommen werden.

Generell ist zu beachten, dass die Konvertierung des Textes in das ASCII-Format bereits vom jeweiligen Textverarbeitungsprogamm vorgenommen wird. Keines der im Anhang beschriebenen QDA-Programme verfügt über die Fähigkeit, WORD oder Word Perfect-Dateien direkt zu lesen. Eigentümlichkeiten der Konvertierung gehen also immer auf das Konto des Textverarbeitungsprogramms. Für die Formatumwandlung existieren keine allgemeingültigen Regeln, so dass es vom Textverarbeitungsprogramm abhängt, nach welchen Kriterien Nicht-ASCII-Zeichen konvertiert werden. Für die Tabulator-Benutzung gilt, dass in Erfahrung gebracht werden muss, wie das Textverarbeitungsprogramm Tab-Stops exportiert. Bedeutsam ist auch, dass der spätere ASCII-Text nur Zeichen mit fester Schrittweite enthält. Will man schon bei der Arbeit mit WORD sehen, wie der spätere Text nach der Konvertierung aussehen wird, so sollte man eine entsprechende Schriftart wie Courier und keine Proportionalschrift (Times-Roman, Arial u.ä.) wählen. Im übrigen lässt sich auch mit dem WINDOWS Editor oder dem WINDOWS Word-Pad leicht überprüfen, wie der Text nach der Umwandlung ins ASCII-Format aussieht.

Was bedeutet Texteinheit?

Leser, die bereits mit der traditionellen sozialwissenschaftlichen Inhaltsanalyse („Content Analysis") vertraut sind, wissen, dass vor Beginn die Bestimmung von Analyseeinheiten erfolgen muss. Die Analyseeinheit oder Texteinheit ist die Bezugsgröße, innerhalb welcher später codiert wird. Sie ist bei diesen überwiegend quantitativ orientierten Verfahren der Inhaltsanalyse - technisch gesprochen - eine Zeile der späteren quantitativen Datenmatrix. Die Wahl der Analyseeinheit stellt also eine Art Vorab-Festlegung der möglichen Anzahl der Codierzeilen dar. Eine Texteinheit kann dabei etwas sehr Verschiedenes bedeuten: ein Buch bei der Inhaltsanalyse von Büchern, eine Zeitschriftenausgabe, ein Zeitschriftenartikel, vielleicht nur ein Absatz in einem solchen Artikel oder gar nur ein einzelner Satz. Texteinheiten können also sehr verschiedene Bedeutungen besitzen und äußerst unterschiedliche Längen aufweisen. Im Gegensatz zu den rigiden Vorschriften, die Programme zur quantitativen Inhaltsanalyse aufweisen, sind QDA-Programme liberaler: WINMAX, AQUAD und ATLAS/ti verlangen keine Vorab-Festlegung von Texteinheiten, d.h. ähnlich wie beim manuellen Markieren mit einem Text-Marker können Anfang und Ende eines Segmentes frei bestimmt werden. Andere QDA-Programme wie NUD.IST arbeiten hingegen mit Texteinheiten. Diese sind die kleinste Einheit der späteren Codierung und müssen bereits vor dem Import von Texten genau festgelegt werden.

2.4 Text Transkription

Die erste Frage, die sich im Hinblick auf die Transkription der Texte stellt, lautet natürlich: Soll man wirklich alles transkribieren? Das ist sicherlich zuallererst eine finanzielle Frage, denn Texte zu transkribieren ist zeitaufwendig und verursacht erhebliche Kosten. In der Regel wird man deshalb selektiv vorgehen und nur einen Teil des Materials transkribieren. Strauss/Corbin (1996) empfehlen für Projekte, die mit der Methode der Grounded Theory arbeiten, die im Kasten auf der folgenden Seite wiedergegebene Vorgehensweise bei der Auswahl des zu transkribierenden Materials.

Wie muss man einen Text vorbereiten, damit er mit einem QDA-Programm bearbeitet werden kann? In QDA-Programmen werden Texte wie Dokumente behandelt, d.h. es können gar keine oder nur geringfügige Änderungen vorgenommen werden. Deshalb sollten die Texte vor dem Import sehr sorgfältig korrigiert werden. Die zweite wichtige Regel lautet: QDA-Programme arbeiten mit Nur-Text-Dateien (*ASCII oder ANSI-Format*), d.h. vorhandene Dateien müssen in dieses Dateiformat konvertiert werden. Nur-Text-Dateien lassen sich mit allen Textverarbeitungsprogrammen erstellen. Im Programm WORD geschieht dies, indem im Dialogfeld SPEICHERN als Dateityp „Nur Text" oder „Nur Text + Zeilenwechsel" gewählt wird (Abb. 9).

TIP: Besser zu viel als zu wenig

„Die Vorgehensweise gemäß dem Analysestil der Grounded Theory ist normalerweise wie folgt: Die allerersten Interviews oder Feldnotizen sollten vollständig transkribiert und analysiert werden, bevor man das nächste Interview oder die nächste Feldbeobachtung durchführt. Das frühe Kodieren leitet die folgenden Feldbeobachtungen und/oder Interviews, wie später noch ausgeführt wird.

Zu einem späteren Zeitpunkt, wenn die Theorie sich entwickelt, mag es sein, daß Sie die Tonbänder nur abhören und ausschließlich die Sätze, Abschnitte oder Textstellen transkribieren möchten, die mit der entstehenden Theorie in Zusammenhang steht. (Am Anfang der Studie ist man sich nicht sicher, was dazugehört und was nicht. Deshalb ist es besser, alles zu transkribieren, da sonst wichtige Daten verloren gehen könnten.) Das Transkribieren dieser ausgewählten Materialteile erspart einem allerdings nicht unbedingt späteres Transkribieren, falls eine zusätzliche oder detaillierte Analyse notwendig erscheint. (...)

Letztendlich muß jeder selbst entscheiden, in welchem Umfang er die Interviews und Feldnotizen transkribiert, ausgenommen, ein Prüfungsausschuß oder Betreuer besteht auf etwas anderem. Sie müssen festlegen, was Sinn und Zweck Ihrer Studie ist und welchen zusätzlichen analytischen (sowohl theoretisch als auch „psychologisch" sensiblen) Beitrag bereits transkribierte versus nicht transkribierte Teile des Materials zur gesamten Untersuchung leisten. Eine weitgehend vollständige Transkription mag notwendig sein, um die erwünschte Dichte einer Theorie zu erlangen. Darüber hinaus kann man eine vollständige Transkription anstreben, wenn man ausreichend Geld zur Verfügung hat, um die Transkription der Bänder zu bezahlen.

Unabhängig davon, ob man die Tonbänder vollständig oder nur teilweise transkribiert, ist es unerläßlich, sie abzuhören. Abhören und Transkribieren sind wesentlich für eine vollständige und vielfältige Analyse. Eine abschließende Bemerkung dazu: ***Besser zu viel als zu wenig!*** Letztendlich liegt aber die Verantwortung und Entscheidung bei jedem selbst."
(Strauss/Corbin 1996: 14 f.)

Wählt man „Nur-Text + Zeilenwechsel" so fügt WORD entsprechend der vorhandenen Einstellung der Seitenränder Zeilenumbrüche ein, d.h. hinter jede Zeile setzt WORD ein Absatzzeichen („hard return"). Im anderen Fall werden die Absätze des Textes als lange Zeichenketten exportiert und das QDA-Programm muss in der Lage sein, selbst den Zeilenumbruch vorzunehmen. ATLAS/ti nimmt die Texte so wie sie sind, führt also kein Text-Import durch, d.h. hier muss der Text immer mit

„Nur Text + Zeilenwechsel“ gespeichert werden, WINMAX bearbeitet beide Formatierungen.

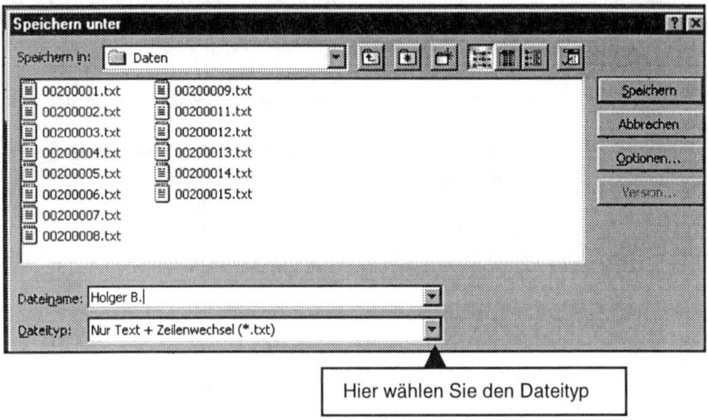

Abb. 9: Erstellen einer Nur-Text-Datei mit Microsoft WORD

2.5 Transkriptionsregeln

In den Sozialwissenschaften ist es üblich, offene Interviews auf Tonband aufzunehmen. Die Transkription der Tonbandaufnahme wird am besten zunächst wörtlich vorgenommen. Eine direkte Anonymisierung ist normalerweise nicht empfehlenswert, weil dies die Transkribierenden überfordert. Nach einem vorab bestimmten Regelwerk werden etwa beim offenen Interview die auf Tonband aufgenommenen Gespräche abgeschrieben. Bislang lässt sich in den Sozialwissenschaften nicht davon reden, dass *Transkriptionsstandards* existieren. Im allgemeinen verzichtet man auf die genaue Protokollierung von Dialekten und sprachlichen Färbungen, d.h. der Text wird geglättet. Mayring unterscheidet zwischen drei Techniken der wörtlichen Transkription (Mayring 1993: 65):

- der Verwendung des internationalen phonetischen Alphabets,
- der literarischen Umschrift, bei der auch Dialektfärbungen im gebräuchlichen Alphabet wiedergegeben werden und
- der Übertragung in normales Schriftdeutsch.

Die erste Variante wird in den Sozialwissenschaften nur in Ausnahmefällen praktiziert. Den Standardfall stellt die Übertragung in normales Schriftdeutsch dar, wobei mitunter auch Dialektfärbungen mitprotokolliert werden. Man muss sich aber darüber im Klaren sein, dass ein so transkribierter Text weitaus schwieriger zu lesen ist.

Wenn man etwa Sätze zu entziffern hat wie „Da ka ma ja, hör ma, da ka ma jarkeener sehn, wenn ick jetzt mit meiner Frau inner Ecke liege. Und deshalb bin ick dafür, dass die sechzig Matratzn. Is zu viel, Fritz, ja? Stimmt, die - alle, ick meine für die Menge, für die Größe des Raumes, aba angebracht sin se trotzdem, könn ruhich rinnjehen." (vgl. Mayring 1993: 65), dürfte sich doch die Frage stellen, ob sich die für die Transkription und Auswertung entstehenden Zusatzkosten wohl rentieren werden.

Meist findet man in den Sozialwissenschaften transkribierte Texte der Art wie in Abb. 10. Der jeweilige Sprecher ist vermerkt, zudem sind Pausen und Zögern kenntlich gemacht. Darüber hinaus können Auffälligkeiten der Sprache und paraverbale Äußerungen mittels spezieller Notationen festgehalten werden.

Einfache, häufig benutzte Transkriptionssysteme sehen so aus wie das folgende, das in einer klassischen Untersuchung von Christa Hoffmann-Riem (1984: 331) verwendet wurde (Abb. 11).

„Dem Interviewpartner (Carsten) wird die Geschichte 2 (betrunkener Autofahrer) vorgelesen, und er wird dann gefragt: Was würden Sie an Hannes Stelle jetzt tun?

Carsten: Ich glaube, ich würd anhalten und dem helfen. -- Mit Sicherheit.

Interv.: Und warum?

Carsten: Erstens Mal weil ich selber Motorradfahrer bin und denn sympathisiere praktisch mehr oder weniger und weil ich weiß, wenn ich abhaue, daß man fast immer erwischt wird und dann ist die Strafe ja doppelt.

Interv.: Mhm. -- Mhm. Was wäre so der gewichtigere Grund für Sie von den beiden, den Sie eben so, die Sie eben so genannt haben?

Carsten: Na, auf jeden Fall weil ich mir eigentlich sicher bin, daß die Strafe höher wird, geh ich davon aus, daß ich anhalte, daß die Strafe nicht ganz so hoch wird. Mein, es hätt jetzt auch ein Radfahrer oder sowas sein können oder sowas. Also.

Interv.: Mhm. Und wär das da auch so klar wie auf dem Automarkt, wie Sie sich verhalten oder würden Sie zögern?

Carsten: Ja, ich glaube in der Schrecksekunde würde wohl zögern, also jetze nicht überlegen, ob ich nun anhalte, aber erstmal, muß erstmal alle klar werden, was überhaupt passiert ist, schätz ich mal so, deswegen das wird wohl -- ein paar Sekunden oder so dauern, aber -- so selber zögern würd ich nicht.

Interv.: Mhm. Aber es könnte dann ja vielleicht kritisch werden. Wie gesagt, Hannes hat ja reichlich Bier getrunken, das heißt, und wenn er dann in'nen Unfall verwickelt wird und es könnte ja den Führerschein kosten.

Carsten: Najaha, wenn man weiterfährt und man wird dann danach erwischt, was eigentlich fast immer passiert, was ich bei meinem -- Bekannten, weit entfernt Bekannten auch son mal miterlebt habe, dann ist der Führerschein noch länger weg und vielleicht kriegt man ihn dann überhaupt nicht mehr, wenn man Pech hat, und deswegen bin ich so der Meinung so."

Abb. 10: Typische Form eines transkribierten Interviews (Hopf u.a. 1995: 60)

Mit zwei Ausnahmen könnte dieses Transkriptionssystem problemlos verwendet werden: Diese betreffen die Transkription auffälliger Betonungen mittels Unterstreichung (<u>sicher</u>) und die Transkription gedehnten Sprechens mittels Sperrdruck (s i c h e r). Ersteres geht bei der Konvertierung in eine ASCII-Datei verloren, da Unterstreichungen programmspezifisch sind und in ASCII nicht dargestellt werden können. Letzteres bleibt erhalten, ist aber für die Arbeit mit einem QDA-Programm insofern unpraktisch, als gedehnt dargestellte Worte von den Suchfunktionen in QDA-Programmen nicht gefunden werden. Das Wort „s i c h e r" mit zwischen den Buchstaben eingefügten Leerzeichen ist für den Computer ein anderes als das normal geschriebene Wort „sicher“.

Zeichen	***Bedeutung***
..	kurze Pause
...	mittlere Pause
....	lange Pause
......	Auslassung
/eh/	
/ehm/	Planungspausen
((Ereignis))	nichtsprachliche Handlungen, z.B. ((Schweigen))((zeigt auf ein Bild))
((lachend))	Begleiterscheinungen des Sprechens (die
((erregt))	Charakterisierung steht vor den
((verärgert))	entsprechenden Stellen)
sicher	auffällige Betonung, auch Lautstärke
s i c h e r	gedehntes Sprechen
( )	unverständlich
(so schrecklich?)	nicht mehr genau verständlich, vermuteter Wortlaut

Abb. 11: Transkriptionsregeln nach Hoffmann-Riem

Da man durch die Beschränkungen des ASCII-Zeichensatzes also nicht in der Lage ist, Kursiv- oder Fettdruck zur Hervorhebung von Textpassagen zu benutzen, muss man in diesen Fällen einen anderen Weg wählen. So kann man beispielsweise die Transkription von paraverbalen Äußerungen so vornehmen, dass man dafür bestimmte Zeichen benutzt, die sonst im Text nicht vorkommen, wie z.B. die Zeichen „# <Y$}“. Da viele QDA-Programme in der Lage sind, in den Texten nach Zeichenketten zu suchen, ist man bei einem so transkribierten Text in der Lage, sich später all jene Passagen zusammenstellen zu lassen, bei denen Befragte etwa gestottert, gezögert oder gelacht haben. Sofern das QDA-Programm dies vorsieht, lassen sich solche Textstellen dann gleich automatisch vercoden. Das Notationssystem von Kallmeyer/Schütze (Mayring 1993: 66) ist gegenüber dem von Hoffmann-Riem um einiges aufwendiger. Auch dieses Transkriptionssystem muss für die ASCII-Konvertierung modifiziert

werden: Erstens muss die Notation von Betonungen und gedehntem Sprechen geändert werden, zweitens lässt sich die vorgesehene Kennzeichnung von gleichzeitigem Sprechen nicht ohne weiteres in ASCII-Zeichen konvertieren.

(,)	= ganz kurzes Absetzen einer Äußerung
..	= kurze Pause
...	= mittlere Pause
(Pause)	= lange Pause
mhm	= Pausenfüller, Rezeptionssignal
(.)	= Senken der Stimme
(–)	= Stimme in der Schwebe
(')	= Heben der Stimme
(?)	= Frageintonation
(h)	= Formulierungshemmung, Drucksen
(k)	= markierte Korrektur (Hervorheben der endgültigen Version, insbesondere bei Mehrfachkorrektur)
sicher	= auffällige Betonung
sicher	= gedehnt
(Lachen),	= Charakterisierung von nichtsprachlichen Vorgängen bzw. Sprechweise, Tonfall; (geht raus), die Charakterisierung steht vor den entsprechenden Stellen und gilt bis zum Äußerungsungsende, bis zu einer neuen Charakterisierung oder bis +
&	= aufällig schneller Anschluß
(..), (...)	= unverständlich
(Kommt es?)	= nicht mehr genau verständlich, vermuteter Wortlaut
A:	⌈aber da kam ich nicht weiter
B:	⌊ich möchte doch sagen
	= gleichzeitiges Sprechen, u. U. mit genauer Kennzeichnung des Einsetzens

Abb. 12: Transkriptionsregeln nach Kallmeyer/Schütze

Was aber ist zu tun, wenn man seine Texte schon transkribiert hat oder diese aus einer externen Quelle, beispielsweise aus einer Datenbank oder von einer CD-ROM bezieht? Zu prüfen ist dann erstens, ob die Art der Transkription mit einer Konvertierung in einen ASCII-Text kompatibel ist, oder ob sehr umfangreiche Änderungen durchzuführen sind. Das könnte zum Beispiel dann drohen, wenn Kursiv- und Fettdruck sehr häufig als Transkriptionszeichen verwendet worden sind und wenn man diese Hervorhebungen für die Textanalyse dringend benötigt. Zweitens muss der Text daraufhin untersucht werden, ob unliebsame Nicht-ASCII-Zeichen darin vorkommen. Wenn ja, müssen diese ersetzt werden. Hierbei kann die Ersetzungsfunktion der Textverarbeitungsprogramme die Arbeit erheblich abkürzen.

Insgesamt sollten die Transkriptionsregeln so gewählt werden, dass man sich bei der späteren Arbeit mit dem QDA-Programm die Stärken des Computers zu Nutze machen kann, nämlich dessen Fähigkeiten, in Sekundenschnelle bestimmte Zeichen oder Zeichenketten aus Hunderten von Textseiten herausfinden zu können. Deshalb ist es, gleichgültig welches Transkriptionssystem gewählt wird, von entscheidender Bedeutung, dass die Bezeichnungen – sei es zur Kennzeichnung des Sprechers, einer bestimmten Frage des Leitfadens oder eines bestimmten Abschnittes der Befragung – immer durch den gesamten Text hindurch gleich gewählt werden: also beispielsweise zur Kennzeichnung des Interviewers „Interv:“ und nicht das eine mal „Interviewer:“ und dann wieder „Interv.:“

Für die spätere lexikalische Suche ist diese Einheitlichkeit der Schreibweise eine unbedingte Voraussetzung. Ferner sollte die Sprecherbezeichnung für den Fall, dass diese auch im Text vorkommen kann, in Großbuchstaben transkribiert werden, also „CARSTEN:“ anstelle von „Carsten:“. Aus optischen Gründen kann es empfehlenswert sein, zwischen größeren Abschnitten eine Leerzeile einzufügen. Jedoch sollte dies auf keinen Fall zwischen der Sprecherbezeichnung und dem folgenden Text geschehen, weil ansonsten die automatische Codierung des Sprechers nicht mehr möglich ist.

Empfehlenswert ist es, jeden Text mit einem aus wenigen Zeilen bestehenden Vorspann beginnen zu lassen, in dem Wesentliches zum Hintergrund und zur Entstehung des Textes festgehalten ist. Man kann diesen Vorspann beim späteren Arbeiten mit QDA-Programmen leicht auflisten lassen oder auch automatisch einem Codewort zuordnen. Im Anschluss an die Transkription sollte man bereits anonymisieren, d.h. alle Namen durch Phantasienamen ersetzen. Mit Orten und Daten verfährt man ähnlich. Auch diese werden so verändert, dass direkte Rückschlüsse nicht mehr möglich sind. Orte lassen sich durch Platzhalter ersetzen, welche noch einige für das Verständnis wesentliche Bedeutungen transportieren, wie etwa „Dorf", „Kleinstadt" oder beim Datum „Sommer", „Winter des vorangegangenen Jahres" etc. Eine entsprechende Überblicksmatrix für die eigene Entschlüsselung sollte erstellt werden.

2.6 Analyseeinheiten und Zeilen-Layout

Hat man die Entscheidung getroffen, nach welchen Transkriptionsregeln die Daten zu verschriften sind, so muss noch eine zweite Frage entschieden werden, nämlich das Problem der Definition von *Texteinheiten*. Vor allem bei Transkriptionen von Gruppendiskussionen oder Texten, bei denen man es mit mehreren Sprechern zu tun hat, ist das Problem der Bestimmung von Texteinheiten virulent.

Man sollte sich bereits jetzt, d.h. zum Zeitpunkt der Vorbereitung der Texte, gedanklich mit der späteren Auswertung beschäftigen. Im Fall der Analyse von Gruppendiskussionen ist zu fragen, ob man später die Sprecher gesondert auswerten will und deshalb eine Vorab-Codierung vornehmen sollte. Auch muss man sich an dieser Stelle fragen, welches die kleinste Einheit der Codierung bei dem späteren QDA-Programm ist. WINMAX nimmt, ebenso wie ATLAS/ti, Codewortzuordnungen für die kleinste Einheit *Wort* entgegen. Andere

Programme sind weitaus unflexibler und ordnen Codes prinzipiell nur auf der Basis von *Textzeilen* zu. Das Programm NUD.IST kennt nur *Texteinheiten* als kleinste Zuordnungseinheit für Codes, wobei die kleinste denkbare Texteinheit eine Zeile ist.

Das *Zeilen-Layout* betrifft insbesondere die Anzahl der Zeichen pro Zeile. Die Wahl der Zeichen pro Zeile sollte man vorrangig von technischen Gegebenheiten, sprich der Bildschirmgröße und seiner Auflösung, und den persönlichen Präferenzen abhängig machen. Es sollte bei der Textauswertung immer möglich sein, eine Textzeile komplett zu lesen. Auch sollte beim späteren Codieren auf dem Bildschirm noch genug Platz für das Codewortsystem zur Verfügung stehen. Erfahrungsgemäß arbeitet man nicht mit wesentlich mehr als 60 Zeichen pro Zeile. Abb. 13 zeigt, wie ein optimales Arbeiten mit dem QDA-Programm möglich ist.

Hier bietet der Bildschirm noch genug Raum für Text, Kategoriensystem und die Visualisierung von Codierungen. Da spätere Änderungen im Text nicht bzw. nur sehr bedingt möglich sind, sollte man vor dem Import aller Texte etwas Zeit darauf verwenden, die optimale Zeilenlänge der Texte zu bestimmen. Für die praktische Arbeit empfiehlt es sich, probeweise mit verschiedenen Varianten des gleichen Textes zu experimentieren. Der Text wird mit unterschiedlichen Zeichenzahlen pro Zeile formatiert, jeweils importiert und einige Codierungen werden probeweise vorgenommen. Erst danach wird entschieden, welche Zeilenbreite für die vorhandene Gerätekonfiguration optimal ist.

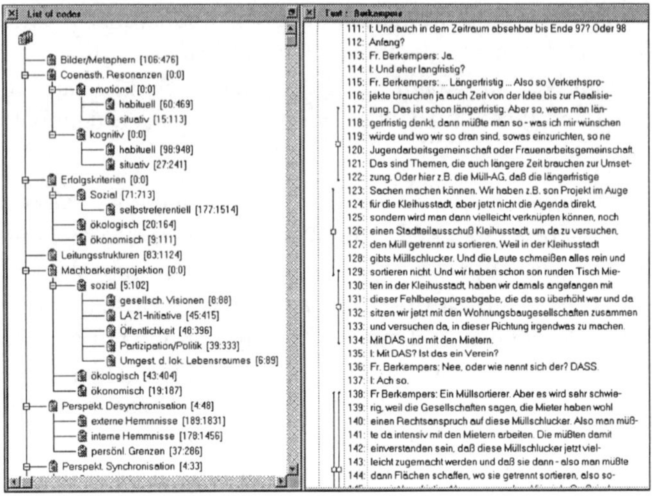

Abb. 13: Optimale Zeilenbreite beim Codieren (Bildschirmaufnahme aus dem Programm winMAX)

2.7 Vorstrukturierte Textformen

Sehr häufig hat man es bei der Textanalyse mit vorstrukturierten Textformen zu tun, d.h. der Text weist eine Vorab-Gliederung in Sektionen, Sprecher oder Sinnabschnitte auf. Dazu folgende Beispiele:

- Bei der Inhaltsanalyse der Abstracts des Dresdner Soziologiekongresses 1996 lagen die Abstracts nach folgendem Schema vor: Autor, Institution, Ort, Titel des Vortrags, Abstract, Literaturangaben.
- Will man Daten aus Forschungsdatenbanken wie der sozialwissenschaftlichen Forschungsdatenbank FORIS auswerten, findet man häufig eine Vorab-Strukturierung folgender Art vor: Titel des Projektes, Erhebungszeitraum, Primärforscher, Datenerhebung, Inhalt, Grundgesamtheit und Auswahl (so die Katego-

rien beim Zentralarchiv für empirische Sozialforschung Köln).

- Bei der Transkription von leitfadenstrukturierten Interviews werden häufig die Punkte des Leitfadens als Strukturierungsmerkmale benutzt.
- Bei Gruppendiskussionen wird immer der Sprecher vor jeder Textstelle vermerkt.
- Bei Antworttexten auf offene Fragen wird jeweils vermerkt, zu welcher offenen Frage des Fragebogens der Text gehört.

Diese Beispiele zeigen bereits, dass es nicht nur wünschbar, sondern teilweise auch unumgänglich ist, bei der Inhaltsanalyse zwischen den verschiedenen Strukturebenen des Textes zu unterscheiden: Bei der Themenanalyse der Vorträge des Soziologentags möchte man beispielsweise nur den Teil des Primärtextes auswerten, der den eigentlichen Text des Abstracts enthält. Bei der Gruppendiskussion wird man sprecherspezifisch auswerten wollen und bei der Analyse von transkribierten Antworttexten aus Fragebogeninterviews interessieren zunächst nur jeweils die Antworten auf bestimmte Fragen und nicht gleichzeitig die Antworten auf alle anderen Fragen.

Antworttexte auf offene Fragen auszuwerten, ist wohl das Musterbeispiel für die Analyse strukturierter Texte. Diese Textart unterscheidet sich erheblich von einem Set von offenen Interviews oder einer Sammlung von Beobachtungsprotokollen: Man hat es mit vergleichsweise vielen, aber relativ kurzen Texten zu tun. Während eine durchschnittliche qualitative Studie eine Stichprobengröße von vielleicht 20 bis 60 Interviews hat, sind es hier gleich mehrere hundert Probanden, deren Texte auszuwerten sind. Schon angesichts der großen Zahl erweisen sich die üblichen Einleseprozeduren der QDA-Programme als ziemlich unpraktisch, denn bei einer Stichprobengröße von N=200 müssen 200 Primärdateien erstellt und in das QDA-Programm importiert werden. Eine zeitraubende Angelegenheit!

Mit dem Text-Preprozessor enthält WINMAX eine spezielle Funktion, um dieses Eingabeproblem zu bewältigen. Viele Texte können hintereinander in die gleiche Datei eingegeben werden. Durch eine vor jedem Text erscheinende Identifikationsangabe wird der Beginn eines neuen Textes kenntlich gemacht. Jeder Text muss mit einem Identifikator #TEXT beginnen, hinter dem der Textname angegeben werden kann. Verzichtet man auf diese Angabe wird dem Text automatisch eine laufende Nummer zugeordnet. Auf diese Weise lassen sich Hunderte von Einlesevorgängen erheblich abkürzen.

2.8 Vorab-Codierung von Textmerkmalen

Eine weitere Differenz zwischen Antworttexten auf offene Fragen und qualitativen Daten vom Typ des narrativen Interviews betrifft die mögliche Vorab-Zuordnung von Antworttexten zu bestimmten Fragen. Angenommen, in einem Fragebogen seien drei offene Fragen enthalten, die für die Auswertung transkribiert werden sollen. Sehr praktisch ist es, wenn die Antworttexte von vornherein den jeweiligen Fragen zugeordnet werden könnten. Dies erspart die Mühe, erst nach dem Einlesen in allen Texten diese Zuordnung manuell vornehmen zu müssen.

Der Preprozessor von WINMAX ermöglicht eine solche Vorab-Zuordnung, vorausgesetzt eine bestimmte Eingabesyntax wird beachtet. Vor dem Antworttext auf die erste offene Frage ist das Schlüsselwort #CODE einzugeben, dahinter folgt das jeweilige Codewort, z.B.

„Frage 1“, oder ein entsprechendes Kürzel (z.B. nur „1“), das später leicht durch die komplette Kategorienbezeichnung ersetzt werden kann. Der Antworttext wird jeweils mit dem Schlüsselwort #ENDCODE abgeschlossen.

```
#TEXTtextname
#CODEcodename
hier folgt der Text zu Frage 1
#ENDCODE
#CODEcodename
hier folgt der Text zu Frage 2
#ENDCODE
#TEXTtextname
..
hier folgt der zweite Text nach dem gleichen Schema
..
#TEXTtextname
....
hier folgt der dritte Text nach dem gleichen Schema
..
```

Abb. 14: Eingabe von vorab codierten Texten

2.9 Zusammenfassung: Der Import von Texten

Fassen wir zusammen: Bevor ein Text mit einem QDA-Programm bearbeitet werden kann, müssen die in Abb. 15 schematisierten Schritte durchlaufen werden. Alle QDA-Programme machen es nötig, dass Texte in ASCII-Dateien konvertiert werden. Einige QDA-Programme lassen keinen Spielraum in Bezug auf die Definition von Texteinheiten, sondern verlangen, dass die Texte eine feste Zeilenlänge aufweisen, d.h. hinter jeder Zeile muss sich beim Text-Import ein Absatzzeichen befinden. Dies muss normalerweise nicht per Hand eingefügt werden, sondern geschieht automatisch, wenn beim Speichern im Textverarbeitungsprogramm der Dateityp „Nur-Text + Zeilenwechsel“ gewählt wird.

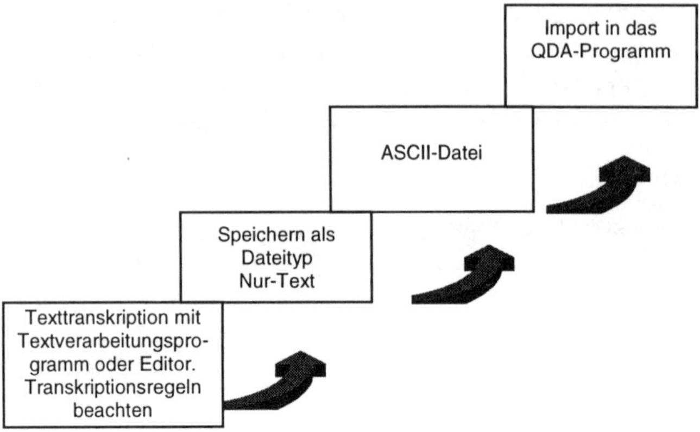

Abb. 15: Wie der Text in das QDA-Programm kommt

Vor dem Import von Texten sind im Hinblick auf drei Problemkreise Entscheidungen zu fällen:

1. Die Transkriptionsregeln müssen gewählt werden.
2. Es muss entschieden werden, ob Texteinheiten definiert werden sollen.
3. Das Zeilenlayout muss gewählt werden.

Die folgende Checkliste gibt einen schnellen Überblick über die zu treffenden Entscheidungen.

Checkliste für die Textaufbereitung

1.	Wie groß ist mein Bildschirm? Wie viele Zeichen passen in eine Zeile, wenn beim Codieren das Kategoriensystem und der Text nebeneinander platziert werden?
2.	Ausprobieren und Zahl der Zeichen notieren.
3.	Text in das Textverarbeitungsprogramm laden.
4.	Gesamten Text markieren und mit Schrifttyp fester Zeichenbreite (Courier 12) formatieren. Die Seitenränder so setzen, dass die Anzahl der Zeichen pro Zeile der gewünschten Anzahl entspricht.
5.	Den Text auf spezielle Formatierungen durchsehen: Gibt es Zeichenformatierungen, die bei der ASCII-Formatierung verloren gehen würden? Fettdruck, Unterstreichung, Kursivdruck, Zeichenelemente? Ggfs. andere Transkriptionsweisen für diese Textauszeichnungen definieren.

6.	Entscheidung zwischen der Formatierung „Nur Text“ und „Nur Text + Zeilenwechsel“ Falls man beabsichtigt, Textsegmente später wieder vom QDA-Programm als Fließtext ins Textverarbeitungsprogramm zu kopieren (z.B. als Zitate in einem Forschungsbericht), sollte man „Nur Text“ wählen. Falls man einen strukturierten Text vor sich hat, z.B. die Transkription einer Gruppendiskussion mit Nennung des Sprechers zu Beginn jedes Turns, und plant diese Turns automatisch codieren zu lassen, sollte ebenfalls „Nur Text“ gewählt werden und zudem innerhalb der Sequenz eines Sprechers darauf geachtet werden, dass keine Absatzzeichen vorhanden sind.
7.	Text in der gewählten Form als ASCII-Text speichern.

In jedem Fall sollte man, bevor das gesamte Textmaterial transkribiert wird, ein oder zwei Texte in das QDA-Programm importieren, einige Probecodierungen vornehmen und unterschiedliche lexikalische Suchprozeduren und Text-Retrievals durchführen. Oft wird man dann entdecken, dass bestimmte Optionen des QDA-Programms, vor allem die lexikalische Suche und die automatische Codierung, sich nur bei einer bestimmten Transkriptionsweise nutzen lassen. In einem so frühen Stadium der Texttranskriptionen ist man dann noch leicht in der Lage, die Transkriptionsregeln entsprechend zu verändern. Generell muss sich die Wahl des Transkriptionssystem nach den Zielen der Analyse richten.

Plant man eine Konversationsanalyse, ist man viel stärker an Details wie „ähs“ und „mhms“ und der genauen Transkription von Pausen interessiert als dies bei einer normalen Interviewstudie der Fall ist. Gut beraten ist man also, sich jeweils die Fragen „Muss das unbedingt transkribiert werden?“ und „Will ich die so festgehaltenen Phänomene überhaupt später interpretieren?“ zu stellen.

TIP:

> Zu Problemen kann es führen, wenn MS-WORD automatisch typographische Anführungszeichen einfügt. Man kann diese Option einfach folgendermaßen ausschalten: Wählen Sie AUTOKORREKTUR im Menü EXTRAS. Auf der Registerkarte AUTOFORMAT WÄHREND DER EINGABE deaktivieren Sie die Option GERADE ANFÜHRUNGSZEICHEN DURCH TYPOGRAPHISCHE ERSETZEN, um die typographischen Anführungszeichen auszuschalten.

Praktische Hinweise

In WINMAX werden alle Textgruppen und die bislang eingelesenen Texte im Fenster LISTE DER TEXTE dargestellt. Abb. 16 zeigt, dass zwei Textgruppen, „Interviews Experten" und „Interviews Akteure", definiert wurden.

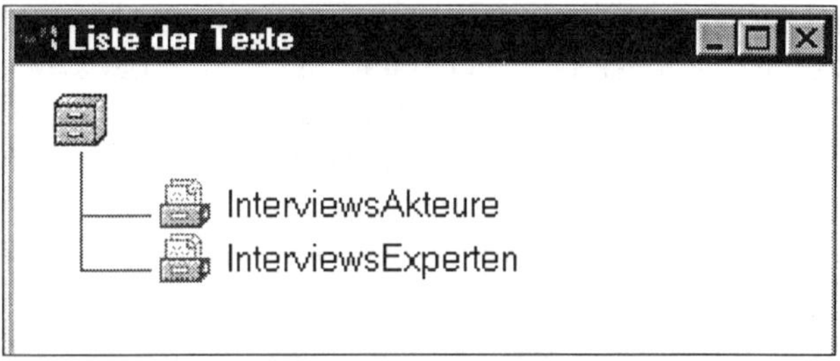

Abb. 16: Definierte Textgruppen in der LISTE DER TEXTE

Texte werden importiert, indem die entsprechende Textgruppe angeklickt, die Option TEXT EINFÜGEN gewählt und die Textdatei angegeben wird. Im Auswahlmenü für das Importieren von Texten können die Optionen PREPROZESSOR (für vorstrukturierte Textformen) und TEXT FORMATIEREN gewählt werden. Letzteres bewirkt, dass der Text von WINMAX mit der angegebenen

Anzahl von Zeichen pro Zeile formatiert wird. Es werden nur sogenannte „Soft-Returns" als Zeilenende eingefügt, die beim späteren Exportieren von codierten Segmenten wieder entfernt werden, so dass der Fließtext erhalten bleibt. Diese Option macht nur Sinn, wenn der Text in WORD als Dateityp „Nur Text" gespeichert wurde, d.h. keine Zeilenschaltungen enthält.

Arbeitsvorschläge

Am Ende dieses Kapitel sollten Sie in der Lage sein, Ihre Texte für QDA-Software aufzubereiten, d.h. die Texttranskription zu planen, das Textlayout zu bestimmen und die Frage von Texteinheiten zu entscheiden.

1. Wählen Sie einen bei Ihnen vorhandenen Text oder den in der Demoversion von WINMAX enthaltenen Beispieltext „Textbeispiel1.rtf" aus. Öffnen Sie den Text mit Ihrem Textverarbeitungsprogramm. Welche Probleme ergeben sich in Bezug auf die Transkription, wenn Sie den Text in eine ASCII-Datei konvertieren wollen?
2. Ist es sinnvoll, bei diesem Text Texteinheiten für die spätere Codierung zu definieren? Versuchen Sie die Vor- und Nachteile abzuwägen.
3. Bereiten Sie den Text nun so vor, dass eine optimale Bearbeitung mit dem QDA-Programm möglich ist. Sehen Sie hierbei eine Zeilenlänge von 50 bis 60 Zeichen pro Zeile vor. Speichern Sie Ihren Text in Form einer Nur-Text-Datei (+Zeilenwechsel) ab.

Die folgenden Aufgaben erfordern, dass Sie die Try-out-Version von WINMAX auf Ihrem Computer installiert haben. Im Anhang ist beschrieben, wie dies zu bewerkstelligen ist. Am besten drucken Sie auch das Tutorial aus, das mit den technischen Gegebenheiten des Programms vertraut macht, z.B. welche Optionen zum Importieren von Texten anzuklicken sind.

4. Lesen Sie den von Ihnen vorbereiteten Text in WINMAX ein. Definieren Sie vorher eine Textgruppe (z.B. „Meine Textgruppe 1"), fügen Sie dann den vorbereiteten Text ein. Öffnen Sie den Text und erstellen Sie einen zeilennummerierten Ausdruck für die weitere Arbeit.
5. Experimentieren Sie mit eigenen Texten und verschiedenen Formatierungen. Durch Veränderungen der Randeinstellung in WORD lässt sich eine unterschiedliche Anzahl von Zeichen pro Zeile erreichen. Importieren Sie die Texte ebenfalls in WINMAX.
6. Nutzen Sie die Möglichkeit, auch Fließtext in WINMAX zu importieren. Nehmen Sie einen eigenen Text und speichern diesen in WORD als Dateityp „Nur Text". Aktivieren Sie beim Import die *Format-Option* und stellen Sie 50 Zeichen pro Zeile ein.
7. Speichern Sie nun den gleichen Text in WORD probehalber mit Zeilenumbrüchen ab (Dateityp „Nur Text + Zeilenwechsel"). Lesen Sie den Text erneut ein und vergleichen Sie die beiden Fassungen.

3 Die Kategorien und das Codieren von Textsegmenten

3.1 Über Kategorien

Das interpretativ orientierte Arbeiten mit einem Text beginnt immer mit der sorgfältigen Lektüre. Häufig ziehen Wissenschaftler es vor, diesen ersten Arbeitsschritt nach dem Importieren der Primärtexte nicht am Bildschirm vorzunehmen. In der Forschungspraxis hat es sich bewährt, zunächst eine zeilennummerierte Arbeitsfassung jedes einzelnen Textes zu erstellen. Diese Papierfassung des Textes ist es, mit der zunächst gearbeitet wird. Vor allem dann, wenn man mit Kolleginnen und Kollegen im Team arbeitet, ist es von Vorteil über eine zeilennummerierte Textfassung zu verfügen. So kann man sich bei der gemeinsamen Diskussion von Textpassagen besser verständigen.

Auch während der computergestützten Textanalyse ist es nicht der Computer, der denkt, interpretiert und codiert, sondern immer noch der Mensch. Qualitative Daten sind ein gegenüber der datenbankmäßigen Erfassung und automatischen Codierung sehr resistentes Material. Deshalb ist es auch die *intellektuelle Codierung*, die im Zentrum von QDA-Programmen steht. Wenn hier von Codieren die Rede ist, so wird hierunter zunächst ganz allgemein die Zuordnung von Kategorien zu relevanten Textpassagen bzw. die Klassifikation von Textmerkmalen verstanden. Diese Codierung geschieht aber in der Regel nicht automatisch, z.B. aufgrund bestimmter Worte oder Wortkombinationen im Text, sondern ist Resultat einer menschlicher Interpretationsleistung, welche natürlich die Lektüre und Verarbeitung des Textes voraussetzt. In der sozialwissenschaftlichen Methodenliteratur wird dem Thema *Kategorien* keine sonderliche Aufmerksamkeit gewidmet. Was überhaupt eine Kategorie ist und wie man Kategorien bildet, wird in Methodentexten meist nicht weiter problematisiert, sondern stillschweigend vorausgesetzt. Im Methodenlexikon von Kriz und Lisch heisst es etwa: „Patentrezepte für die Kategorienbildung im engeren Sinne gibt es nicht; je nach Untersuchungsgegenstand müssen dazu immer wieder neue Entscheidungen gefällt werden" (Kriz/Lisch 1988: 134). In den Inhaltsregistern der bekannten deutschsprachigen Methodenlehrbücher sucht man meist vergeblich nach dem Stichwort *Kategorie* (so bei Diekmann 1995). Wenn man überhaupt einen Eintrag findet, wird man häufig auf Textseiten verwiesen, in denen von speziellen Analyseverfahren die Rede ist und in diesem Kontext dann auch von Kategorien, etwa von *Beobachtungskategorien*, *Kategoriensystemen in der klassischen Inhaltsanalyse* u.ä. Der Kategorienbegriff und die Kategorienbildung selbst werden indes nicht zum Gegenstand gemacht. Häufig wird der Begriff Kategorie synonym mit Variable oder Merkmal benutzt. Im Forschungskonzept des Kritischen Rationalismus werden Kategorien als Operationalisierungen der in den Hypothesen enthaltenen Begriffe aufgefasst (vgl. Diekmann 1995: 489). Sie haben hier also den Charakter von Nominaldefinitionen. Das Gegenstück zu dieser deduktiven Vorgehensweise stellt die induktive Kategorienbildung dar, bei welcher der kategoriale Bezugsrahmen aus den Daten selbst konstruiert wird. Bei genauerem Hinschauen zeigt sich allerdings oft, dass das Vor- und Kontextwissen des Forschers dabei einen nicht zu unterschätzenden Einfluss hat (vgl. etwa die protokollierte Seminarsitzung „Umgang mit Schmerz“ in Strauss 1991: 74 ff.).

Hier soll es nicht um die allgemeine Betrachtung von Vorgehensweisen bei der Kategorienbildung in der sozialwissenschaftlichen Forschung gehen, sondern um die spezifische Perspektive der Text- und Inhaltsanalyse. Kategorie bedeutet hier – technisch gesprochen – nichts anderes als eine Bezeichnung, die vom Bearbeiter der Texte definiert wird, d.h. ein Wort oder eine Wortkombination, die nicht notwendigerweise auch im Text vorkommen muss. Als Beispiel mag man sich die der Maslowschen Bedürfnishierarchie entnommene Kategorie „Grundbedürfnis“ vor Augen führen. Die Kategorie kann benutzt werden, um verschiedene in einem Interviewtext präsente *Bedürfnisse* zu differenzieren - möglicherweise nimmt ein Interviewter aber an keiner Stelle des Interviews das Wort *Bedürfnisse* selbst in den Mund. Andere Beispiele für Kategorien sind *ethnische Identität* oder *autoritärer Umgangsstil*. Es sind analytische Kategorien, die benutzt werden, um bestimmte Phänomene im Text zu identifizieren und gegebenenfalls im späteren Auswertungsprozess wiederzufinden. Es müssen aber keine Begriffe der Akteure sein, die sich im Text finden lassen.

Bevor wir uns den Techniken des Codierens bei der computergestützten Textanalyse zuwenden, soll die Bedeutung der Kategorien in der Grounded Theory und in der traditionellen Inhaltsanalyse betrachtet werden.

3.2 Kategorien in der Grounded Theory

Insbesondere in der amerikanischen Feldforschung hat der Ansatz von Anselm Strauss und Barney Glaser, von ihnen als Grounded Theory bezeichnet, vielfache Beachtung gefunden. Strauss und Glaser haben in verschiedenen, alleine und gemeinsam verfassten Schriften dieses Konzept einer Forschungsstrategie, in welcher Kategorien und das Codieren eine zentrale Rolle spielen, ausgearbeitet (vgl. Glaser/Strauss 1967; Glaser 1978; Strauss 1991; Strauss/Corbin 1996). Im Laufe von zwei Jahrzehnten hat sich das Konzept allerdings erheblich verändert. In den Anfängen erschien der Ansatz radikal induktivistisch formuliert und es wurde eine weitgehend theorielose Herangehensweise propagiert: Alle vorgefassten Theorien („preconceived theories") wurden als wahrnehmungshemmend apostrophiert. Strauss hat nach und nach verschiedene Elemente klassischer Forschungskonzepte integriert. Vermutlich waren die Anfänge der Grounded Theory Mitte der 60er Jahre dadurch gekennzeichnet, dass Strauss und seine Mitautoren primär eine wissenschaftspolitische Manifestation gegenüber dem Behaviourismus und dem quantitativen Main-Stream vornehmen wollten, der in der politisch konservativen Nachkriegszeit in den USA die interaktionistischen Ansätze ziemlich an den Rand gedrängt hatte. Strauss selbst hat in einer rückblickenden Betrachtung diese Vermutung bestärkt:

> „Wir entschieden Mitte 60, ein Buch über Methoden zu schreiben. Wir spürten schon, dass Veränderungen in der Luft lagen, denn wir wollten für die „Kids" schreiben - Leute über 30 schienen uns schon zu festgelegt. Barney hatte das bessere Gefühl, dass ein solches Buch ankommen würde, ich war skeptischer, weil ich älter war. Der Titel „The Discovery of Grounded Theory" (1967), zeigt schon, worauf es uns ankam: Nicht wie in den üblichen Methodenlehrbüchern die Überprüfung von Theorie, sondern deren Entdeckung aus den Daten heraus. *Grounded Theory* ist keine Theorie, sondern Methodologie, um in den Daten schlummernde Theorien zu entdecken" (Strauss in Legewie/Schervier-Legewie 1995: 70).

Die sukzessive Präzisierung der Grounded Theory durch Strauss hat auch zu Kontroversen zwischen den beiden Autoren geführt. Die Übersetzung des Begriffs Grounded Theory ins Deutsche ist nicht unproblematisch. Noch am ehesten lässt er sich mit „gegenstandsbezogene Theorie“ oder „empirisch fundierte Theorie“ übersetzen, wobei mit Theorie hier eine Theorie mittlerer Reichweite und keine Gesellschaftstheorie („Grand Theorie“) gemeint ist. Anselm Strauss zufolge besteht eine Grounded Theory aus Kategorien, ihren theoretisch bedeutsamen Merkmalen und Hypothesen, d.h. aus verallgemeinerten Beziehungen zwischen Kategorien und ihren Merkmalen. Obwohl weit vom Konzept der traditionellen Inhaltsanalyse entfernt, teilt Strauss mit dieser die zentrale Stellung, die den Kategorien und dem Vorgang des Codierens eingeräumt wird. Strauss formuliert: *Codieren ist der Prozess der Datenanalyse.*

Im Zentrum des Analysestils der Grounded Theory steht das sorgfältige Codieren der Daten, d.h. die Zuordnung von Codes zu bestimmten Phänomenen im Datenmaterial. Dabei werden drei Haupttypen des Codierens unterschieden: offenes Codieren, axiales Codieren und selektives Codieren. Das *offene Codieren* ist als der Prozess des Aufbrechens, Untersuchens, Vergleichens, Konzeptualisierens und Kategorisierens von Daten definiert. Offenes Codieren „eröffnet“ die Forschungsarbeit: Das Datenmaterial wird sorgfältig bearbeitet, vorläufige Konzepte und deren Dimensionen werden entwickelt. Den Daten werden so viele Codes wie möglich zugewiesen. Verwendet werden konzeptuelle Kategorien („conceptual codes“), die auf theoretischen Konzepten basieren oder sogenannte In-vivo-Codes. Darunter versteht Strauss Begriffe, die von den Akteuren selbst verwendet werden. In-Vivo-Codes ermöglichen laut Strauss einen unmittelbaren, durch keine Theorie verstellten Zugang zu den Sichtweisen der Akteure. Solche Begriffe fallen bei der

Dateninterpretation sofort ins Auge: Beispielsweise bezeichnet in einer medizinsoziologischen Studie von Strauss eine Oberschwester eine andere Stationsschwester als „Traditionsträger der Station“, weil ihr die Aufgabe zufällt, alle neuen Beschäftigten einzuarbeiten und in die Regeln und Abläufe der Station einzuführen.

Unter Konzepten verstehen Strauss/Corbin (1996): „Konzeptuelle Bezeichnungen oder Etiketten, die einzelnen Ereignissen, Vorkommnissen oder anderen Beispielen für Phänomene zugeordnet werden.“ Ein weiteres Beispiel hierfür ist die Bezeichnung „Einschätzung des sozialen Verlustes“. Ergebnis des ersten Analyseschrittes ist eine Liste von Konzepten, die im nächsten Schritt zu Kategorien zusammengefasst werden. Kategorie ist für Strauss ein unabhängiges begriffliches Element einer Theorie, eine Klassifikation von Konzepten. Diese Klassifikation wird erstellt, wenn Konzepte miteinander verglichen werden und sich offenbar auf ein ähnliches Phänomen beziehen. So werden die Konzepte unter einem Konzept höherer Ordnung zusammengruppiert - ein abstrakteres Konzept, genannt Kategorie, beispielsweise „Pflegehandeln des Personals“.

Kategorien besitzen Eigenschaften und Merkmale, die theoretisch bedeutsame Aspekte darstellen. Die Kategorie „Pflegehandeln des Personals“ besitzt beispielsweise die Merkmale „professionelle Gelassenheit“ und „Einschätzung des sozialen Verlustes“. Die Begriffe *Merkmal* und *Subkategorie* werden hier allerdings weitgehend synonym verwendet. Auch Subkategorien können wiederum Merkmale besitzen, beispielsweise kann die Subkategorie „Einschätzung des sozialen Verlustes“ das Merkmal „Verlustrationalisierungen“ aufweisen.

Eine wichtige Tätigkeit bei der Entwicklung von Kategorien ist das *Dimensionalisieren*. Kategorien besitzen

Attribute und diese lassen sich auf einem Kontinuum beschreiben: Die „Professionelle Gelassenheit" kann, ebenso wie die „Einschätzung des sozialen Verlustes" groß oder gering sein:

professionelle Gelassenheit

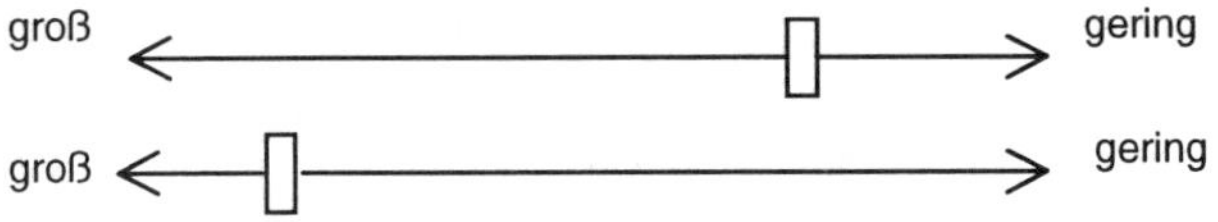

Einschätzung des sozialen Verlustes

Der Arbeitsschritt des offenen Codierens besteht also neben dem Konzeptualisieren der Daten im Identifizieren und Dimensionalisieren der Eigenschaften von Kategorien. Offenes Codieren kann auf verschiedene Art und Weise durchgeführt werden, wobei Strauss eine Zeile-für-Zeile-Analyse empfiehlt (Strauss 1994: 53).

Codes können sich auf einzelne Worte beziehen – wie oben auf „Traditionsträgerin" – auf Sätze, Abschnitte oder das ganze Dokument. Im letzten Falle geht es darum, Dokumente mit anderen zu vergleichen, Ähnlichkeiten und Unterschiede bezogen auf das gesamte Dokument zu klassifizieren. Hier haben Codes dann den Charakter von Fallvariablen (vgl. Kapitel 7). Als Beispiel für eine ausdimensionalisierte Kategorie sei eine Darstellung von Strauss wiedergegeben, die er in einer Studie für den Arbeitstyp „Beobachten" entwickelt hat (Strauss/Corbin 1996: 53).

Kategorie	Eigenschaften	Dimensionale Ausprägung (pro Ereignis)
Beobachten	Häufigkeit Ausmaß Intensität Dauer	Oft ---------------- nie Viel ---------------- wenig Hoch --------------- niedrig lang -------------- kurz

Hierauf basierend lassen sich Typologien für Kategorien bilden, indem die Merkmale auf einem Kontinuum abgetragen werden.

Als spezielle Technik des Codierens beschreibt Strauss das *axiale Codieren.* Darunter versteht er „eine Reihe von Verfahren, mit denen durch das Erstellen von Verbindungen zwischen Kategorien die Daten nach dem offenen Codieren auf neue Art zusammengesetzt werden. Dies wird durch den Einsatz eines Codier-Paradigmas erreicht, das aus Bedingungen, Kontext, Handlungs- und interaktionalen Strategien und Konsequenzen besteht.“ (Strauss/Corbin 1996: 75) Das *axiale Codieren* richtet sich also gezielt auf eine bestimmte Kategorie und ihre Beziehungen. Heuristischer Rahmen ist ein allgemeines Handlungsmodell, aufgrund dessen die Kategorien auf die Zugehörigkeit zu sechs Klassen hin untersucht werden:

1. Phänomene, auf die sich das Handeln richtet
2. Kausale Bedingungen für diese Phänomene
3. Eigenschaften des Handlungskontextes
4. Intervenierende Bedingungen
5. Handlungs- und Interaktionsstrategien
6. deren Konsequenzen

Auf diese Weise erreicht der Analyseprozess eine abstraktere Ebene und bewegt sich hin zur dritten Form des Codierens, dem *selektiven Codieren.* Dieses ist definiert als „Der Prozess des Auswählens der Kernkategorie, des systematischen In-Beziehung-Setzens der Kernkategorie mit anderen Kategorien, der Validierung dieser Beziehungen und des Auffüllens von Kategorien, die einer weiteren Verfeinerung und Entwicklung bedürfen.“ (ebda.: 94) In dieser Phase wird die gesamte interpretative Arbeit integriert. Die einzelnen Handlungsmodelle werden in ein umfassendes theoretisches Konzept, eine

Theorie über das typische Handeln typischer Akteure im Untersuchungsfeld, verdichtet. Die Kernkategorie(n) werden systematisch zu anderen Kategorien in Beziehung gesetzt. Die Daten werden gruppiert, Ziel ist das Aufdecken von Mustern durch Betrachtung der dimensionalen Ausprägungen der Kategorien. Das entspricht der multivariaten statistischen Analyse im Fall der quantitativen Inhaltsanalyse, anders als dort geht es aber nicht um Koeffizienten und Signifikanzen, sondern um die Konstruktion einer *analytischen Geschichte*. Diese muss einen roten Faden aufweisen, sequentiell und logisch geordnet sein.

Zusammenfassend lassen sich aus der Grounded Theory eine Reihe von Maßstäben für den Umgang mit Kategorien gewinnen. Dazu gehört zuallererst die zentrale Bedeutung, die dem Kategorisieren überhaupt eingeräumt wird, sodann die Erkenntnis, dass Kategorien sehr verschiedene Grade an Dichte und Abstraktion aufweisen können. Ferner gilt es, die Kategorien auszudifferenzieren und zu dimensionalisieren. Schließlich führt der Analysestil der Grounded Theory auch vor, dass es jenseits eines einfachen Konzeptes von „Indikator→ Kategorie→statistische Analyse“ auch Konzepte gibt, die auf unterschiedliche Formen des Codierens in verschiedenen Phasen des Forschungsprozesses zielen und die Entdeckung von *Schlüsselkategorien* in den Mittelpunkt stellen.

Literaturhinweise

Die Grundideen der Grounded Theory lassen sich anhand von drei Schriften studieren:

a) Glaser, B. G./Strauss, A. L., 1967: The Discovery of Grounded Theory. Chicago

Dieser 1967 verfasste Text liegt seit 1998 auch endlich in

deutscher Übersetzung vor. Es handelt sich um die erste umfassende Darstellung der Grounded Theory - einschließlich aller Missverständnisse.

b) Strauss, A., 1991: Grundlagen qualitativer Sozialforschung. Datenanalyse und Theoriebildung in der empirischen soziologischen Forschung. München

Dieser Studientext macht anhand von Seminarprotokollen die Vorgehensweise von Strauss praktisch nachvollziehbar. Der Text weist viele Wiederholungen auf und oft mangelt es an begrifflicher Klarheit.

c) Strauss, A./Corbin, J., 1996: Grounded Theory: Grundlagen qualitativer Sozialforschung. Weinheim

Dieses Buch stellt eine Art Komplement zu dem vorgenannten Text dar. Strauss und seine Mitautorin haben hier versucht, die verschiedenen Werkzeuge und Verfahren der Grounded Theory systematisch zu definieren und zu beschreiben.

3.3 Kategorien in der traditionellen Inhaltsanalyse

Neben der Grounded Theory ist die traditionelle, quantitativ orientierte Inhaltsanalyse die zweite sozialwissenschaftliche Forschungsmethode, die sich intensiv mit dem Thema Kategorienbildung auseinandersetzt. Den Sinn und Zweck der traditionellen Inhaltsanalyse („Content Analysis"), die im Zuge der interdisziplinären amerikanischen Kommunikationsforschung der 40er Jahre entstand, hat Berelson, einer der Pioniere der Methode, prägnant beschrieben. Ihm zufolge ist die Inhaltsanalyse eine Untersuchungstechnik, die der „objektiven, systematischen, und quantitativen Beschreibung des manifesten Inhaltes von Mitteilungen aller Art dient" (Berelson 1952). Zuvor festgelegte Merkmale von Kommunikationsinhalten sollen systematisch und objektiv erfasst werden. Kategorien haben in dieser, an der Forschungslogik des Kritischen Rationalismus orientierten Methode den Status von *Variablen*, welche durch Indikatoren operationalisiert werden. Die in den Hypothesen enthaltenen Begriffe werden als Variablen formuliert, operationalisiert und gemessen. Variablenzusammenhänge lassen sich dann quantitativ-statistisch überprüfen. Das Kategoriensystem ist in dieser Konzeption ein *Messinstrument mit angebbaren Gütekriterien.*

Eine Vielzahl von Verfahren der *Content Analysis* ist entwickelt worden: *Themenanalyse*, *Frequenzanalyse*, *Kontingenzanalyse*, *Bewertungsanalyse* und andere spezielle Methoden mehr. Klaus Merten hat die einzelnen Verfahren im Detail beschrieben (vgl. Merten 1996). Viele der dort vorgestellten Techniken werden aber in der Forschungspraxis nur selten eingesetzt. Von größerem Verbreitungsgrad sind Verfahren der *Themenanalyse* bzw. *Frequenzanalyse*, die sich für die Häufigkeit von Worten und Wortkombinationen im Text bzw. in Texten interessieren (vgl. Früh 1991: 125 ff.). Die berechneten Häufigkeitstabellen können etwa dazu dienen, verschiedene Texte zu vergleichen und aus der Differenz von Wortbeständen inhaltliche und theoretische Schlüsse zu ziehen. Ferner lassen sich Konkordanzen und Wortassoziationen ermitteln.

Seit den 60er Jahren bestehen Bemühungen, die traditionelle Inhaltsanalyse als *Computerunterstützte Inhaltsanalyse* (CUI) zu betreiben. Entsprechende Software wurde entwickelt, zunächst für den Großrechner (GENERAL INQUIRER), seit den 80er-Jahren auch für den PC, z.B. TEXTPACK (vgl. Züll/Mohler/Geis 1991), INTEXT (vgl. Klein 1997), OXFORD CONCORDANCE und eine Reihe weiterer Programme. Das Verfahren der CUI führt kontextfreie Vercodungen von Suchausdrücken durch und arbeitet mit einem Diktionär, in dem die Zuordnung von Worten bzw. Zeichenketten zu Kategorien definiert wird. Relativ einfach lässt sich dies bei Problemen wie der Berufs- und Branchenvercodung realisieren. Die Definition einer Branchenkategorie Nummer 24 „Gaststätten/Beherbungsgewerbe" besteht dann aus einer Vielzahl einzelner Begriffe oder Wortketten (Züll u.a. 1991: 52 f.)

24 Gaststätten/Beherbungsgewerbe	Beherbungsgewerbe Hotelbranche Hotelgewerbe Imbißstube Pension Restaurant

Schwieriger gestaltet sich die Wörterbuchkonstruktion bei inhaltlich komplexen Kategorien wie das folgende Beispiel aus einer Studie von Tarnai/Bos (1991) zeigt. Die Autoren forschen über die mit dem Terminus *Emanzipation* verbundenen Vorstellungsinhalte und definieren dabei u.a. die Kategorien *Abhängigkeit*, *Befreiung*, *Gleichberechtigung*, *Unabhängigkeit/Selbständigkeit* und *Mündigkeit/Selbstverwirklichung*. Für die Kategorie *Befreiung* enthält das Wörterbuch folgende Begriffe (ebda.: 32 ff.):

Befreiung	Ablösung Befreiung Entlassenwerden Loslösung Selbstbefreiung Abzulösen Befreien befreite freizumachen lösen löste

Die Kategorien stehen zweifellos im Mittelpunkt dieser Methode. Eine Inhaltsanalyse kann nicht besser sein als ihre Kategorien und Operationalisierungen. Methodisch werden an die Kategorien verschiedene Ansprüche gestellt (vgl. Atteslander 1991: 248 ff.): Sie sollen theoretisch abgeleitet, eindeutig definiert und voneinander unabhängig sein. Darüber hinaus gelten die Prinzipien:

- Eindimensionalität der Messung
- Ausschließlichkeit, d.h. jeder Eintrag im Wörterbuch darf nur einer Kategorie zugeordnet sein
- Vollständigkeit, d.h. das Kategoriensystem muss im Hinblick auf die Forschungsfrage erschöpfend sein

CUI-Software durchsucht den Textkorpus daraufhin, ob Begriffe des Wörterbuches vorkommen, und vercodet diese entsprechend. Das Verfahren ist hoch reliabel und transformiert Texte in eine aus Zahlen bestehende Datenmatrix, die die Häufigkeit der Kategorie im jeweiligen Text bezeichnen.

	Kategorien				
Text	Abhängigkeit	Befreiung	Gleichberechtigung	....	Mündigkeit
Person 1	1	2	0		0
Person 2	2	0	4		1
Person 3	2	1	2		1
...					
Person n	0	1	2		2

Abb. 17: Häufigkeitsmatrix der Kategorien

Alle diese Techniken sind jedoch wortbasiert, sie sind nicht kontextsensitiv und gehen von der empirisch nicht bestätigten Annahme aus, dass die Relevanz einer Kategorie eine Funktion der Frequenz ist. Ferner haben diese Verfahren mit dem Ambiguitätsproblem zu kämpfen, d.h. das gleiche Wort kann in verschiedenen Kontexten völlig unterschiedliche Bedeutung besitzen. Auch Negationen,

Abschwächungen und Verstärkungen sind nur schwerlich registrierbar und das, was zwischen den Zeilen steht, bzw. das, was nicht gesagt wird, gerät gar nicht erst ins Blickfeld. Es gibt also - sozialwissenschaftlich gesprochen - erhebliche Validitätsprobleme, weil mit wortbasierten Verfahren die semantische Ebene prinzipiell nur unzureichend erfasst werden kann.

Nach der anfänglichen Euphorie der 60er Jahre über das Potential dieser Art von computergestützter Inhaltsanalyse hat sich relativ schnell Frustration eingestellt. Am Stand der CUI-Software lässt sich heute ersehen, dass es sich hier um ein Arbeitsgebiet handelt, das sich seit etlichen Jahren nur noch in gemächlichem Tempo vorwärts bewegt. Resümierend lassen sich trotz der von vielen Seiten vorgetragenen Kritik eine Reihe von wichtigen Anregungen aus der quantitativen Inhaltsanalyse gewinnen. Dazu gehören

- die möglichst präzise Formulierung des Bedeutungsgehalts von Kategorien
- der Anspruch, die Kategorien stringent auf die Bedeutungsdimensionen der Forschungsfrage zu beziehen
- die Vorstellung eines möglichst erschöpfenden Kategoriensystems
- die Beachtung von Reliabilitätsaspekten

Literaturhinweise

Gute Überblicke über die traditionelle Inhaltsanalyse geben:

Merten, K., 1996: Inhaltsanalyse. Einführung in Theorie, Methode und Praxis. 2. verb. Aufl., Opladen.

Früh, W., 1991: Inhaltsanalyse. Theorie und Praxis. 3. überarbeitete Aufl., München.

Eine Vielzahl von Anwenderberichten und Beispiele aus der Forschungspraxis sind enthalten in:

Bos, W./Tarnai, C. (Hrsg.), 1989: Angewandte Inhaltsanalyse in der Empirischen Pädagogik und Psychologie. Münster.

Bos, W./Tarnai, C. (Hrsg.) 1996: Computerunterstützte Inhaltsanalyse in den Empirischen Sozialwissenschaften. Theorie - Anwendung - Software. Münster.

Züll, C./Mohler, P. (Hrsg.), 1992: Textanalyse, Anwendungen der computerunterstützten Inhaltsanalyse, Opladen.

3.4 Codieren in der computergestützten Analyse: Das Prinzip Cut-and-Paste

Die qualitativen Forschungsmethoden stellen keineswegs ein einheitliches Paradigma dar, sondern hier handelt es sich um ein durchaus heterogenes Spektrum von Verfahrensweisen, wissenschaftstheoretischen Orientierungen und Forschungsansätzen. Zwar sind alle Ansätze bemüht, in systematischer Weise Bedeutungsanalyse zu betreiben, d.h. die Daten zu organisieren und zu interpretieren, doch geschieht dies auf sehr differente Art und Weise. Ähnlich wie sich jedoch in der computergestützten quantitativen Inhaltsanalyse *Basistechniken* herausgebildet haben, hat auch die computergestützte qualitative Datenanalyse solche Techniken entwickelt. Hierzu zählen an erster Stelle die Segmentierung und Kategorisierung: Inhaltlich bedeutsame Textpassagen werden identifiziert und ein Code zugeordnet. Hat man beispielsweise eine Textpassage identifiziert, in der eine Befragte sich über ihre Wunschvorstellungen äußert, so weist man diesem Textsegment den Code „Wunschprojektion" zu.

Dieses Grundmuster der Erschließung von Textinhalten wird im Englischen als *Cut-and-Paste-Technik* bezeichnet. Es orientiert sich an der im Vor-Computer-Zeitalter betriebenen handwerklichen Bearbeitung von Texten: Mit Schere, Kleber und Karteikarten bewaffnet nähert man sich dem Textkorpus und schneidet jene Stellen aus, die zu einem bestimmten Thema relevant sind (vgl. Lofland/Lofland 1984: 134). Auf die Karteikarte schreibt man zuoberst das Stichwort, vermerkt die Herkunft des Abschnitts und klebt den Textabschnitt auf. Eine solche Karteikarte hat dann etwa folgendes Aussehen:

> KARTE 1 Stichwort: *Wunschprojektion*
> Herkunft: Interview mit Frau Wenger /S.3: Zeile 5-17
>
> Auch wenn man seine Straße aufräumt, denn ist es ja nicht nur, dass die Straße sauber ist, wobei manche immer zusammenzucken, aber ich finde das einfach wichtig, ich denke, das gehört zum Wohlfühlen und Menschen kommunizieren wieder untereinander und außerdem merken sie, sie haben was geschafft. Und sie können - es ist zwar eine winzig kleine Sache, aber sie können was verändern. Und es sind so viele Menschen, die sich zurückgezogen haben und sagen, Ihr könnt mich mal und wir wollen uns nicht mehr beteiligen und vielleicht ist das irgendwo son kleiner Punkt, wo sie dann so anfangen sich wieder ein bißchen gemeinschaftlich zu betätigen. Also das ist so meine Vision der - ja - Aufleben des Kommunegedankens.

Abb. 18: Grundprinzip des Cut-and-Paste

Die in den QDA-Programmen implementierte elektronische Variante dieses Ausschneidens und Aufklebens funktioniert meist ein wenig anders: Die Textsegmente werden nicht „ausgeschnitten“, sondern es wird mit Zeigern gearbeitet, die auf einen bestimmten Textabschnitt verweisen. Der Originaltext wird also weder verändert, noch wird ein Teil des Textes kopiert und mit dem Codewort zusammen neu abgespeichert. Eine solche Technik wäre nämlich äußerst speicherintensiv und würde den für die Bearbeitung einer Studie notwendigen Speicherplatz auf der Festplatte unnötig aufblähen. Es wird also nicht wirklich ausgeschnitten und aufgeklebt, sondern nur die „Adresse“ eines Segmentes gespeichert.

Auf diese Art entsteht eine lange Liste von codierten Segmenten, die das Codewort sowie Angaben über den

Herkunftstext und die Position des Segmentes in diesem Text enthält. Die Positionsangabe erfolgt in Form einer Zeilenangabe für Anfang und Ende des Segmentes.

Codewort	*Text*	*Adresse/Zeile*
Wunschprojektion	Wenger	153 – 167
Erfolgskriterien	Wenger	281 – 287
Erfolgskriterien	Wenger	418 – 422
Machbarkeit	Wenger	498 – 531
...		

Abb. 19: Liste codierter Textsegmente

Diese Art der Texterschließung ist eine Basistechnik von QDA-Software. Immer geht es darum, Textinhalte durch menschliche Interpretationsleistung zu identifizieren und dem entsprechenden Textabschnitt eine oder auch mehrere Kategorien bzw. Codes zuzuweisen.

3.5 Praktische Hinweise

In WINMAX werden alle Codes im Fenster LISTE DER CODES verwaltet. Es kann ein hierarchisches Kategoriensystem aufgebaut werden. Codes auf der obersten Hierarchieebene lassen sich durch Anklicken der Wurzel des Codesystems einfügen, Subkategorien durch Anklicken von bereits definierten Codes. Nach diesem Prinzip können auch Subkategorien von Subkategorien bis hin zu zehn Ebenen gebildet werden. Das Codieren geht folgendermaßen vonstatten:

1. Der Text, der codiert werden soll, muss zunächst geöffnet werden. Am besten werden der Text und das Kategoriensystem nebeneinander platziert (Abb. 19).
2. Bis zur gewünschten Stelle wird der Text vorwärts bzw. rückwärts bewegt.

3. Mit der Maus werden Beginn und Ende des Textsegmentes markiert.
4. Das gewünschte Codewort wird in der Liste der Codes angeklickt. Ein Pop-up Menü, der Code-Manager, erscheint und dort wird die Option CODIEREN oder CODIEREN MIT GEWICHT angeklickt.

WINMAX zeigt die vorgenommene Codierung in der Spalte vor dem Text an.

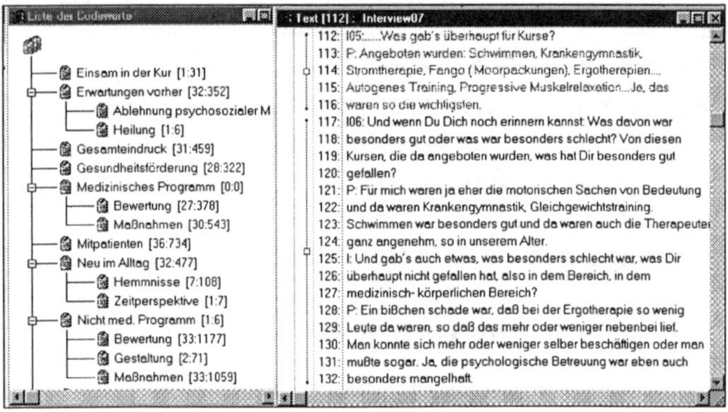

Abb. 20: Der Bildschirm in winMAX beim Codieren

Bewegt man die Maus über die Visualisierung der Codierung, erscheint das zugeordnete Codewort auf dem Bildschirm. Codierungen lassen sich an Ort und Stelle löschen und verändern. In der LISTE DER CODEWORTE wird hinter jedem Code angegeben, wie viele codierte Segmente hierzu vorhanden sind und wie viele Textzeilen diese insgesamt umfassen.

3.6 Kategorientypen

Der Vorgang des Codierens lässt sich aus zwei Perspektiven betrachten. Vom Text aus gesehen geht es um die Zuordnung eines Codes: Ein Phänomen des Textes wird als Indikator für einen theoretischen Tatbestand genommen. Neben dem Text entsteht so quasi eine Sequenz von Codes, die das wiedergibt, was unter theoretischen Gesichtspunkten, unter den analytischen Perspektiven der definierten Kategorien von diesem Text zu halten ist. Dieses ist im Grunde eine ähnliche Perspektive wie bei der quantitativen Inhaltsanalyse: Nach dem Codiervorgang geht es an die Analyse der Kategorien, ihrer Korrelationen und Beziehungsmuster.

Die andere Perspektive schaut von den Kategorien aus auf die Texte. Aus dieser Blickrichtung werden Textabschnitte ausgeschnitten und den Kategorien zugewiesen, gewissermaßen hinter diese Karteireiter der Kategorien eingeordnet. Hier wird der Text nicht durch die Codierung überflüssig, sondern dient dazu, im nächsten Schritt des Analyseprozesses Kategorien weiterzuentwickeln, zu dimensionalisieren und auszudifferenzieren.

In Abhängigkeit von der jeweiligen Forschungsmethode und der Wissenschaftsdisziplin existieren unterschiedliche Bezeichnungen für das, was hier als Kategorien bezeichnet wird. Mitunter spricht man von *Stichworten*, von *Schlagworten*, von *Codes* oder wie in der Tradition der Inhaltsanalyse von *Kategorien*. Mit Ausnahme der Grounded Theory gibt es in der Literatur über qualitative Methoden nur wenige Beiträge, die sich mit dem grundlegenden Vorgang des Codierens befassen. Unter dem Begriff Codieren werden sehr verschiedene Vorgehensweisen mit differenten Gütekriterien subsumiert. Dabei kann es sich zum einen um eine eher explorierende und organisierende Tätigkeit handeln: Ein Text wird intensiv bearbeitet, wichtige Textstellen werden angestrichen und Bemerkungen an den Rand geschrieben. Hier werden *explorative Hinweisschilder* gesetzt. Es handelt sich nicht um Codieren im Sinne der quantitativen

Inhaltsanalyse, an das Maßstäbe von Reliabilität und Validität anzulegen wären.

Eine zweite Variante von Codieren identifiziert ein Textsegment als einen *Indikator* für das Vorliegen einer bestimmten, genau definierten Kategorie eines u.U. sehr komplexen Kategoriensystems. Es handelt sich um eine sorgfältige, kontrollierte Tätigkeit, bei der sich auch Fragen der Reliabilität und Validität stellen. Hier geht es nicht darum, Ideen festzuhalten und Begriffe und Formulierungen des Textes für die spätere Auswertung zugänglich zu machen, sondern um die theoretische Durchdringung der Daten.

Stellt man auf die Codes und ihre Charakteristika ab, so lassen sich drei Arten von Codes unterscheiden:

1. *Codes als Wegweiser*

Codes dienen als Zeiger auf bestimmte Themen im Text. Ähnlich wie Verkehrsschilder an der Landstraße gelten die Codes nur als Hinweis darauf, dass man an einer bestimmten Stelle etwas so Benanntes findet. Es gibt wenig Gütekriterien für ein solches Hinweisschild, außer, dass die Richtung stimmt, und dass man tatsächlich zu dem Versprochenen hinkommt, wenn man dem Hinweis folgt. Niemand wird aber erwarten, dass das Schild mit einer Abweichung von 0 Grad auf den gesuchten Ort zeigt.

2. *Faktencodes*

Codes, die eine bestimmte „objektive" Gegebenheit zum Ausdruck bringen: Jemand ist männlich. Jemand kennt Person X oder Y. Jemand sagt, dass er hauptsächlich an Verkehrspolitik interessiert ist. Bei Faktencodes existieren Kriterien für Reliabilität – sowohl für Inter-Coder- wie für Intra-Coder-Reliabilität. Mehrere Personen müssen unabhängig voneinander zum gleichen Urteil kommen. Die gleiche codierende Person muss im hypothetischen Fall, dass sie die Stelle zweimal codieren würde, zum gleichen Ergebnis kommen.

8. *Bewertende Codes*
Diese ähneln Faktencodes, sind aber komplexer und stärker auf extern erstellte Bewertungsmaßstäbe bezogen. Während Faktencodes noch gewissermaßen dem Alltagswissen und dem Common-Sense-Urteilsvermögen zugänglich sind - man muss nicht Sozialwissenschaftler sein um die oben genannten Angaben zu codieren - kommt es hier auf die *Bewertung* an. Jemand wird über sein Verhältnis zu Organisationsformen befragt, und man ordnet diese Äußerungen als „Befragter bevorzugt das Netzwerkmodell“ ein. Nur auf der Basis von Hintergrundwissen und speziellem Codierertraining sind solche Einstufungen überhaupt verläßlich möglich.

Die unterschiedlichen Funktionen von Codes spiegeln sich in der Grounded Theory in den verschiedenen Bezeichnungen wider, die dort für Codes verwendet werden. So findet man etwa die Begriffe *Code*, *Kategorie*, *Konzept*, *Subkategorie, Dimension* und *Merkmal*. Allerdings kann die gegenseitige Abgrenzung dieser Begriffe nicht überzeugen. Die Verwendung unterschiedlicher Bezeichnungen führt eher zur Verwirrung, als dass sie Klarheit schafft. Es soll deshalb hier auf den Versuch verzichtet werden, je nach Abstraktionsniveau unterschiedliche Begriffe für Kategorien einzuführen. Hier sollen sie als *Werkzeuge zur Phänomenklassifizierung mit der Möglichkeit der Bildung von Unterklassen* begriffen werden. Für die Arbeit mit QDA-Software ist es unerheblich, ob die Kategorienbildung deduktiv oder induktiv erfolgt. Die Gleichsetzung von qualitativer Methodik mit induktiver Kategorienbildung und quantitativer Methodik mit deduktiver Kategorienbildung greift hier gewiss zu kurz, denn in der Praxis hat man es meist mit Mischformen zu tun. Auf der Basis von Vorinformationen, die man über den Untersuchungsgegenstand hat, wird häufig ein Interviewleitfaden konstruiert, der auch als Grundgerüst für das Kategoriensystem dient. Dieses wird dann anhand des Untersuchungsmaterials induktiv ausdifferenziert und präzisiert. Häufig ist es auch ein Set von (formalen) Grobkategorien wie im Falle des Codierparadigmas von Glaser und Strauss, das die Art von Fragen vorgibt, die man an das Datenmaterial stellt.

Dekontextualisierung ist das, was mit der Codierung von Textsegmenten passiert. Von den Kritikern, so schon von Kracauer, wurde gegen die quantitative Inhaltsanalyse das Argument vorgebracht, sie sei zu „atomistisch", weil sie Texte lediglich auf der Basis von Worten und Worthäufigkeiten analysiere. Etwas Atomismus transportiert jede qualitative Vorgehensweise der Segmentierung und Codierung von Textpassagen. Zwei entscheidende Unterschiede zwischen dieser Technik und der klassischen Content Analysis sind aber hervorzuheben:

- Erstens stellen die codierten Segmente etwas anderes dar als codierte Worte oder Zeichenketten: Sie sind codierte Sinneinheiten und keine formalen Einheiten wie ein Wort oder eine Zeichenkette. Die Codierung ist *semantischer* und nicht *syntaktischer* Art. In der quantitativen Inhaltsanalyse sind die Kategorien das Messinstrument, mit dem ein Text „gemessen" wird. Nach vollzogener Messung wird mit den Zahlenwerten der so entstandenen Datenmatrix weitergearbeitet. Zusammenhänge in der Datenmatrix werden nicht mit interpretativen, sondern mit statistischen Methoden analysiert.

- Zweitens ist mit der Codierung in der klassischen Inhaltsanalyse der Text abgearbeitet, man greift nicht mehr auf ihn zurück und kann dies während des weiteren Auswertungsprozesses auch gar nicht mehr ohne weiteres tun. Anders im Fall von QDA-Software, wo man jederzeit vom codierten Segment wieder in den größeren Kontext des Originaltextes zurückspringen kann.

Anselm Strauss bezeichnet eine neue Kategorie als „the may be tonight promise of a possible theory". Kategorien sind also keineswegs nur deskriptiv und keinesfalls ohne Effekte auf den Analyseprozess. Sie engen einerseits ein und eröffnen andererseits neue Perspektiven. Insofern ist es ganz selbstverständlich, dass Kategoriensysteme nicht nur Freude bereiten, sondern auch Kritiker auf den Plan rufen, die die Einengung des Blicks (negativ formuliert das Schubladendenken) kritisieren und jene Blickperspektiven einklagen, die durch die Brille des Kategoriensystems nicht mehr zu sehen sind. Meistens emergieren Kategorien nicht „von selbst" aus dem Material - jedenfalls nicht mehr als Melodien und Sonaten aus dem deutschen Wald. Gleichwohl mag es dem Komponisten helfen, durch Wald und Flur zu streifen, auf dass sich die Melodien von selbst einstellen. Ebenso mag das vorurteilslose genaue Studieren eines Textes bewirken, dass man analytische Kategorien (er)findet. In der Regel steckt hinter brauchbaren Kategoriensystemen aber eher harte Arbeit, die Kategorien fallen nicht wie das Manna vom Himmel.

Für das Codieren der Texte haben sich unterschiedliche Arbeitsweisen herauskristallisiert:

1. Eher traditionell ist eine Arbeitsweise, die häufig als „Two-step-Codieren" bezeichnet wird: Man erstellt

einen Papierausdruck der Interviews und markiert dort die relevanten Stellen mit einem Textmarker. Die jeweilig zutreffende Kategorie oder Subkategorie wird an den Rand geschrieben. In einem gesonderten Arbeitsgang werden anschließend diese Codierungen mit Hilfe der QDA-Software in den Computer eingegeben.

2. Die zweite Variante verzichtet auf den Zwischenschritt des Papierausdrucks. Die Texte werden direkt am Bildschirm codiert. Man blättert den Text von vorne nach hinten durch, markiert und codiert sofort alle Textstellen, die sich auf eine bestimmte Kategorie beziehen. Ein Kategoriensystem besteht nun allerdings gewöhnlich aus weitaus mehr als einer Kategorie mit Subkategorien. Will man nicht für jede Kategorie bzw. jeden Kategorienbereich die Texte erneut lesen, so wird man „in einem Rutsch" gleich alle Kategorisierungen vornehmen. Bei komplexen Kategoriensystemen stellt dies die Codierer vor nicht unerhebliche Probleme.
3. Die dritte Variante versucht, diesem Problem zu begegnen. Hier werden nicht gleich alle Kategorisierungen beim sequentiellen Durchgang durch den Text vorgenommen. Man bearbeitet immer nur einzelne Kategorienbereiche oder eine Teilmenge der Kategorien. Auf den ersten Blick scheint dies mit mehr Arbeit verbunden zu sein, denn man muss schließlich mehrere Durchgänge durch die Texte bewältigen. Andererseits ergeben sich u.U. dadurch Ersparnisse, dass man die lexikalischen Suchfunktionen benutzen kann, um Textstellen zu finden. Dies hängt allerdings von der Art der Kategorien ab. In einer biographisch orientierten Studie ist es z.B. sehr leicht möglich mittels der Suchworte „Mutter" oder „Vater" genau

solche Textstellen zu finden (und dann zu codieren), die sich auf die Eltern beziehen. In den meisten Fällen ist es hingegen nicht ohne weiteres möglich, die richtigen Suchwörter zu finden, mit denen sich die Textpassagen für bestimmte Kategorien in den Texten finden lassen.

Beim Codieren der Textpassagen stellt sich natürlich die Frage: Wie lang soll ein codiertes Segment eigentlich sein? Das folgende Beispiel wurde von einem Codierer im Projekt „Umweltkommunikation" als „Wunschprojektion/sozial" codiert, weil im Textabschnitt soziale Aspekte (Motivation, Freude, freudlos) angesprochen werden:

„Dazu gehört eben ganz klar Motivation auch Freude, dass ein Prozess - wenn der Agenda Prozess freudlos abliefe, das wäre für mich überhaupt kein Wunsch."

Auf diese Weise aus dem Kontext gerissen, ist das Segment nicht mehr ohne weiteres verständlich, insbesondere weiss der Leser nicht, worauf sich das einleitende „dazu" bezieht. Dies wird erst dann klar, wenn der größere Kontext der Textstelle hinzugezogen wird, und der sieht folgendermaßen aus:

„Dennoch heisst das natürlich auch, sich selber Ziele zu setzen und diese Ziele abzufragen. Das heißt für mich, dass sozusagen ne Art Projektmanagement mit Controlling sozusagen da ein Bestandteil ist, um ne Zufriedenheit auch gewährleisten zu können. Ich denke, dass das Abfragen oder abgefragt werden, wo stehen wir jetzt eigentlich, heute, wo wollen wir eigentlich morgen hin, ein immerwährender Prozess ist. Wie gesagt, konkrete Ergebnisse anstreben, aber auch den Prozess für wichtig nehmen. *Dazu gehört eben ganz klar Motivation auch Freude, dass ein Prozess - wenn der Agenda Prozess freudlos abliefe, das wäre für mich überhaupt kein Wunsch.* Und ein Kriterium ist natürlich aber auch die Frage der Überprüfbarkeit jetzt von Ergebnissen."

Aus diesem Beispiel lässt sich gut ersehen, dass die Größe von Textsegmenten so gewählt werden sollte, dass die Segmente auch außerhalb ihres Kontextes noch gut verständlich sind. Mit Ausnahme des Codierens von Fakten-Codes, geschieht das Codieren ja nicht als Selbstzweck, sondern als gezielte Vorarbeit für das spätere Wiederfinden von Textstellen. Natürlich ist es in Programmen wie WINMAX oder ATLAS/ti möglich, jederzeit den größeren Kontext eines codierten Segmentes einzusehen, doch wird dies dann lästig, wenn es mehr oder weniger zur Regel wird. Gerade Anfänger tendieren dazu, zu kleine Segmente zu codieren.

Arbeitsvorschläge

1. Lesen Sie die Texte „Interview1.txt" und „Interview2.txt" ein. Die Texte sind formatiert und enthalten bereits Zeilenumbrüche.
2. Öffnen Sie den Text „Interview1" und erstellen Sie einen zeilennumerierten Ausdruck.
3. Lesen Sie den Text aufmerksam durch und praktizieren Sie offenes Codieren nach Strauss: Formulieren Sie Codes und ordnen diese Textpassagen zu.
4. Versuchen Sie, In-vivo-Codes, d.h. charakteristische Begriffe des Interviewten, zu entdecken und halten Sie diese in Form von Codes fest.
5. Definieren Sie ein Codewort „Bilder/Metaphern" und codieren Sie Textstellen, die inhaltlich aufschlussreiche Metaphern enthalten.
6. Zur Übung können Sie mit „Interview2" in der gleichen Weise verfahren.

4 Text-Retrieval: Techniken des Wiederfindens

4.1 Das Grundprinzip des Text-Retrievals

Ähnlich wie das Anlegen von Karteikarten beim manuellen Arbeiten ist das Codieren von Textsegmenten kein Selbstzweck, sondern eine mühevolle Vorarbeit und Systematisierungsleistung im Vorgriff auf die spätere Auswertung. Die Grundform der computergestützten Auswertung codierter Textsegmente wird als *Text-Retrieval* bezeichnet. Es handelt sich quasi um die elektronische Variante des Griffs in den Karteikasten:

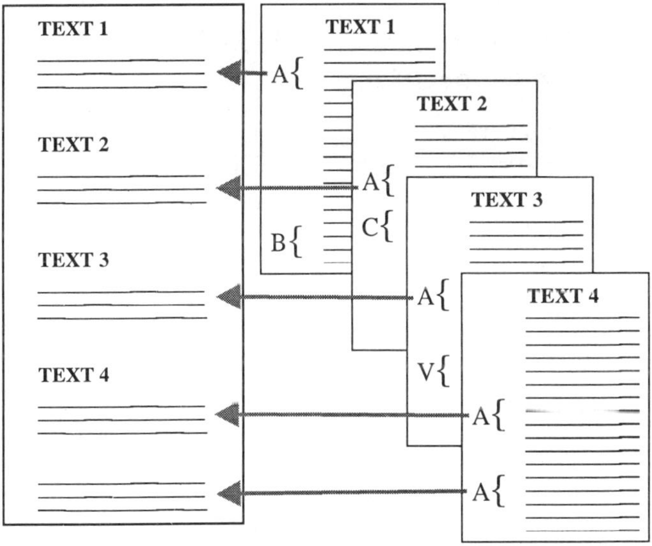

Abb. 21: Text Retrieval für Code A

Alle zu einem Codewort gehörenden Karteikarten werden aus dem Karteikasten herausgezogen und in einer Liste zusammengestellt. Diese Grundform (Abb. 21) lässt sich in verschiedene Richtungen erweitern: Das Text-Retrieval kann nicht nur für eines, sondern für mehrere Codeworte durchgeführt werden, es kann nach Überlappungen von Codes gesucht werden, es kann nach bestimmten Kriterien eine Teilmenge von Texten für das Retrieval selegiert werden und anderes mehr. Diese Techniken sind Gegenstand dieses und der folgenden Kapitel. Bevor die verschiedenen Varianten des Text-Retrievals vorgestellt werden, soll ein kurzer Blick auf die Methodik der Interviewauswertung geworfen werden, um zu verdeutlichen, an welchen Stellen des Analyseprozesses die Zusammenstellung codierter Textsegmente eine Rolle spielt.

4.2 Text-Retrieval und Modelle der Interviewauswertung

Die computergestützte qualitative Datenanalyse fing Mitte der 80er-Jahre methodisch nicht als Tabula rasa an, sondern knüpfte am State-of-the-Art qualitativer Analyse an. Modelle zur Auswertung qualitativer Interviews, der häufigsten Aufgabenstellung qualitativer Datenanalyse, findet man als explizite Darstellung in den Lehrbüchern der qualitativen Methoden oder als implizite Methodik in den empirischen Studien der qualitativen Sozialforschung. Lamneks zweibändiges Lehrbuch qualitativer Methoden offeriert ein explizites, vier Phasen unterscheidendes Modell zur Analyse von offenen Interviews (Abb. 22).

Dieses Modell lässt sich problemlos in die Sprache von QDA-Software „übersetzen“. Die Suche nach prägnanten Textstellen und ihre Entnahme (Phase B) entspricht dem Vorgang des Codierens in der computergestützten Auswertung, das Schreiben von Kommentaren und die Charakterisierung des Interviews dem Schreiben von Memos.

A	**Transkriptionsphase** a) Texte transkribieren, d.h. in eine lesbare Form bringen; wichtig hierbei: Regeln für die Behandlung non-verbaler Aspekte des Gesprächs, Fragen der Anonymisierung b) Sozialstatistische und biographische Daten erfassen
B	**Einzelanalyse** Ziel ist es, das Material zu konzentrieren, dabei geschieht folgendes: a) Suche nach zentralen Passagen (Paraphrasierung) b) Prägnante Stellen dem Text entnehmen (Resultat: gekürzter Text) c) Schreiben eines Kommentars und einer Charakterisierung des Interviews d) Interpretation der Besonderheiten und der Allgemeinheit des Interviews
C	**Generalisierende Analyse** a) Suche nach Gemeinsamkeiten in den Interviews („typisierende Generalisierung“) b) Erarbeiten der Gemeinsamkeiten und Unterschiede c) Typen von Befragten bilden, die unter Bezugnahme auf konkrete Einzelfälle dargestellt werden
D	**Kontrollphase** a) Immer wieder die vollständige Transkription heranziehen und u.U. das Band noch einmal abhören b) Austausch im Team

Abb. 22: Vier Phasen bei der Auswertung offener Interviews (nach Lamnek 1993, Bd.2, 105 ff.)

Das Text-Retrieval dient als zentrales Hilfsmittel für die in Phase C angestrebte generalisierende Analyse: Die Suche nach Gemeinsamkeiten und Unterschieden in den Interviews basiert darauf, dass zuvor dekontextualisierte Textstellen nun einer vergleichenden Betrachtung unterzogen werden. Die „typisierende Generalisierung“, für Lamnek das Hauptziel der Interviewanalyse, setzt natürlich voraus, dass relevante Merkmale in den Interviews identifiziert und für eine solche Typenbildung herangezogen werden.

Ganz ähnlich wie bei Lamnek sieht das von Spöhring vorgestellte Auswertungsmodell aus, das in acht Schritten vorgeht (Spöhring 1989).

1	Genaue Aufzeichnung des Gesprächstextes
2	Ganzheitliche Betrachtung der Äußerungen des Befragten, seine persönlichen Relevanzen, seine Deutungsmuster, sein Weltbild
3	Sorgfältige detaillierte Satz-für-Satz-Interpretation auch scheinbar unwichtiger Äußerungen
4	Thematische Analyse, Äußerungen zu einzelnen Themen/Fragen des Leitfadens
5	Zuordnung von Interviewpassagen zu einzelnen inhaltlichen Kategorien, um die Interviews vergleichen zu können
6	Suche nach Auffälligkeiten, neuen Phänomenen, abweichenden Fällen
7	Reduktion des Materials (thematische Beschränkung, Beschränkung der Fälle)
8	Entdeckung von Regelmäßigkeiten, bei denen zwischen sozialen (quasi-statistischen Häufigkeits-) Typen und kulturell wirksamen, objektiven Regeln und Normen zu unterscheiden ist

Abb. 23: Vorgehensweise bei der Auswertung offener Interviews: Acht Schritte nach Spöhring

Auch in diesem Modell sind an entscheidenden Stellen Schritte des Code-and-Retrieve, des Codierens und Wiederfindens von Textpassagen, enthalten: In Phase 4 und 5 werden die Texte thematisch codiert und in den Phasen 6 bis 8 werden auf dieser Basis vergleichende Analysen vorgenommen.

Den Modellen von Lamnek und Spöhring ist gemeinsam, dass sie in methodisch kontrollierter Weise das Material verdichten mit dem Ziel, zu Aussagen über Regelmäßigkeiten zu gelangen. Bei beiden Autoren wird diese Methodik unter dem Terminus „Bildung von Typen“ subsumiert. Zwar enthalten die Auswertungsmodelle auch Elemente von Exploration wie die „Suche nach neuen Phänomenen“, doch überwiegen solche methodischen

Schritte, die sich innerhalb von QDA-Software durch Prozesse des Code-and-Retrieve abbilden lassen. Gegenüber anderen, stärker hermeneutisch orientierten Verfahren dominiert hier das Ziel der Materialverdichtung: der Konzentration auf das wesentliche im Sinne der jeweiligen Forschungsfrage mit dem Ziel quasi-statistischer Aussagen. Der einzelne Fall interessiert hier nicht als Einzelfall sondern als Manifestation eines Musters.

Die Auswertung qualitativer Daten ist allerdings weitaus weniger codifiziert als die mit statistischen Mitteln arbeitende Auswertung standardisierter Interviews. Lange Zeit waren die Auswertungsverfahren nicht sonderlich elaboriert, sondern eher als „Folklore" zu bezeichnen. Es dominierten Stile der Datenanalyse, die nicht unbedingt in Lehrbüchern dokumentiert waren, sondern vom wissenschaftlichen Nachwuchs nur erlernt werden konnten, indem den erfahrenen Forschern über die Schulter geschaut wurde. Aus vorliegenden Studien die Vorgehensweise qualitativer Datenanalyse zu erlernen, ist auch heute noch ein gangbarer und durchaus produktiver Weg, sich qualitative Methodik anzueignen. Beispielsweise hat Christel Hopf, unter den qualitativen Methodikern und Forschern in Deutschland seit langem eine der profiliertesten, eine Reihe einschlägiger qualitativer Studien publiziert, die methodisch als sehr sorgfältig und durchdacht anzusehen sind. Sie hat jedoch kein Methodenlehrbuch im eigentlichen Sinne verfasst. Aus Hopfs Forschungsarbeiten und den teilweise dazu verfügbaren methodischen Begleitmaterialien (vgl. Hopf u.a. 1995; Hopf/Schmidt 1995) lässt sich ihr regelgeleitetes Vorgehen im Detail rekonstruieren. In ihrer Studie „Familie und Rechtsextremismus", in der es um die familiale Sozialisation von rechtsextrem orientierten jungen Männern geht, wird eine theoriegeleitete Vorgehensweise praktiziert[5], bei der das Codieren von Textsegmenten eine große Rolle spielt:

„Im Mittelpunkt stand die Entwicklung und Erprobung eines 'Codierleitfadens', einer Zusammenstellung von Kategorien, mit deren Hilfe wir später das Interviewmaterial auswerten wollten. In jedem einzelnen Interview sollten damit Passagen, die explizit oder implizit Informationen zu diesen Kategorien enthielten identifiziert und – im Vergleich mit anderen Interviews – nach ihrer Relevanz und Ausprägung bewertet werden. (...)

Nach Abschluß der Befragung haben wir erste Entwürfe unseres Codierleitfadens zunächst mehrfach erprobt und überarbeitet. In interpretativer Auseinandersetzung mit Textpassagen aus Probeinterviews und aus den ersten verschrifteten Interviews wurden die Kategorien ausdifferenziert und verändert. (...)

Mit dem überarbeiteten Codierleitfaden vercodeten jeweils zwei Projektmitarbeiter bzw. –mitarbeiterinnen die einzelnen Interviews zunächst unabhängig voneinander, verglichen dann gemeinsam ihre Einschätzungen und versuchten bei diskrepanten Bewertungen eine diskursive Einigung. Auf diese Weise haben wird das gesamte Interviewmaterial codiert. Einzelne Fälle, die besondere Interpretationsprobleme aufwarfen, wurden zusätzlich in der Gesamtprojektgruppe diskutiert.

Mit der Codierung gewannen wir Fallübersichten, aus deren Zusammenstellung sich eine – auf bestimmte Aspekte konzentrierte – quantifizierende Übersicht des Gesamtmaterials ergab. Diese Quantifizierungen auf der Ebene des Gesamtmaterials bildeten eine wichtige Grundlage für den nächsten Auswertungsschritt: die qualitative Analyse von Einzelfällen. Mit Hilfe der Fallübersichten ließen sich die Interviews hierfür begründet anhand der durch die Codierung aufgedeckten Konstellationen auswählen. Aus bestimmten Konstellationen z.B. von Beziehungserfahrungen und Ausprägungen rechtsextremer Orientierungen ließen sich Vermutungen zu den uns interessierenden Zusammenhängen ableiten und dann anhand der ausgewählten Fälle vertiefend interpretieren.“ (Hopf u.a. 1995: 29 f.)

---

[5] Die Studie wurde bewußt in der Tradition der Autoritarismusforschung und der Attachement-Forschung verortet. Die Forschungsfrage lautete, ob die Anfälligkeit für rechtsextreme Orientierungen mit den Erfahrungen, die in der Familie gemacht wurden, und der Verarbeitung dieser Erfahrungen zusammenhängt.

In dieser Beschreibung der Auswertungstechnik sind wesentliche Varianten des Text-Retrievals angesprochen:

- das einfache Text-Retrieval zur thematischen Analyse von Kategorien
- die Kontrastierung von zu verschiedenen Kategorien gehörenden Textpassagen
- die Suche nach Überschneidung von Kategorien
- die Auswahl von Personen und die Interpretation ihrer codierten Textsegmente aufgrund von bestimmten Konstellationen in Bezug auf die Kategorien (selektives Retrieval)

Hopfs Studie zeigt darüber hinaus, wie das Hilfsmittel der Fallvariablen eingesetzt werden kann, das in Kapitel 7 ausführlich beschrieben wird.

Literaturhinweise

Lamnek, S., 1993: Qualitative Sozialforschung. Band 2: Methoden und Techniken, 2. A., Weinheim.

In diesem zweiten Band über Methoden und Techniken der qualitativen Sozialforschung widmet Lamnek dem qualitativen Interview ein umfangreiches Kapitel. Ein ausführliches Beispiel, nämlich eine Studie über Bankbeschäftigte von Jungbauer-Gans stellt das Vorgehen bei der Interviewerhebung und -auswertung dar. Interessant ist hier auch die thematische Analyse in Form einer Themenmatrix sowie die Klassifikation des Materials mit Typenbildung.

Hopf, C./Schmidt, C. (Hrsg.), 1993: Zum Verhältnis von innerfamilialen sozialen Erfahrungen, Persönlichkeitsentwicklung und politischen Orientierungen. Dokumentation und Erörterung des methodischen Vorgehens in einer Studie zu diesem Thema, Institut für Sozialwissenschaften der Universität Hildesheim

In diesem Text geben die Autorinnen einen detaillierten Einblick in die Methoden ihrer Untersuchung. Die Interviewleitfäden, Transkriptionsregeln und Interviewanweisungen sind ebenso abgedruckt wie die technische Vorgehensweise bei der Auswertung.

4.3 Einfaches Retrieval: Alle Segmente eines Codewortes zusammenstellen

Die einfachste Form des Text-Retrievals sieht so aus, dass aus dem Datenmaterial alle zu einem bestimmten Codewort codierten Textsegmente zusammengestellt werden. Wie in einer Kartei werden die entsprechenden Segmente hintereinander aufgereiht. Technisch sind mit einem QDA-Programm zwei Dinge zu tun, um ein solches einfaches Text-Retrieval durchzuführen: erstens muss das Codewort aus der Liste der Kategorien ausgewählt werden und zweitens muss eine Textauswahl getroffen werden.

Der Einfachheit halber wollen wir zunächst annehmen, dass mit der Gesamtheit der Texte gearbeitet wird, dass also alle Texte ausgewählt werden. Die Logik des Text-Retrievals funktioniert dann nach folgendem Muster:

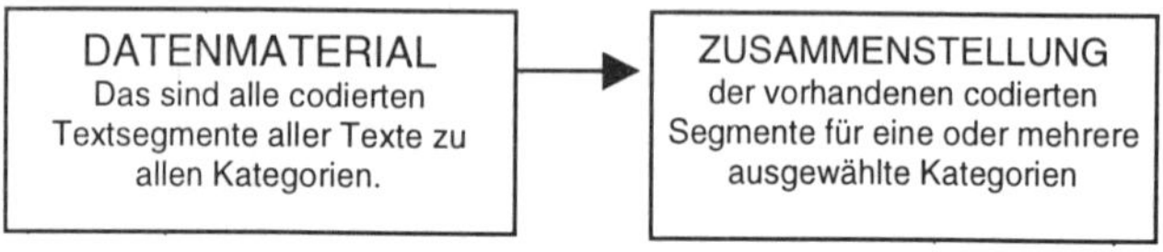

Resultat des Text-Retrievals ist eine Zusammenstellung aller zu einem Code vorhandenen Segmente in einer sequentiellen Liste. Jedes Segment der Liste beginnt mit einer Herkunftsangabe, d.h. Informationen darüber, aus welchem Text die Passage stammt und welche Position die Stelle in diesem Text einnimmt (Angabe der Zeilennummern). Abb. 24 enthält eine solche Liste von codierten Segmente für die Kategorie „Wunschprojektion/sozial“ auszugsweise.

Jedes Textsegment beginnt mit zwei Kopfzeilen, die erste Zeile verweist auf den Herkunftstext (Textgruppe gefolgt vom Textnamen und den Angaben über die Zeilennummer der ersten und letzten Zeile), die zweite Kopfzeile enthält die Kategorie bzw. Subkategorie. Die Zusammenstellung beginnt also mit einer Passage aus dem Interview C1 (Textgruppe: Interviews Akteure), und zwar den Zeilen 548 bis 550.

TEXT: Interviews Akteure.C1 (548/550)
CODE: Wunschprojektion.sozial
Dazu gehört eben ganz klar
Motivation auch Freude, daß ein Prozeß - wenn der Agenda Prozeß
freudlos abliefe, das wäre für mich überhaupt kein Wunsch.

TEXT: Interviews Akteure.C1 (970/982)
CODE: Wunschprojektion.sozial
Und der Grundsatz würde heißen - ich verkürz das jetzt
mal für die Agenda Zwecke, der Grundsatz würde heißen: Behandle
andere Leute so, wie du selbst behandelt werden möchtest. Das
sei im Prinzip das humanitäre Grundprinzip. Und es gibt ja auch
Agenda Grundsätze, wo - nicht mit diesen Worten, aber in ähnli-
cher Art, das aufgestellt wird als Prinzip. Und ich halte das
für richtig. Das ist auch sozusagen eigentlich ne Vorausset-
zung. Das heißt jetzt nicht, daß wir alle ideal sind oder das
jetzt nächste Woche werden müssen. Das heißt aber sehr wohl,
daß wir das uns als Wunsch, als Utopie, als Vision, als Ziel,
doch mal aufhängen und überlegen, OK, auch wenn ichs nicht im-
mer kann, aber ich versuchs wengistens. Und der Versuch, den
finde ich wichtig.

TEXT: Interviews Akteure.C2 (389/401)
CODE: Wunschprojektion.sozial.LA 21-Initiative
Ähm na ja, ich kann mir vorstellen, daß es vielleicht
ne größere Gruppe wäre, vielleicht 20 oder 30 Personen, daß man
dann vielleicht das aufteilt nach verschiedenen Gewerbezweigen,
daß man also jetzt nicht Ende 96/Anfang 97 jetzt mit Friseurge-
werbe anfängt, sich zwei Jahre ums Friseurgewerbe kümmert und

Abb. 24: Retrieval-Resultat: Liste codierter Segmente

4.4 Logik des Text-Retrievals in WINMAX

Das Prinzip des Text-Retrievals in WINMAX ist denkbar einfach: Für alle aktivierten Texte werden die Textsegmente der aktivierten Codeworte in der LISTE DER CODINGS zusammengestellt.

Zur Durchführung eines Text-Retrievals sind also nur die gewünschten Texte und Codes zu aktivieren. Texte können individuell aktiviert werden, es lässt sich aber auch eine gesamte Textgruppe oder gleich das gesamte Text-Set auswählen. Alle Aktivierungsvorgänge für Texte spielen sich in WINMAX im Fenster LISTE DER TEXTE ab, alle Aktivierungsvorgänge für Codeworte im Fenster LISTE DER CODEWORTE. An der farblichen Anzeige der Textnamen bzw. der Codes lässt sich sofort erkennen, welche Texte und Codeworte aktiviert sind. Als Resultat des Retrievals werden alle betreffenden codierten Textsegmente im Fenster LISTE DER CODINGS hintereinander präsentiert. Wird die Kopfzeile eines Segmentes angeklickt, so können Aktionen mit dem Segment durchgeführt werden: Das Segment kann z.B. gelöscht werden oder die Segmentgrenzen können verändert werden.

Das faszinierende bei der Arbeit mit QDA-Programmen ist, dass anders als bei Karteisystemen althergebrachter Art der Originaltext nicht meilenweit entfernt ist - nämlich abgeheftet in einem Ordner - sondern dass der Originaltext jederzeit hinzugezogen werden kann: Zu jedem codierten Segment kann der umgebende Kontext sofort eingesehen werden. In WINMAX wird hierzu die Kopfzeile des Segmentes und die Option ZUM TEXT GEHEN angeklickt.

Diese einfache Art des Text-Retrievals kann auf zweierlei Weise nützlich sein: bei der Analyse eines Einzelfalles bzw. des einzelnen Interviews und bei der Analyse von Themen, d.h. bei der fallübergreifenden Analyse von inhaltlichen Aspekten.

Für die Einzelfallanalyse bietet das einfache Text-Retrieval eine wirkungsvolle Unterstützung, denn nun lassen sich alle über das Interview verteilten Textstellen zu einem bestimmten Thema zusammenstellen, so dass sich Inkonsistenzen und Unklarheiten entdecken lassen.

Fallübergreifende Analysen erleichtern es natürlich, das gesamte Material zu einem bestimmten Thema zu sichten und die Ergebnisse zusammenzufassen.

4.5 Kontrastierendes Retrieval: Segmente für ausgewählte Codeworte gegenüberstellen

Beim kontrastierenden Retrieval geht es nicht nur um die Auswertung einer einzelnen Kategorie, sondern um die Gegenüberstellung von zwei oder mehreren Kategorien: Was hat ein Befragter zu Frage A gesagt und was zu Frage B? Wie sehen die Wünsche aus und was hält jemand für machbar? Die Logik des Retrievals ist die gleiche wie beim einfachen Text-Retrieval, doch werden beim kontrastierenden Retrieval die gefundenen Textsegmente in einer bestimmten Reihenfolge benötigt, die bei zwei zu kontrastierenden Kategorien wie in Abb. 25 aussieht.

Die Segmente in einer solchen Liste sind nach Texten sortiert, d.h. alle Textpassagen aus Text A oder Text B folgen hintereinander, so dass sich die Aussagen einer Person, z.B. die Wunsch- und Machbarkeitsvorstellungen, direkt miteinander vergleichen lassen.

Text A	
	Segmente zum Code Wunschprojektion
	Segmente zum Code Machbarkeitsprojektion
Text B	
	Segmente zum Code Wunschprojektion
	Segmente zum Code Machbarkeitsprojektion
Text C	
	Segmente zum Code Wunschprojektion
	Segmente zum Code Machbarkeitsprojektion
usw.	

Abb. 25: Codierte Segmente - nach Texten sortiert

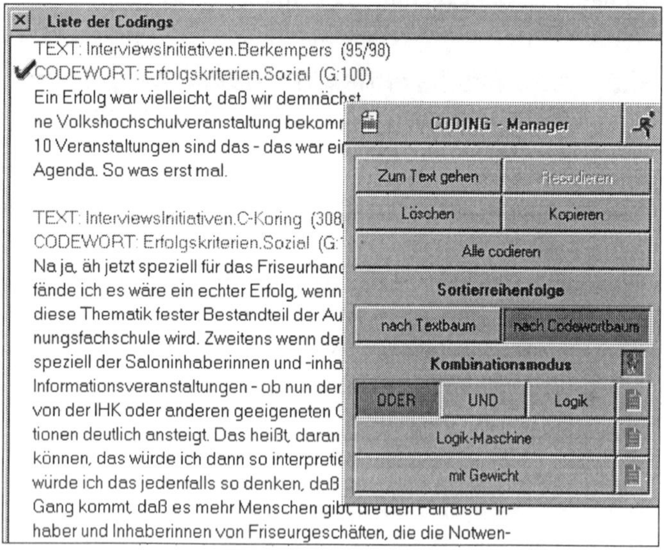

Abb. 26: Bestimmung der Sortierreihenfolge in WINMAX

Diese Form der Zusammenstellung der Segmente lässt sich analog auf drei und mehr Codeworte erweitern. In WINMAX wird die Art der Sortierreihenfolge der codierten Segmente in der Liste über den CODING-MANAGER bestimmt (Abb. 26).

4.6 Verknüpfendes Retrieval: Gemeinsames Vorkommen von Codeworten

Zu den Basistechniken des Retrievals gehört weiterhin die Suche nach Überschneidungen von Codeworten, d.h. es wird nach solchen Textpassagen gesucht, die sowohl einem Codewort A (z.B. Wunschprojektionen) wie einem Codewort B (z.B. Machbarkeitsprojektionen) zugeordnet sind. Um die Bedingung des gemeinsamen Vorkommens zu erfüllen, ist es nicht notwendig, dass die Segmente exakt gleich groß sind, es reicht aus, wenn sich zwei Codierungen überlappen.

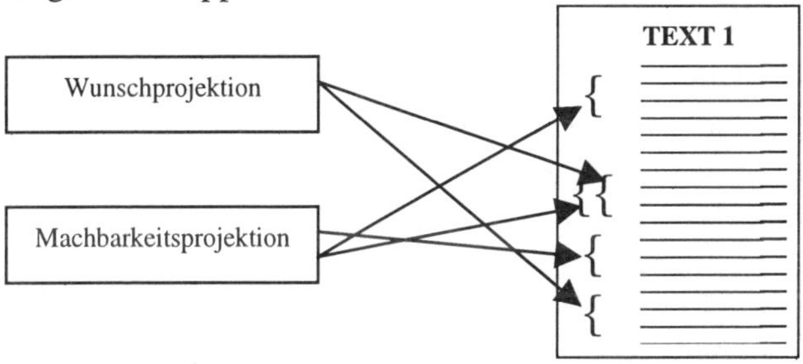

Abb. 27: Text mit gleichzeitiger Codierung von Wunsch- und Machbarkeitsprojektion

Im obigen Beispiel findet sich eine Textstelle, der gleichzeitig beide Kategorien zugeordnet sind. Hier redet der Befragte also im gleichen Abschnitt über seine Wünsche und über das, was er für machbar hält.

Um gezielt alle bzw. alle ausgewählten Texte eines Projektes daraufhin zu durchsuchen, ob es Überschneidungen von Codeworten gibt, muss eine Suchanfrage folgender Art gestellt werden: Finde Textpassagen, denen Codewort A UND Codewort B zugeordnet sind. Die einfache UND-Verknüpfung lässt sich natürlich von zwei auf drei und mehr Codes erweitern, d.h. es wird nicht nur nach dem gemeinsamen Vorkommen von A und B gesucht, sondern nach solchen Textpassagen, die gleichzeitig mit drei spezifizierten Codeworten A, B und C codiert worden sind. Dieses Prinzip lässt sich auf beliebig viele Codeworte erweitern.

Als Resultat werden wie beim einfachen Text-Retrieval alle Textstellen, bei denen sich die spezifizierten Codeworte überschneiden, in einer Liste zusammengestellt. Anders als beim einfachen Retrieval, wo die in Frage kommenden codierten Segmente immer vollständig ausgegebenen werden, ist es beim nach Überschneidungen suchenden Retrieval nicht selbstverständlich, welche Textstelle als Resultat ausgegeben wird.

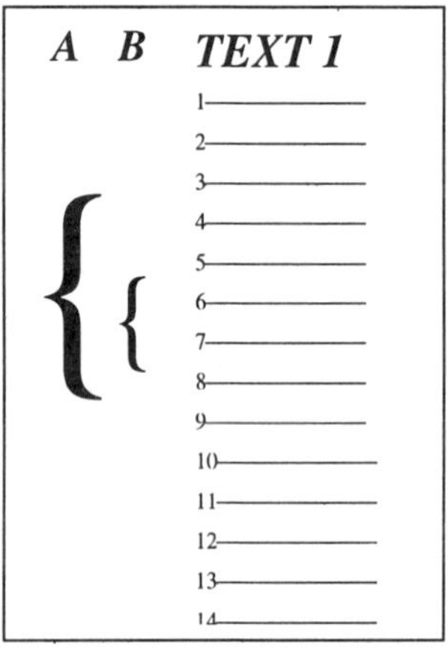

Im nebenstehenden Beispiel überschneiden sich Codewort A (zugeordnet zu Zeile 3 bis 9) und Codewort B (zugeordnet zu Zeile 5 bis 8). Es kann nun der direkte Überschneidungsbereich, d.h. Zeile 5 bis 8, oder der gesamte von den beiden Segmenten umfasste Bereich von Zeile 3 bis 9 ausgegeben werden.

Die Suche nach sich überschneidenden Kategorien kann weitaus komplexer als bei diesem einfachen Beispiel gestaltet werden:

- Es lassen sich mehr als zwei Codeworte mit Booleschen Verknüpfungsoperatoren zu einer komplexen Bedingung verknüpfen: (Code A oder Code B) UND (Code C oder Code D oder Code E)

- Es lassen sich Abfolgen von Codeworten überprüfen (Code A gefolgt von Code B)
- Nicht die direkte Überschneidung wird verlangt, sondern lediglich, dass die Codes in einer zu definierenden Nähe zueinander vorkommen (Code A in maximal x Zeilen Entfernung von Code B)

Diese komplexeren Formen des Text-Retrievals sind Gegenstand von Kapitel 9.

4.7 Code-Hierarchien im Retrieval

Kategoriensysteme bestehen in den meisten Fällen nicht nur aus einer einfachen sequentiellen Liste von Codes, sondern sie weisen eine innere Struktur im Sinne von unter- und übergeordneten Kategorien auf. Angenommen, man habe eine Kategorie „Einstellungen“ folgender Art definiert:

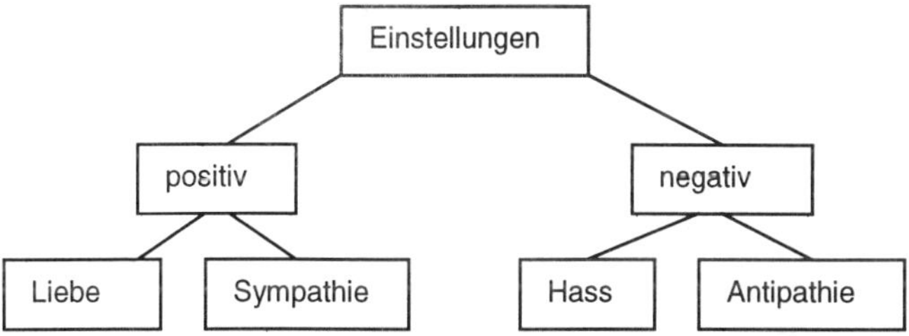

Wenn man nun nach Überschneidungen mit der Kategorie „Erfolgskriterien“ sucht, ist man daran interessiert, auch alle denkbaren Überschneidungen von „Erfolgskriterien“ mit den Subkategorien von „Einstellungen“ zu erfassen, beispielsweise Textpassagen in den Daten zu finden, die zum einen mit Erfolgskriterien und zum anderen mit Einstellungen/positiv/Sympathie codiert sind. Man benötigt also Retrieval-Prozeduren, die in der

Lage sind, die Baumstruktur des Kategoriensystems zu berücksichtigen. Anderenfalls wäre man gezwungen, alle denkbaren Überschneidungen der „Erfolgskriterien“ mit den 6 Subkategorien der Einstellungen gesondert zu explorieren. Dies wäre vom Arbeitsaufwand her zumindest theoretisch noch denkbar, doch wird die Angelegenheit dann schwieriger, wenn auch die zweite Kategorie Unterkategorien besitzt.

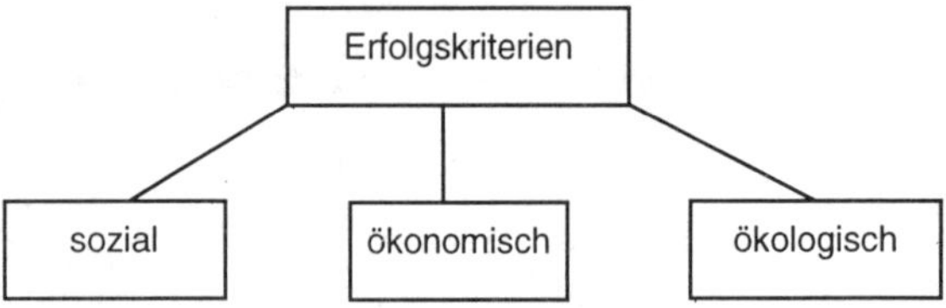

Schon dann, wenn die Kategorie Erfolgskriterien wie hier nur 3 Subkategorien besitzt, wären 6 mal 3, d.h. 18 denkbare Überschneidungen zu überprüfen. Die Möglichkeit zur automatischen Berücksichtigung von hierarchischen Strukturen im Retrieval ist also von großer Bedeutung, vor allem dann, wenn die Struktur auf drei oder mehr Codeworte erweitert wird.

4.8 Dokumentationen und Codestatistiken

Die vorgenommenen Codierungen von Textsegmenten lassen sich auf verschiedene Weise auswerten:

- als Liste der Textsegmente, d.h. als Textpassagen des Originaltextes
- als Liste der Codings, d.h. als Übersicht über die codierten Segmente
- als Häufigkeiten der Codes, ggfs. aufgegliedert nach verschiedenen Teilgruppen von Texten

Die bisher in diesem Kapitel vorgestellten Verfahren des Text-Retrievals produzieren alle Auswertungen des ersten Typs, d.h. man erhält jeweils nach bestimmten Kriterien zusammengestellte Textpassagen der Originaltexte. Nun lassen sich auch interessante Auswertungen einzig auf der Basis der Codierungen durchführen, d.h. man ist weniger an einem Rückgriff auf die Textsegmente selbst interessiert als an der Information über die Codierungen - eine Vorgehensweise also, die mehr der klassischen, quantitativ orientierten Inhaltsanalyse entspricht. Formen von Auswertungen, die hier in Betracht kommen, sind:

- die Auswertung der Codierungen einzelner Texte
- ein Index der Codierungen für das gesamte Text-Set
- Häufigkeitsauswertungen der Codierungen für einzelne Texte oder speziell selegierte Gruppen von Texten

Auswertung der Codierungen eines einzelnen Textes

Ob und wie oft ein bestimmter Code Texten zugeordnet worden ist, kann eine sehr nützliche Information darstellen. Die Auswertung der Codierungen eines einzelnen Textes in Form einer chronologischen Liste der Codezuweisungen gibt einen guten Überblick über den Interviewverlauf. Welche Themen wurden in welcher Reihenfolge bearbeitet, welche besonders ausführlich und welche nur äußerst kurz? Ergebnis ist eine Art Summary des Interviews, das unmittelbar Aufschluss über die Themen und theoretischen Konzepte gibt, die Gegenstand des Interviews sind. Indirekt lässt sich aus der Aufstellung ersehen, worüber nicht oder nur wenig geredet wurde. Einzelnes Element dieser Liste ist ein codiertes Segment, angegeben wird der zugeordnete Code und die Lokalisierung des Segmentes im Text, d.h. die Zeilennummern der ersten und der letzten Zeile. Abb. 28 zeigt, dass in dem hier ausgewerteten Interview insgesamt 8 Textstellen zum Thema „Wunschprojektionen“ vorhanden sind. 7 Textstellen hiervon beziehen sich auf den sozialen Bereich – an erster Stelle handelt es sich um „gesellschaftliche Visionen“ – und lediglich eine auf den Bereich Ökologie. Wunschprojektionen, die sich auf Ökonomie beziehen, werden im gesamten Interview gar nicht geäußert.

CODE	*Beginn*	*Ende*
Wunschprojektion.sozial.gesellsch. Visionen	153	160
Wunschprojektion.sozial.gesellsch. Visionen	160	167
Wunschprojektion.sozial.gesellsch. Visionen	685	689
Wunschprojektion.sozial.LA 21-Initiative	241	253
Wunschprojektion.sozial.Öffentlichkeit	563	573
Wunschprojektion.sozial.Partizipation/Politik	175	181
Wunschprojektion.sozial.Umgest. d. lok.Lebensraumes	218	225
Wunschprojektion.ökologisch	138	149

Abb. 28: Index der Codierungen für das gesamte Text-Set

Für das gesamte Set der Texte lässt sich auf der Basis der Codierungen ein Index erstellen. Dieser Code-Index hat einen ähnlichen Aufbau wie die obige Liste, nur dass hier nicht aus der Perspektive der Texte, sondern aus der Perspektive der Codes auf die Codierungen geschaut wird. Wie das Sachregister eines Fachbuches enthält der Code-Index Hinweise darauf, an welchen Stellen des Text-Sets Textpassagen zum jeweiligen Thema bzw. zum jeweiligen Code zu finden sind. Auch hier verweist jede Zeile der Liste auf ein codiertes Textsegment. Für die Kategorie „Erfolgskriterien/ökologisch“ sind beispielsweise folgende Textsegmente vorhanden.

TEXT	*Beginn*	*Ende*
Interviews Akteure.Nater	127	131
Interviews Akteure.Titier	138	143
Interviews Akteure.Wenger	171	175
Interviews Akteure.Kocka	374	381
Interviews Akteure.Kocka	392	401
Interviews Akteure.Kocka	533	550
Interviews Akteure.Schwenzel	209	214
Interviews Akteure.Schwenzel	319	321

Abb. 29: Liste vorhandener Segmente für einen Code

Code-Häufigkeiten

Die Häufigkeitsauswertung von Codes stellt eine Weiterentwicklung des Interview-Summaries dar. Auch wenn aus den Häufigkeiten des Auftretens einer Kategorie nicht umstandslos auf ihre Relevanz geschlossen werden kann, ist es doch im Sinne von Heuristik durchaus von Bedeutung, ob bestimmte Kategorien in einem Text oder einer Gruppe von Texten sehr häufig oder überhaupt nicht vorkommen.

Häufigkeitsauswertungen, die für Teilgruppen der Befragten durchgeführt werden (z.B. Frauen versus Männer), lenken den Blick auf Unterschiede und Auffälligkeiten im Datenmaterial. Im Projekt „Umweltkommunikation" zeigt bereits die Verteilung der Häufigkeit der Codierung für die Kategorie „Wunschprojektion" einige Eigentümlichkeiten auf (Abb. 30). Einerseits fällt die relativ geringe Häufigkeit der auf den lokalen Lebensraum bezogenen Wünsche auf[6], andererseits ist die Disparität zwischen den Häufigkeiten für „Gesellschaftliche Visionen" bei den Wünschen und bei den Machbarkeitsprojektionen augenfällig, d.h. in den Interviews findet man viele Wünsche, die auf eine Veränderung der Gesellschaft zielen, aber es finden sich nur wenige Textpassagen, die sich mit deren Machbarkeit befassen. Häufigkeitsvergleiche dieser Art sind nützlich, um Subgruppen von Texten miteinander zu vergleichen. Bei der Umweltkommunikationsstudie, in der Akteure aus verschiedenen lokalen Initiativen interviewt wurden, lässt sich eine Ma-

[6] Da bei ausdifferenzierten Kategoriensystemen der Oberbegriff normalerweise nicht zugeordnet wird, enthält die Tabelle für den Code Wunschprojektion die absolute Häufigkeit 0, der Code Machbarkeitsprojektion weist die Häufigkeit 1 aus, wurde also einmal zugeordnet, vermutlich weil nicht entscheidbar war, ob hier eine der Unterkategorien angesprochen war.

trix erstellen, in der die Frequenzen der verschiedenen Subkategorien von Wunschprojektionen für die bezirklichen Initiativen in aggregierter Form miteinander verglichen werden (Abb. 31).

CODES	abs. Freq.	Zeilen total
Wunschprojektion	0	0
Wunschprojektion.sozial	5	52
Wunschprojektion.sozial.gesellsch. Visionen	46	622
Wunschprojektion.sozial.LA 21-Initiative	86	931
Wunschprojektion.sozial.Öffentlichkeit	18	153
Wunschprojektion.sozial.Partizipation/Politik	46	568
Wunschprojektion.sozial.Umgest. lok. Lebensraumes	16	205
Wunschprojektion.ökologisch	33	301
Wunschprojektion.ökonomisch	18	210
Machbarkeitsprojektion	1	6
Machbarkeitsprojektion.sozial	4	74
Machbarkeitsprojektion.sozial.gesellsch. Visionen	6	60
Machbarkeitsprojektion.sozial.LA 21-Initiative	31	349
Machbarkeitsprojektion.sozial.Öffentlichkeit	36	387
Machbarkeitsprojektion.sozial.Partizipation/Politik	26	385
Machbarkeitsprojektion.sozial.Umgest. lok. Lebensr.	4	58
Machbarkeitsprojektion.ökologisch	37	389
Machbarkeitsprojektion.ökonomisch	14	160

Abb. 30: Häufigkeitsauswertung für die Kategorien Wunsch- und Machbarkeitsprojektionen

Wunschprojektion	*Charlotten-burg*	*Steglitz*	*Lichten-berg*	*Köpenick*
Sozial >gesellsch. Visionen	5	5	2	14
Sozial >LA 21-Initiative	7	27	10	15
sozial >Öffentlichkeit	2	6	1	3
sozial >Partizipation/Politik	5	10	5	11
sozial >Umgestaltung des lok. Lebensraumes	1	0	2	3
ökologisch	1	10	1	4
ökonomisch	1	5	3	1
Total	*22*	*63*	*24*	*51*

Abb. 31: Häufigkeit der verschiedenen Wunschprojektionen im Vergleich der Bezirke

Eine solche Matrix hat zunächst einen explorativen und heuristischen Wert: Man erkennt, dass in der Steglitzer und der Köpenicker Initiative weitaus mehr Wunschprojektionen geäußert werden als in den beiden anderen Initiativen. Auffallend ist zudem, dass sich in Köpenick sehr viele Wünsche auf den Bereich gesellschaftlicher Visionen erstrecken. Ein in quantitativer Hinsicht noch genaueres Bild erhält man, wenn anstelle der Anzahl der codierten Segmente die kumulierte Anzahl der codierten Zeilen verglichen wird. Um die Auffälligkeiten solcher Tabellen schneller und präziser erkennen zu können, empfiehlt es sich, ähnlich wie bei der Kontingenztafelanalyse vorzugehen und für jede Zelle der Tabelle erwartete Häufigkeiten aufgrund der Randverteilung zu errechnen. Auch kann es nützlich sein, für die gesamte Tabelle einen Chi-Quadrat-Koeffizienten als Maß für den Zusammenhang von Zeilen- und Spaltenvariablen zu berechnen.

Die praktische Realisierung in WINMAX sieht so aus, dass zunächst die interessierenden Texte – beispielsweise alle Befragten der Steglitzer Initiative - aktiviert werden. Anschließend wird die Funktion CODEFUNKTIONEN > HÄUFIGKEITEN DER CODEWORTE gestartet. Die Ausgabe enthält die Häufigkeit der Codezuordnungen sowie die gesamte Anzahl der Textzeilen dieser Segmente für diese Textauswahl.

Arbeitsvorschläge

1. Laden sie das Beispielprojekt „ProjektA" und führen Sie ein einfaches Text-Retrieval für den Code „Wunschprojektion" durch. Stellen Sie zunächst nur alle entsprechenden Segmente für den Text „Interview1" zusammen.

2. Aktivieren Sie nun alle Texte und nur die Subkategorie „Wunschprojektion/sozial“.
3. Lassen Sie die Liste der codierten Segmente ausdrucken. Schauen Sie die Liste an und versuchen Sie, verschiedene Dimensionen der sozialen Wunschprojektionen herauszuarbeiten.
4. Definieren Sie diese Dimensionen als Unterkategorien.
5. Stellen Sie für alle Texte des Projektes die codierten Segmente der Codes „Wunschprojektion/sozial“ und „Machbarkeitsprojektion/sozial“ so zusammen, dass die Segmente jeder Person hintereinander gelistet werden.
6. Erstellen Sie für „Interview1“ und „Interview2“ eine Häufigkeitsauswertung der vorhandenen Codierungen. Drucken Sie die Liste aus.

5 Textexploration: Lexikalische Suche

5.1 Keyword in Context

Die Techniken des Codierens und des darauf aufbauenden Text-Retrievals eröffnen viele Möglichkeiten, sie haben aber einen Nachteil: Sie sind sehr zeitaufwendig. Nicht immer bleibt in einem Projekt die Zeit, das Textmaterial in seiner vollen Breite auf diese Weise auszuwerten. Eine Alternative stellen dann Verfahren der lexikalischen Suche dar, d.h. die Möglichkeit, in den Texten oder in ausgewählten Gruppen von Texten nach dem Vorkommen bestimmter Worte und Wortkombinationen zu suchen. Die lexikalische Suche ist generell zur Textexploration gut geeignet. Auch dann, wenn man eine Kategorisierung des Datenmaterials ins Auge fasst, macht es Sinn, sich in der Phase der Textexploration der Fähigkeiten des Computers zu bedienen: Mit Hilfe des Computers ist eine schnelle und effiziente Suche in großen Textmengen möglich, wobei Keyword-in-Context (KWIC) Zusammenstellungen besonders nützlich sind. Solche *KWIC-Listen* enthalten ein Suchwort und den umgebenden Kontext in einem vom Benutzer bestimmbaren Umfang.

Beispiel: Die Verwendung des Begriffs Öffentlichkeit in Interviews mit Akteuren von LA 21-Initiativen

In der Studie über Akteure in Lokalen Agenda 21-Initiativen interessierte in der ersten Phase der Auswertung, in welchem Kontext eigentlich der Begriff „Öffentlichkeit" verwendet wird. Was stellen sich die Akteure unter Öffentlichkeitsarbeit vor? In welcher Weise wollen sie aktiv werden? Was wollen sie auf keinen Fall tun? Wie ist ihre Haltung zur Presse?

Ohne dass man bereits bestimmte Auswertungskategorien vor Augen haben muss, lohnt es sich, zunächst einmal eine Suchrecherche durchzuführen.

Vorgehensweise

a) Man suche in allen Interviews des Datensets nach dem Wort „Öffentlichkeit" oder nur nach der Zeichenkette „öffentlich". Bei der Suche werden alle Worte, die diese Zeichenkette enthalten, gefunden, z.B. Öffentlichkeit, Öffentlichkeitsarbeit, öffentliche Veranstaltung. Allerdings kann man auf diese Weise auch Unerwünschtes wie „öffentliche Gebäude" finden.

b) Man lasse sich alle Fundstellen mit einem Kontext von ± 2 Zeilen in einer Liste zusammenstellen.

Resultat

Ergebnis dieser einfach zu realisierenden explorativen Analyse ist eine Zusammenstellung der entsprechenden Textstellen (Abb. 32), mit der schnell ein Überblick über das Bedeutungsumfeld des Begriffs Öffentlichkeit zu gewinnen ist. Es lässt sich leicht erkennen, in welchen Kontexten von Öffentlichkeit die Rede ist.

Die lexikalische Suche findet natürlich nur solche Textpassagen in denen das Suchwort oder die gesuchte Zeichenkette manifest auftaucht. Textpassagen hingegen, in denen sehr wohl über die öffentliche Wirksamkeit der Initiative gesprochen wird, die aber keines der Suchworte enthalten, lassen sich so nicht finden.

Giegler (1992) empfiehlt, in dieser ersten explorativen Auswertungsphase keine Scheu davor zu haben, auch quantitative Aspekte zu eruieren: Welche Worte kommen vor, in welchen Texten? Wie häufig? Eventuell empfiehlt es sich auch, zusätzlich Techniken der quantitativen Inhaltsanalyse[7] einzusetzen, Wortbestände auszuzählen und gegebenenfalls zu vergleichen. Bei kurzen Texten lassen sich u.U. gleich automatische Codierungen vornehmen und dann weiter statistisch bearbeiten.

Text : Interviews Akteure.Mohler(1047)
1045: lin - mit Recht - über diese Frage, wem gehört sozusagen der
1046: öffentliche Raum, also ist eigentlich ne dumme Frage, weil der
1047: öffentliche Raum gehört natürlich der Öffentlichkeit - ist ei-
1048: gentlich ein Syllogismus aber das sehen manche Leute anders.
1049: Und ich denke, dass der Agenda Prozeß sozusagen auch ein

Text : Interviews Akteure.Bengtsen(430)
428: das ist für mich Freiheit und Demokratie. Freiheit - ich per-
429: sönlich bin jemand, der dort nicht unbedingt eine neue Vision
430: braucht. Es wird immer in der Öffentlichkeit gerne bemängelt,
431: den Parteien und ganz besonders der SPD fehlt es an Visionen,
432: ja. Ich denke, daß die alten Visionen und wir können da durch-

Text : Interviews Akteure.Lorenzen(961)
959: das könnte besser sein unter den Journalisten
960: I: ..?? Pressemitteilungen z.B. also oder so wie wir hier in
961: der Öffentlichkeitsarbeit ...
962: A. Lorenzen: Aber es gibt eigentlich enorm viele Pressemittei-
963: lungen, man muß nur mal genau drauf achten. Also ich möchte

Abb. 32: Keyword in Context zum Begriff Öffentlichkeit mit ±2 Zeilen Kontext (Auszug)

5.2 Texte explorieren

Die Frage der Explorationsmöglichkeiten steht in engem Zusammenhang mit der Art des analysierten Textes. In Anlehnung an Giegler (1992: 350) lässt sich zwischen

7 Giegler rät, gezielt die Wortbestände von Texten mit Mitteln der quantitativen Analyse zu untersuchen. Dies scheint zwar zunächst den Ansprüchen interpretativer Analyse zuwiderzulaufen, doch lässt sich begründet vermuten, dass eine solche Vorgehensweise, wenn sie eher spielerisch denn als eigentliche Textanalyse begriffen wird, einen heuristischen Wert hat: Man wird etwa auf die besonders häufige Verwendung bestimmmter Worte hingewiesen oder auf die im Text verwendeten Metaphern aufmerksam.

extern-strukturierten und nicht extern-strukturierten Texten unterscheiden. Extern-strukturiert bedeutet, dass die Texte von außen vorgegebenen Strukturierungsprinzipien unterworfen sind. Prototypisch ist dies bei Leitfadeninterviews der Fall. Der Interviewer spricht immer vorab festgelegte, für die Forschungsfrage wichtige Themen an bzw. stellt bei noch stärker strukturierten Interviewformen immer die gleichen vorformulierten Fragen. In der späteren Transkription ist zu jedem Leitfadenpunkt jeweils ein mehr oder weniger ausführlicher Antworttext vorhanden. Im Projekt „Rehabilitation und Pädagogik"[8] wurde beispielsweise ein umfangreicher Leitfaden eingesetzt, dessen einleitende Fragen im folgenden Kasten wiedergegeben sind.

FRAGELEITFADEN

BEREICH 1: Generelle Einschätzungen zur Reha-Maßnahme - Erwartungen und Konsequenzen

1. *Waren Sie der Meinung, daß Sie eine Kur brauchten?*
   Warum? Was versprachen/erhofften Sie sich von der Kur?
2. *Haben Sie rückblickend den Eindruck, daß bei Beginn der Reha-Maßnahme von Seiten der Klinikleitung gut über den Ablauf und die Zielsetzung der Kur informiert wurde?*
   (Grob fragen: Welche Infos enthielt die Erstinformation? Gab es eine schriftliche Information, die wir einsehen/kopieren können?)
   Wenn nein, warum nicht?
3. *Gibt es etwas in Ihrem alltäglichen Leben, das Sie infolge der Kur anders machen als vorher?*
   Wenn ja: was? (Nur kurz abfragen, keine längeren Erklärungen)

Ein mittels eines solchen Leitfadens erhobenes Interview lässt, wie der folgende Ausschnitt zeigt, auch in der Tran-

[8] Das Projekt „Rehabilitation und Pädagogik - Erziehung zur gesundheitsgerechten Lebensführung" wurde vom Autor 1995 als Lehrforschungsprojekt am Institut für Rehabilitationswissenschaft der Humboldt-Universität zu Berlin durchgeführt. Es wurden 55 Interviews mit Patientinnen und Patienten geführt, die in den letzten drei Jahren an einer von der BfA oder den Rentenversicherungsträgern finanzierten Reha-Maßnahme teilgenommen hatten.

skription noch deutlich diese Struktur des Leitfadens erkennen[9]:

3: *I: Warst du der Meinung, daß du eine Kur brauchst? Was hast du*
4: *dir davon versprochen, erhofft?*
5: P: Ja, also wie gesagt, mehr Zeit für mich zu haben, mehr Zeit
6: fürs Kind zu haben. Ja und einfach einmal mich auf mich zu
7: besinnen, Zeit haben, nichts tun, einfach mal gar nichts tun.
8: *I: Hast du rückblickend den Eindruck, daß du vor der Reha-*
9: *Maßnahme, also von Seiten der Rehaklinik gut über den Ablauf*
10: *und die Zielsetzung der Kur informiert wurdest?*
11: P: Nee, da war ich nicht informiert, also der Kurablauf, ich
12: wußte gar nichts, weder von der Kur, wie sie läuft, was da
13: stattfindet, gar nichts. Die haben dann was zugeschickt,
14: ungefähr 14 Tage vorher, aber mehr oder weniger nur zur
15: Anreise, mehr zur Organisation, also was mitzubringen ist,
16: aber da war nichts vom Ablauf der Kur zu erfahren, also vom
17: inhaltlichen her gar nichts, da war auch teilweise über Ärzte
18: nichts zu erfahren, die wußten das auch nicht.
19: I: Weil das im Prinzip so ein Pilotprojekt war?
20: P: Erstens sowieso, also ich sag mal im Osten ist es die erste
21: Mutter-Kind überhaupt fast das erste Heim was es überhaupt
22: gibt, zumindestens im neuen Stil, was nach der Wende irgendwie
23: aufgebaut worden ist, insofern wußte man wirklich nicht, auf
24: was man sich einläßt.
25: *I: Gut und die Information, die du dort bekommen hast, das*
26: *könnte man eventuell mal kopieren?*
27: P: Ja, es war sehr vielseitig, organisationstechnisch sehr gut
28: durchdacht, das waren wirklich Informationen, das war so
29: stimmig, da fehlte nichts und es war genau das Wichtigste, was
30: man brauchte und ich stelle das gerne zur Verfügung zum
31: Kopieren.
32: *I: Ja, gut und dann? Was gibt es jetzt in deinem alltäglichen*
33: *Leben, was du in Folge der Kur anders machen würdest als*
34: *vorher?*
35: P: Also irgendwie ist es schwer, das weiter durchzuhalten, man
36: würde vieles verändern wollen, weil man da die Zeit hat drüber
37: nachzudenken, mehr Zeit zu haben, Zeit für die Familie, aber
38: die Zwänge, die das tägliche Leben so mit sich bringt, lassen
39: das nicht zu. (...)

Abb. 33: Ausschnitt aus dem Transkript eines Leitfadeninterviews

9 Ein anderes gutes Beispiel für einen Interviewleitfaden und das auf diese Weise generierte Datenmaterial findet sich in Hopf u.a. 1995.

Man kann erkennen, dass der transkribierte Text weitgehend der Leitfadenstruktur folgt. Natürlich weist ein Interviewtext nicht nur diese äußere, sondern auch eine innere Struktur auf. Dieser innere Zusammenhang wird durch die Persönlichkeit des Befragten generiert: Bestimmte Arten der Problemwahrnehmungen, bestimmte Werte, Vorurteile und Leitbilder kommen an verschiedenen Stellen des Interviews immer wieder zum Ausdruck.

Eine ähnliche Strukturierung wie bei dem in Abb. 33 auszugsweise wiedergegebenen Transkript lässt sich auch dann erreichen, wenn das Interview selbst nicht strikt an der sequentiellen Ordnung des Leitfadens orientiert war. Der Text lässt sich auch ex post in die extern vorgegebene Ordnung des Leitfadens umsortieren - was oft allerdings nur unter erheblichen Mühen gelingt. Für die praktische Bearbeitung eines solchen extern-strukturierten Textes mit einem QDA-Programm gibt es zwei alternative Vorgehensweisen. Die erste Variante wurde oben im Abschnitt 2.7 („Strukturierte Texte") beschrieben. Sie erfordert die Beachtung bestimmter Formatierungsregeln bei der Texterfassung: Es ist jeweils anzugeben, wo ein zu einem bestimmten Leitfadenpunkt gehörender Textabschnitt beginnt und wo er endet (z.B. beginnt in Abb. 33 die Antwort zur Leitfrage 1.3 in Zeile 55). Diese Vorab-Zuordnung von Textabschnitten zu Leitfadenpunkten wird dann beim Einlesen des Textes von der QDA-Software bearbeitet.

Die zweite, zeitaufwendigere Variante arbeitet mit der Zuordnung von Leitfadenpunkten durch manuelle Codierung der entsprechenden Textabschnitte. Hier muss jeder Text nach dem Import im QDA-Programm durchgearbeitet werden, die entsprechenden Textabschnitte müssen markiert und mit den Leitfadenpunkten codiert werden.

Worin besteht nun die explorative Bearbeitung eines Sets solcher vorab-strukturierter Texte? Giegler spricht von Komparatistik, d.h. die Antworten auf einzelne Fragen des Leitfadens werden in vergleichender Weise analysiert. Basis aller Exploration ist eine gedachte Text-Matrix nach folgendem Muster.

Interview	Bedürfnis nach Kur	Erwartungen	Hoffnungen	Information durch Klinikleitung
Person 1	Text	Text	Text	Text
Person 2	Text	Text	Text	Text
Person 3	Text	Text	Text	Text
Person 4	Text	Text	Text	Text
...	...	...	...	...
Person X	Text	Text	Text	Text

Abb. 34: Textmatrix der Leitfadenthemen

Diese Matrix ähnelt einer rechteckigen Variablenmatrix, die Ausgangspunkt der meisten Auswertungen der sozialwissenschaftlichen Statistik ist. Hier wie dort werden die Zeilen durch die Fälle, d.h. durch die Interviewten, gebildet. Während in der quantitativen Datenmatrix die *Variablen* die Spalten bilden, sind es bei der hier dargestellten qualitativen Datenmatrix die *Themen des Leitfadens*. Die Exploration einzelner Spalten der Matrix entspricht quasi univariaten statistischen Auswertungen: Man verschafft sich einen Überblick über das Antwortspektrum und die Häufigkeit verschiedener Antworten, gruppiert die Antworten nach Ähnlichkeit und identifiziert verschiedene Dimensionen.

Unschwer lassen sich in eine solche explorative Matrix der Antworten weitere Merkmale, etwa sozio-demographische Variablen, einbeziehen. Bei der Untersuchung über den Erfolg der Rehabilitation wurde hierzu ein ergänzender Fragebogen zur Erfassung dieser „objektiven

Daten“ eingesetzt. Der simultane Blick in mehrere Spalten ähnelt der Logik der statistischen Korrelationsanalyse. Zwei oder mehrere Antworten des gleichen Probanden werden jeweils zueinander in Beziehung gestellt. Selektionen und gruppenspezifische Auswertungen werden möglich, wenn man weitere Variable hinzuzieht.

Es besteht nun die Möglichkeit die lexikalische Suche auf einzelne Punkte des Leitfadens zu beschränken. So lassen sich einerseits die zuvor beschriebenen Keyword-in-context-Zusammenstellungen gezielt einsetzen: Die Frage „Welche spezifischen Erwartungen richten sich an Ärzte?“ lässt sich bearbeiten, indem man eine lexikalische Suche nach den Suchworten „Arzt“ und „Ärztin“ in den codierten Textpassagen zum Leitfadenpunkt „Erwartungen“ startet.

Unstrukturierte Texte zu explorieren gestaltet sich etwas mühsamer als die lexikalische Suche beim strukturierten Texttyp, bei dem man sofort in der Lage ist, sich über bestimmte Forschungsfragen einen Überblick zu verschaffen. Die Daten einer Textmatrix wie in Abb. 34 lassen sich systematisieren und für einen Forschungsbericht zusammenzustellen, inclusive etwaiger Statistiken oder Quasi-Statistiken. Wenn man hingegen erst mühsam zusammensuchen muss, wo ein Interviewter in einem längeren Interviewtranskript über ein bestimmtes Thema spricht, beträgt der Zeitaufwand ein zig-faches.

Nun mag es aus inhaltlichen und forschungsstrategischen Erwägungen wohl begründet sein, auf eine solche Vorab-Struktur zu verzichten. Die Theorie des narrativen Interviews etwa kann eine plausible Begründung dafür abgeben, dass bei dieser Form des Interviews darauf gewartet werden muss, dass „Schlüsselerlebnisse“ im Zuge eines wirksamen Erzählzwangs selbst berichtet werden und sie sich nicht direkt erfragen lassen. Dieses Argument würde gegen die Vorab-Strukturierung der Erhebung durch einen Leitfaden sprechen, allerdings nicht gegen die ex post vorgenommene Umsortierung des Interviews. Dagegen ließe sich aber argumentieren, dass durch eine Umsortierung der gesamte Fluss des Interviews und die natürliche Sequenz der Interviewthemen verloren geht. Im nachhinein, bei der Lektüre eines so „mutierten“ Transkripts, lässt sich nicht mehr nachvollziehen, welchen Ablauf die Unterhaltung hatte und in welchen größeren Kontexten Themen oder Urteile stehen.

5.3 Automatisches Codieren von Fundstellen

Das automatische Codieren macht es möglich, eine lexikalische Suche durchzuführen und allen Fundstellen („Treffern“) automatisch ein Codewort zuzuweisen. Dies ist eine Technik, die in ähnlicher Form aus der quantitativen Inhaltsanalyse bekannt ist. Dort wird ein Diktionär mit Suchausdrücken erstellt und die Texte werden auf das Vorkommen dieser Suchausdrücke hin untersucht. Wird ein Ausdruck gefunden, dann wird die zugeordnete Kategorie (üblicherweise eine Zahl) codiert. Auf diese Weise entsteht eine Matrix, die in den Spalten die aufsummierten Kategorienhäufigkeiten pro Text bzw. Texteinheit enthält. Der Text „Person 1“ in der Abb. 35 enthält beispielsweise je zwei Suchausdrücke der Kategorien 1 (K1) und 4 (K4) und fünf Suchausdrücke der Kategorie 3 (K3).

Diese Matrix wird üblicherweise mit einem Statistikpaket weiterverarbeitet, d.h. statistisch analysiert, während die Texte selbst nach der Codierung nicht mehr von Interesse sind. Das automatische Codieren mit einem QDA-Programm verfolgt einen anderen Zweck. Zwar lässt sich auch hier eine solche auf Kategorienhäufigkeiten abzielende Codierung vornehmen, doch ist die Logik der Analyse geradezu gegenläufig. Der Text wird durch die Codierung nicht überflüssig, sondern besser erschlossen und organisiert. In der quantitativen Inhaltsanalyse ist das Ergebnis des Codierens ein Zahlenwert, in der QDA ist das Ergebnis des Codierens hingegen ein codiertes Textsegment, genauso wie in Kapitel 3 beschrieben, doch nicht intellektuell/manuell codiert, sondern automatisch. Codiert wird ein Bereich um einen Treffer herum, die Größe dieses Kontextes kann frei bestimmt werden, sie richtet sich nach formalen, syntaktischen Angaben, beispielsweise 2 bzw. mehr Zeilen vor und nach dem gefundenen „Treffer", den ganzen Satz oder den ganzen Absatz.

Interview	K1	K2	K3	K4	Kn
Person 1	2	0	5	2	..
Person 2	7	2	0	1	..
Person 3	3	0	7	1	..
Person 4	0	2	5	2	..
...	...	...	...	...	..
Person X	1	2	0	3	..

Abb. 35: Matrix der Kategorienhäufigkeiten in der quantitativen Inhaltsanalyse

Die automatische Codierung ist gewiss nicht der Königsweg der computergestützten Analyse qualitativer Daten, aber sie ist eine außerordentlich nützliche Funktion mit nicht nur heuristischem Wert. Bei der Auswertung der 370 Abstracts des Dresdner Soziologiekongresses von 1996 konnte man auf diese Weise sehr schnell die Themen (Umwelt, Familie, Soziales etc.) und die theoretischen Bezüge (Luhmann, Habermas, Weber, System, Konstrukt etc.) codieren und mit den in Kapitel 4 dargestellten einfachen Mitteln des Text-Retrievals Zusammenhänge eruieren und Bedeutungsfelder analysieren.

Die automatische Codierung ist vor allem bei großen Textmengen eine wirksame Auswertungsstrategie. Wenn man es mit mehreren hundert Texten zu tun hat, lässt sich konkurrenzlos schnell herausfinden, ob sich die Soziologen derzeit stärker mit Habermas oder Luhmann befassen, welche Klassiker in der Diskussion eine Rolle spielen und in welchen inhaltlichen Kontexten diese rezipiert werden. Besondere Stärke erhält die automatische Codierung dadurch, dass man sie mit den in Kapitel 9 beschriebenen Techniken des komplexen Text-Retrievals kombinieren kann.

In WINMAX kann die automatische Codierung auch benutzt werden, um Textabschnitte automatisch bestimmten Sprechern zuzuordnen – etwa bei der Auswertung von Gruppendiskussionen. Näheres ist im Abschnitt 5.7 beschrieben.

5.4 Stärken und Schwächen der lexikalischen Suche

Gegenüber der im vorangehenden Kapitel beschriebenen Technik der intellektuellen Codierung von Textsegmenten weist die lexikalische Suche eine Reihe von Vorzügen, aber auch Nachteile auf. Oft ist es empfehlenswert, beide Methoden zu kombinieren und mit einer lexikalischen Suche zu beginnen, um sich zunächst einen Eindruck über die Worte, Redewendungen und Metaphern zu verschaffen, die die Befragten selbst verwenden.

Die lexikalische Suche mit der Möglichkeit der automatischen Codierung stellt durchaus eine wertvolle, eigenständige Auswertungstechnik dar, sie ist nicht bloße Ergänzung von Code-and-Retrieve-Techniken. Der größte

Vorteil dieser Technik ist, dass sie viel einfacher und schneller als das Segmentieren und Codieren zu realisieren ist. Nahezu ohne spezielle Vorbereitung kann mit der Auswertungsarbeit begonnen werden. Es lassen sich nicht nur für ein ganzes Text-Set Informationen zu einem bestimmten Wort oder Begriff zusammenstellen, sondern unschwer lässt sich auch beantworten, wer bestimmte Begriffe benutzt und in welchem Kontext diese benutzt werden.

Speziell für Beobachtungsstudien, Feldforschung und Dokumentenanalyse erweist sich die lexikalische Suche als vorteilhaft. Für bestimmte, in den Texten vorkommende Personen lässt sich zusammenstellen, wie andere sie wahrnehmen und wie sie sich über sie äußern. Kernstück dieser Technik ist die Zusammenstellung von Keyword-in-Context-Listen. Verschiedene Programme unterscheiden sich hier im Hinblick darauf, was als „Hit" präsentiert wird: das Suchwort, die Trefferzeile, eine Anzahl von Zeilen vor und nach dem Treffer oder der ganze Absatz , der den Suchausdruck enthält.

Die lexikalische Suche ist allerdings immer eine *syntaktische Suche* nach dem Vorkommen von Zeichenketten („Strings") und dies hat eine Reihe von Problemen zur Folge: Einerseits sollten die analysierten Texte möglichst fehlerfrei sein, denn falsch geschriebene Worte werden nicht gefunden. Auch muss durchgehend die gleiche Schreibweise für zusammengesetzte Worte gewählt werden, denn für den Computer ist ein „Internet-User" etwas anderes als ein „Internetuser". Diese Probleme lassen sich ebenso wie die Probleme der Groß- und Kleinschreibung und der Silbentrennung durch sorgfältige Datenaufbereitung noch relativ leicht bewältigen. Anders ist es hingegen um solche Probleme bestellt, die im Zusammenhang mit der *Bedeutung* von Worten stehen. Sehr viele Worte sind mehrdeutig, ihre Bedeutung hängt in starkem Maße vom Kontext der anderen Worte ab, für die wiederum das gleiche gilt. Insofern ist es äußerst problematisch, das Vorkommen eines Wortes im Text als Indikator für das Vorliegen eines bestimmten Phänomens zu werten. Bei der lexikalischen Suche ist es deshalb unbedingt erforderlich, dass jederzeit die Möglichkeit besteht, den erweiterten Kontext von Treffern heranzuziehen, um so entscheiden zu können, ob es sich wirklich um einen für die jeweilige Fragestellung gültigen Treffer handelt.

Im Zuge der Diskussion um die Schwächen der quantitativen Inhaltsanalyse, bei der ja die lexikalische Suche mit automatischer Codierung verknüpft wird, hat man lange Zeit diesen bloß mechanischen Charakter der lexikalischen Suche kritisiert und deren Leistungsfähigkeit eher unterschätzt. Die im Kapitel 3 beschriebene intellektuelle Codierung verlangt einerseits eine gründliche Kenntnis der Texte, andererseits verschlingt die Codierung viel Zeit und oktroyiert mehr oder weniger automatisch einen bestimmten Arbeitsstil, der an der Linearität des Textes orientiert ist. Der Zugang der lexikalischen Suche ist demgegenüber ein völlig anderer und eher mit der Logik von Hypertext vergleichbar. Der Analyseprozess ist bei der lexikalischen Suche weitaus weniger vorgezeichnet und strukturiert. Das hat einerseits den Vorteil, dass Exploration und Flexibilität im Vordergrund stehen, andererseits aber auch den Nachteil, dass sich der Benutzer in seinen Daten verlieren kann und nicht so recht weiss, wo er beginnen und aufhören soll.

5.5 Praktische Hinweise

Die lexikalische Suche in WINMAX erlaubt es, entweder in den Originaltexten oder in der Zusammenstellung der codierten Textsegmente, d.h. in den Resultaten eines Text-Retrievals zu suchen. Dadurch werden einerseits schrittweise aufeinander aufbauende Suchvorgänge ermöglicht, andererseits kann die lexikalische Suche in beliebiger Weise mit dem Text-Retrieval verknüpft werden.

Sofern die lexikalische Suche in den Originaltexten stattfindet, arbeitet sie ähnlich wie das Text-Retrieval, d.h. es sind zunächst die Texte zu aktivieren, die in den Suchprozess einbezogen werden sollen. Das können einzelne Texte sein, alle Texte einer Textgruppe, das gesamte Text-Set oder Texte, die bestimmten Selektionskriterien genügen (vgl. Kapitel 8). Abb. 36 zeigt den Dialog bei der lexikalischen Suche.

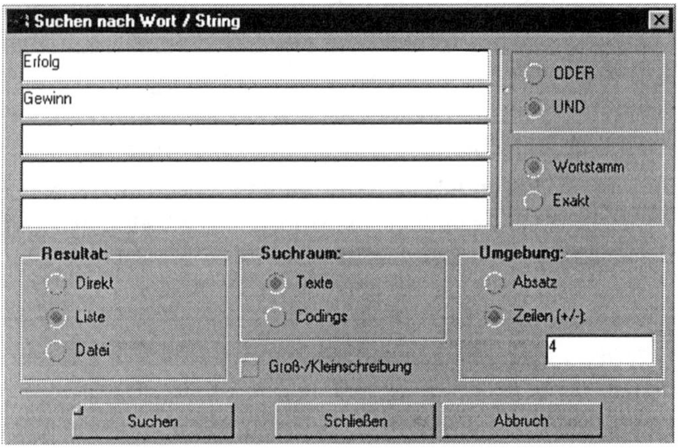

Abb. 36: Lexikalische Suche mit winMAX

Als Suchbegriffe sind hier „Erfolg“ und „Gewinn“ angegeben. Gesucht wird in den aktivierten Texten, denn als Suchraum wurde die Option TEXTE gewählt. Weitere

Auswahlmöglichkeiten dienen zur Steuerung der lexikalischen Suche: Verknüpfung der Suchbegriffe durch UND/ODER, exakte Suche oder Wortstammsuche, Beachtung der Groß-/Kleinschreibung etc.

Für die Ausgabe der Resultate kann zwischen drei verschiedenen Ausgabearten gewählt werden: DIREKT, LISTE oder DATEI. Bei der Ausgabe in eine Datei wird ein Keyword-in-Context erzeugt, wobei der Umfang des Kontextes variabel bestimmt werden kann. Bei der Einstellung in Abb. 36 würden demnach ± 4 Zeilen um den Treffer herum ausgegeben. Diese Angabe des Kontextumfangs bestimmt auch die Größe der Textsegmente, die durch die automatische Codierung der Fundstellen erzeugt werden.

Text-Retrieval und lexikalische Suche lassen sich auf einfache Art miteinander verbinden, in dem zunächst ein Text-Retrieval durchgeführt wird und anschließend nur in den Resultaten („Suchraum: Codings") gesucht wird. In der Studie „Rehabilitation und Pädagogik" ging es etwa um die Frage, welche spezifischen Erwartungen sich an die Ärzte richten. Zunächst wird ein Retrieval für den Code „Erwartungen" durchgeführt, dem alle Textpassagen zum Leitfadenpunkt „Erwartungen" zugeordnet sind. Die Retrieval–Resultate werden im Fenster LISTE DER CODINGS zusammengestellt und es lässt sich eine lexikalische Suche nach den Suchworten „Arzt" und „Ärztin" in diesen Segmenten anschließen. Als Option für den Suchraum ist dann CODINGS anstelle von TEXTE einzustellen.

In WINMAX kann die automatische Codierung der Suchfunktionen auch benutzt werden, um Textabschnitte automatisch bestimmten Sprechern, z.B. zur Auswertung von Gruppendiskussionen und Focus Groups, zuzuordnen. Dazu ist es erforderlich, eine bestimmte Syntax bei der Transkription einzuhalten. Jeder Beitrag eines Sprechers muss mit der Sprecherbezeichnung – zur besseren Unterscheidung am besten in Großbuchstaben - beginnen, der Beitrag selbst darf nur ein Absatzzeichen am Ende und sonst keine Absatzzeichen enthalten. Er muss als Dateityp „Nur-Text“ importiert worden sein, d.h. ohne Zeilenumbrüche, denn diese entsprechen ja Absatzzeichen.

Die automatische Codierung macht es möglich, alle Beiträge eines bestimmten Sprechers zusammenzustellen und zu kontrastieren. Ohne dass irgendwelche weiteren Vorarbeiten zu leisten sind, lässt sich für so eine automatisch codierte Gruppendiskussion sofort auswerten, wer wie häufig redet und wie umfangreich diese Beiträge sind.

Arbeitsvorschläge

1. Arbeiten Sie wiederum mit „ProjektA“ und öffnen Sie „Interview2“. Nun aktivieren Sie den Text (Text-Manager > Aktivieren) und starten die Menüoption SUCHEN.
2. Suchen Sie im Text nach dem Wort „Bezirk“, wählen Sie Ausgabemedium „Liste“ und sehen Sie sich die Fundstellen nacheinander an.
3. Erstellen Sie ein Keyword-in-context für den Begriff „Bezirk“. Bestimmen Sie einen Kontext von ±2 Zeilen, speichern Sie die Ergebnisdatei und öffnen diese mit Ihrem Textverarbeitungsprogramm.
4. Lesen Sie den Text „Gruppe1“ ein, der das Protokoll einer Gruppendiskussion enthält.
5. Führen Sie nun eine automatische Codierung der Sprecher der Gruppendiskussion durch. Hierzu müssen Sie zunächst die Sprecher als Codes im Kategoriensystem definieren.

6 Die Memos: Eigene Ideen aufzeichnen und organisieren

6.1 Notizen und Aufzeichnungen im Forschungsprozess

Benutzer von QDA-Software werden in der Programmbeschreibung häufig entdecken, dass die Möglichkeit besteht, eigene Aufzeichnungen („Memos“) anzufertigen und zusammen mit den Texten zu verwalten. Häufig wird er/sie sich dann die Frage stellen, ob es sinnvoll ist, bei der Datenanalyse diese Möglichkeit des Programms zu nutzen und wie dies am besten zu bewerkstelligen ist. Dieses Kapitel will einen Eindruck davon vermitteln, wozu Memos gut sein können, gibt Beispiele für verschiedene Typen von Memos und zeigt, wie die Memo-Funktion in einem QDA-Programm aussieht.

Im Prozess der sozialwissenschaftlichen Analyse qualitativer Daten ist es auch ohne Nutzung von Computersoftware eine gängige Praxis, eigene Texte und Kommentare über das Datenmaterial erstellen:

- Hopf u.a. (1995) beschreiben, dass bei der Durchführung von offenen Interviews die Interviewenden jeweils in einem Interviewprotokoll festhalten, welchen persönlichen Eindruck sie vom Befragten haben.
- de Haan/Kuckartz/Rheingans (1997) berichten, dass als erster Schritt der Datenanalyse im Projekt „Umweltkommunikation“ Zusammenfassungen („Summaries“) der qualitativen Interviews angefertigt werden, in denen die Forschergruppe Wesentliches und Bemerkenswertes festhält.

- Strauss, Glaser und Corbin (1967 und 1996) entwickelten mit der Grounded Theory einen Analysestil, zu dessen Charakteristika es gehört, mit verschiedenen Typen von Aufzeichnungen, Memos genannt, zu arbeiten.

Für all diese Aufzeichnungen und Notizen gilt, dass sie einen anderen Status haben als die Originaltexte: Sie sind Hilfsmittel des Forschers auf dem Weg zu einem von ihm zu erstellenden Text, beispielsweise einer Dissertation oder einem Forschungsbericht für den Auftraggeber. Sie sind keine „Dokumente“ wie die Originaltexte, sondern Produkte des Forschers. Das Schreiben von Memos kann zu verschiedenen Zeitpunkten im Projektverlauf stattfinden:

- zu Beginn des Projektes z.B. als Beschreibung der Interviewsituation, der Wohnung des Befragten, des persönlichen Eindrucks und anderer Dinge mehr
- in der ersten Phase der Analyse als erste Zusammenfassung z.B. in Form der oben erwähnten Interviewsummaries
- während des gesamten Analyseprozesses, um die Definition und inhaltliche Bedeutung von Codes festzuhalten
- bei der Interpretation von Texten, um Hypothesen und Vermutungen zu einzelnen Textstellen festzuhalten
- im Verlauf der kontrastierenden Datenanalyse bei der Entwicklung von Theorien

Das systematische Anfertigen von Memos im Verlauf des Forschungsprozesses stellt eine wertvolle Hilfe für die Theoriebildung dar. Das Schreiben zwingt die Forschenden dazu, die eigenen Ideen, Gedanken und Hypothesen festzuhalten und zu ordnen. Die Aufgabe, Zwischenergebnisse zu formulieren, verkürzt den Sprung von der

Datenbearbeitung zur Erstellung des Forschungsberichtes. Wichtige Teile des Forschungsberichtes entstehen gewissermaßen „nebenher", d.h. während der Datenanalyse und Interpretation. Für die Arbeit im Team stellen Memos ein wichtiges Kommunikationsmittel dar: Sie geben allen Mitarbeitern die Chance, die ausgearbeiteten Ideen der anderen Teammitglieder zu lesen, diese zu kommentieren und weiterzuentwickeln. Memos über die definierten Kategorien, mit Anwendungs- und Ankerbeispielen, sind jederzeit für jedes Mitglied der Forschergruppe verfügbar und können die Vereinheitlichung des Codierens innerhalb der Arbeitsgruppe fördern. Insofern dienen Memos der Erhöhung der internen Validität.

6.2 Memos in der Grounded Theory

So sehr es zu den Alltagsgebräuchen von Forschern gehört, Notizen und Memos während der Auswertung anzufertigen, so wenig findet man diesen Vorgang in der Methodenliteratur thematisiert. Eine systematische Beschreibung des Arbeitens mit dem Hilfsmittel *Memos* ist dort nur selten zu finden. Eine Ausnahme stellt die Grounded Theory dar, die sich seit ihren Anfängen intensiv mit dem Thema Memos befasst hat (Glaser/Strauss 1967; Hopf/Weingarten 1979;). Strauss/Corbin definieren diese als *schriftliche Analyseprotokolle, die sich auf das Ausarbeiten der Theorie beziehen.* Aufgrund der unterschiedlichen Funktion im Forschungsprozess differenziert Strauss unter anderem zwischen drei Memo-Typen:

- *Code-Notizen* beziehen sich auf die Ergebnisse des Codierens
- *Theoretische Memos* sind explizit auf die Theorieentwicklung bezogen und enthalten die Produkte des induktiven und deduktiven Denkens

- *Planungs-Memos* enthalten weitergehende Anweisungen - für den Forscher selbst oder das Forscherteam -, z.B. in Bezug auf die weitere Auswahl von Forschungsfällen

Definition

In ihrem Lehrbuch der Grounded Theory geben Strauss und Corbin (1996: 169) die im folgenden Kasten wiedergegebenen Definitionen der Memotypen:

Memos:	Schriftliche Analyseprotokolle, die sich auf das Ausarbeiten der Theorie beziehen.
Code-Notizen:	Memos, die Ergebnisse der drei Formen des Codierens beinhalten, wie zum Beispiel konzeptuelle Begriffe (Labels), paradigmatische Eigenschaften und Indikatoren für den Prozess.
Theoretische Notizen:	Theoretisch sensibilisierende und zusammenfassende Memos. Theoretische Notizen enthalten die Produkte des induktiven und deduktiven Denkens über tatsächlich und möglicherweise relevante Kategorien, ihre Eigenschaften, Dimensionen, Beziehungen, Variationen, Prozesse und die Bedingungsmatrix.
Planungs-Notizen:	Memos, die Handlungsanweisungen für die eigene Person und das Forscher-Team enthalten. Diese beziehen sich z.B. auf die Auswahl von Fällen, auf Interview-Fragen, mögliche Vergleiche, weiterzuverfolgende Ideen etc.

Analysiert man seine Daten im Stil der Grounded Theory, so beginnt das Schreiben von Memos gleich zu Anfang des Projektes und wird durch das gesamte Projekt hindurch beibehalten. Anfangs werden mit diesem Hilfsmittel mögliche Hypothesen festgehalten und generative Fragen gestellt. Die ersten Memos sind vielleicht noch ziemlich einfach und unklar. In den weiteren Phasen dienen sie dazu, die konzeptuell dichter werdende Theorie festzuhalten. Theoretische Gedanken werden in Form von Theorie-Memos kontinuierlich festgehalten. In der Phase des Schreibens des Forschungsberichtes werden sie sortiert und integriert. Durch alle Projektphasen hindurch dienen sie dazu, weitergehende Fragen zu stellen und neue Datenerhebungen zu initiieren und ihre Zielsetzung zu bestimmen.

Im Ablauf der Forschungsarbeit der Grounded Theory spielt das Schreiben von Memos also eine tragende Rolle. Strauss stellt den Ablauf des Forschungsprozesses als einen ständig zwischen Codieren, Memo schreiben und der Erhebung neuer Daten zirkulierenden Prozess dar (Abb. 37).

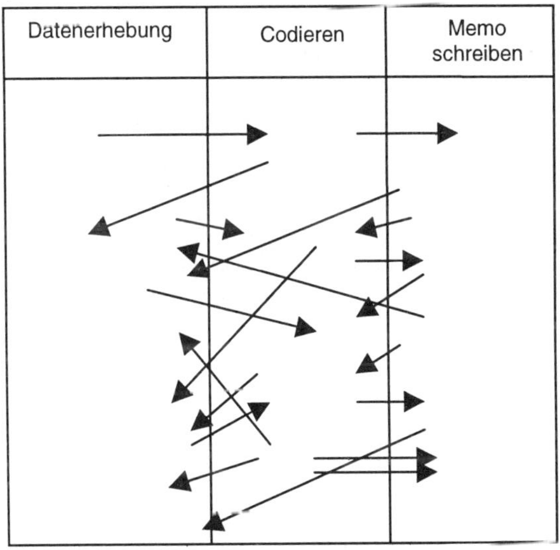

Abb. 37: Codierparadigma nach Strauss (1991: 46)

Memos sind eine Form der Fixierung der eigenen Ideen und theoretischen Gedanken. Jeder muss seinen eigenen Stil zum Erstellen von Memos finden und sich darin üben, diese kontinuierlich anzufertigen. Die Kreativität wird hierdurch angeregt und das Theoretisieren wird nicht auf das Ende des Projektes verschoben, sondern zu einem ständigen Begleiter des Forschungsprozesses.

Nach dem in Abb. 37 dargestellten Schema ist das Memoschreiben eine prinzipiell nie völlig abgeschlossene Angelegenheit, stets kann man bereits vorhandene Memos „verdichten": Man schreibt Memos über Memos, d.h. zusammenfassende Memos, die mehrere Memos integrieren und auf einer neuen Ebene konzeptualisieren. Das Arbeiten mit Memos ist zwar im Prinzip eine relativ freie Tätigkeit, Strauss gibt aber ein Set von Regeln für das Arbeiten an (Strauss/Corbin 1996: 173):

1. Memos sollen datiert sein und es sollte nachvollziehbar sein, wer der Autor des Memos ist.
2. Das Memo sollte einen Verweis auf das Dokument enthalten, auf das es sich bezieht (Interview, Beobachtungsprotokoll, Seite, Zeilennummer etc.).
3. Jedes Memos sollte eine Überschrift haben, in der das Konzept (die Konzepte) oder die Kategorie (die Kategorien) genannt werden, um die es sich dreht.
4. Memos, die zwei oder mehr Kategorien zueinander in Beziehung setzen, sollten alle diese Kategorien enthalten.
5. Memos sollten nach ihren verschiedenen Formen gekennzeichnet werden.

Während in den Anfängen der Grounded Theory die Art und Weise, wie mit Memos zu arbeiten ist, noch relativ vage blieb, hat Strauss in seinen späteren Arbeiten zahlreiche konkrete Beispiele gegeben, wie er selbst mit dem Mittel der Memos arbeitet. Memos enthalten die Ergebnisse der Datenanalyse, sie stellen „die schriftlichen Formen unseres abstrakten Denkens über die Daten dar" (Strauss/Corbin 1996: 170). Memos verändern sich im Laufe des Forschungsprozesses: Sie nehmen an Komplexität und Abstraktheit zu. Im Folgenden werden für drei

Arten von Memos – Code-Memos, Planungs-Memos und Theorie-Memos – Beispiele gegeben[10]. Code-Memos befassen sich mit den Eigenschaften und Dimensionen einer Kategorie. Abb. 38 zeigt ein typisches Beispiel zum Thema Schmerz (Strauss/Corbin 1996: 177).

Code-Notiz: SCHMERZ UND SEINE EIGENSCHAFTEN UND DIMENSIONEN

Schmerz hat bestimmte Eigenschaften, die entlang dimensionaler Kontinua variieren können. Darunter befinden sich folgende:

Allgemeine Eigenschaften		*Mögliche Dimensionen*	
Dauer		lang	kurz
Intensität		stark	leicht
Variation		zunehmend	abnehmend
Lokalisierung im Körper		vom Kopf	zum Fuß
Kontinuitätsgrad	kontinuierlich	intermittierend	vorübergehend

Zum Beispiel: Arthritis war die *Ursache* dieses Schmerzereignisses.
Unter der Bedingung von „kalt-feuchtem Wetter" nimmt der Schmerz in seiner Intensität zu.
Unter der Bedingung von „Wärme" nimmt der Schmerz in seiner Intensität ab.
Unter der Bedingung von „morgens" beginnt der Schmerz.
Unter der Bedingung von „nachts" ist der Schmerz ein wenig gelindert. Potentielle andere Kategorie: *Schmerzlinderung.*

Abb. 38: Beispiel für ein Code-Memo

Auf dieser Basis konzipiert Strauss weitere Datenerhebungen und verfasst eine Planungsnotiz:

PLANUNGS-NOTIZ: DATENAUSWAHL FÜR SCHMERZ

Ausgehend von meinem theoretischen Memo des heutigen Tages scheine ich jetzt mehrere verschiedene Bereiche zu haben, aus denen ich Daten über Schmerz bekommen kann. Das wird weitere Eigenschaften von Schmerz erkennbar machen und Informationen über die verschiedenen Dimensionen dieser Eigenschaften und die Bedingungen liefern, die diese Eigenschaften zur Variation auf den Dimensionen bringen. Ein guter Startpunkt ist die Entbindung. Ein anderer

[10] Strauss (1991: 151 ff.) widmet dem Thema „Memos und Memo schreiben" mehrere Kapitel und präsentiert eine Viel-zahl von Beispielen aus der eigenen Forschungspraxis. Strauss/Corbin 1996 gehen in Kapitel 12 dieses einführenden Textes auf die verschiedenen Formen von Memos in der Grounded Theory ein und stellen ebenfalls eine Reihe von Beispielen aus ihrer Forschung dar.

ist es, mit Krebskranken zu sprechen. Wenn ich mit diesen Gruppen spreche und sie beobachte, sollte ich mich an den bereits identifizierten Eigenschaften und Dimensionen orientieren und nach anderen suchen, die ich vielleicht noch nicht entdeckt habe. Beispielsweise möchte ich Schmerz bezüglich Typ, Qualität, Intensität, Verlauf. Dauer, Ausprägung etc. untersuchen. Ich möchte darüber hinaus die Bedingungen vermerken, unter denen die Eigenschaften verschiedene dimensionale Ausprägungen annehmen. Mit anderen Worten: welche Bedingungen führen dazu, daß Schmerz von einer bestimmten Person zu einem bestimmten Zeitpunkt als intensiv beschrieben wird, von einer anderen Person oder zu einem anderen Zeitpunkt aber nicht? Oder was veranlaßt die Schmerzqualität zu variieren, ist es die Quelle des Schmerzes oder erleben verschiedene Personen Schmerz unterschiedlich? Warum ist Schmerz manchmal kontinuierlich, manchmal intermittierend?

Abb. 39: Beispiel für ein Planungs-Memo (Strauss/Corbin, 1996, S. 179-180)

GEFAHR: Die Gefahr, wie man sie gewöhnlich im Hinblick auf den Patienten wahrnimmt, kann *fünf Ursachen* haben:

1. die Apparatur selbst einschließlich ihrer einzelnen Teile wie etwa Medikamente, die über die Apparatur angewandt werden;
2. die Verbindung (Anschluß) zwischen Apparatur und Körper;
3. der „Patient“ als Ensemble von Körpersystemen;
4. der Patient als Person (die sich bewegt, einen Willen hat, sich widersetzt usw.);
5. andere Therapien, die mit der Apparatur kombiniert sind oder diese ergänzen.

Anzeichen von drohender oder *unmittelbarer Gefahr*

Anzeichen haben verschiedene Eigenschaften:

1. wahrnehmbar – nicht wahrnehmbar
2. erwartbar – nicht erwartbar
3. usw.?

Anzeichen stehen in Zusammenhang mit „Zustand“ oder Bedingung des Apparate-Anschlusses, des Patienten, der Person.

Das bedeutet, dass der Interpretierende Anzeichen auch über den Zustand deutet; auch über die *Stufe* der Behandlung insgesamt und der momentanen Behandlung (erste Stunde, zweite Stunde usw.).

(...) .

Abb. 40: Beispiel für Theorie Memo (Strauss 1991: 156)

Abb. 40 gibt einen Ausschnitt des Theorie-Memos „Gefahr“ wieder. Im weiteren befasst sich dieses mit den unterschiedlichen Definitionen von Gefahr durch Personal, Patienten und Familie, mit den Problemen der Gefahrenvorbeugung und dem Patienten als Gefahrenquelle. Im Projektverlauf nehmen die Theorie-Memos naturgemäß an Umfang zu und können als integrative Memos eine beachtliche Länge erreichen - durchaus bis zu 10 Seiten und mehr. An dieser Stelle ist es deshalb nicht möglich, ein Beispiel für solche hoch aggregierten Memos abzudrucken. Man findet ein solches zum Thema „Sicherheit, Gefahr und Risiko auf der Intensivstation in Kinderkliniken“ in Strauss (1991: 176).

Strauss vergleicht Memos mit farbig codierten Karteikarten, die man fortlaufend anordnen und für immer wieder neue Aufgaben sortieren kann. Sie sollten für das Herstellen von Querbezügen leicht zugänglich sein und als ein „Lagerhaus für analytische Ideen“ (1996: 172) fungieren, dem man je nach Erfordernissen immer wieder Einzelteile entnehmen und neu anordnen kann.

Wichtig ist es, dass man sich beim Schreiben von Memos von den Texten löst und nicht die Texte lediglich deskriptiv wiederholt bzw. paraphrasiert. Es gilt, eigene Ideen zu entfalten und Theorien zu entwickeln. Eine analytische Distanz ist hierzu notwendig und das Schreiben von Memos ist ein wichtiges Hilfsmittel, um diese Distanz zu gewinnen. Memos, zumindest die aus den Anfängen eines Projektes, sind nicht primär für die Veröffentlichung gedacht, sondern dienen dem Forscher. Mit Fortschreiten des Projektes nehmen sie an theoretischer Qualität zu und können in Teilen in den Forschungsbericht eingearbeitet werden. Strauss gibt die dringende Empfehlung: „Memos handeln nicht von Personen oder von Handlungen, Vorfällen oder Ereignissen an sich, sondern sie beziehen sich auf Konzepte, die Abstraktionen dieser Handlungen, Vorfälle, Ereignisse und Geschehnisse darstellen.“ Resümierend könnte man raten: Verwenden Sie Memos konzeptionell!

6.3 Memos im QDA-Programm

Bei der Arbeit mit QDA-Software ist weniger die methodische Unterscheidung von verschiedenen Memo-Typen, wie Strauss sie vornimmt, von Belang, als vielmehr der Datentyp, auf den sich das Memo bezieht. Dieses kann sich beziehen:

1. auf *Textpassagen* - solche Memos entstehen bei Anwendung der Grounded Theory vor allem in der Phase des offenen Codierens
2. auf einen *Originaltext* in seiner Gesamtheit - so etwa bei einem Dokument-Summary im Falle eines narrativen Interviews, oder bei einer Zusammenfassung einer Argumentationslinie in der Argumentationsanalyse
3. auf das *gesamte Projekt* - das ist prototypisch bei theoretischen Memos in einer fortgeschrittenen Phase des Projektverlaufs der Fall
4. auf *Codes* - hierzu zählen z.B. Code-Memos im Sinne von Strauss oder auch Kategoriendefinitionen mit Ankerbeispielen in der qualitatitven Inhaltsanalyse

Außerdem können sich Memos auf Memos beziehen. Solche, in der Terminologie von Strauss „integrative Memos“ genannt, beziehen sich aber entweder auf integrative Konzepte, d.h. wiederum auf *Codes*, oder ihr Bezug ist auch wieder das gesamte Projekt, so dass sie nicht unbedingt vom dritten Typ unterschieden werden müssen.

Memos lassen sich einerseits mit gelben Post-it-Zetteln vergleichen, die man an die Bezugsstelle anheftet. Andererseits ähneln sie Karteikarten, die man nach beliebigen Kriterien sortieren kann und die man nach dem Vorkommen bestimmter Worte durchsuchen kann.

Memo Typ	*Memo bezieht sich auf*	*Technische Realisierung*
Text-Memo	Textpassagen	Anheften des Memos an die entsprechende Textstelle
Code-Memo	Codes	Anheften des Memos an den entsprechenden Code
Dokument-Memo	ein Dokument (Primärtext) in seiner Gesamtheit	Anheften des Memos an die erste Zeile des Originaltextes
Projekt-Memo	das gesamte Projekt	zwei Varianten sind möglich: a) Import eines „Dummy-Textes", der aus lauter leeren Zeilen besteht, und anheften dieser Memos als Text-Memos an diesen Text b) Definition eines entsprechenden Codes und Anheften als Code-Memo

Abb. 41: Übersicht über verschiedene Memo-Typen im QDA-Programm

Die meisten QDA-Programme sind in der Lage, Memos zu verwalten. Allerdings variieren die Fähigkeiten dabei relativ stark: Sie reichen von eher simplen Möglichkeiten, die lediglich vorsehen, dass für jeden Text ein „Document memo" eingegeben werden kann, bis hin zu relativ komplexen Optionen: Dem Memo kann ein Titel zugeordnet werden, Autor und Erstellungsdatum werden festgehalten, den Memos können Codes zugeordnet werden, Memos können untereinander verknüpft werden, Memos können nach verschiedenen Kriterien sortiert bzw. selegiert werden und anderes mehr.

6.4 Praktische Hinweise

In WINMAX wird zwischen Text-Memos und Code-Memos unterschieden. *Text-Memos* können an jede beliebige Textzeile geheftet werden, indem einfach in den Memosektor vor der entsprechenden Textzeile hineingeklickt wird und das Memo in die Dialog-Box eingegeben wird. Das Vorhandensein von Text-Memos wird durch gelbe Post-it-Zettel visualisiert.

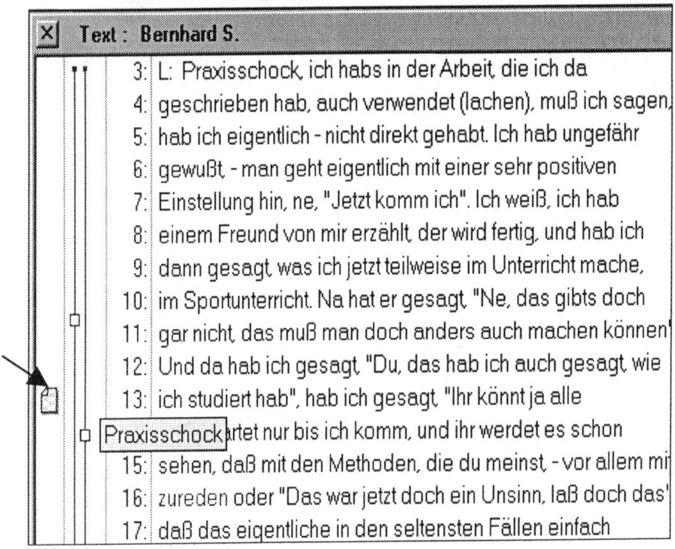

Abb. 42: Anzeige von Text-Memos in winMAX

Text-Memos sind jederzeit zugänglich, sie können gelesen und verändert werden, Teile von ihnen können für die Anfertigung eigener Texte kopiert werden. Zu einem Memo (Abb. 43) gehören folgende Bestandteile: Titel des Memos, Autor des Memos, Erstellungsdatum, zugeordnete Codeworte und Text des Memos.

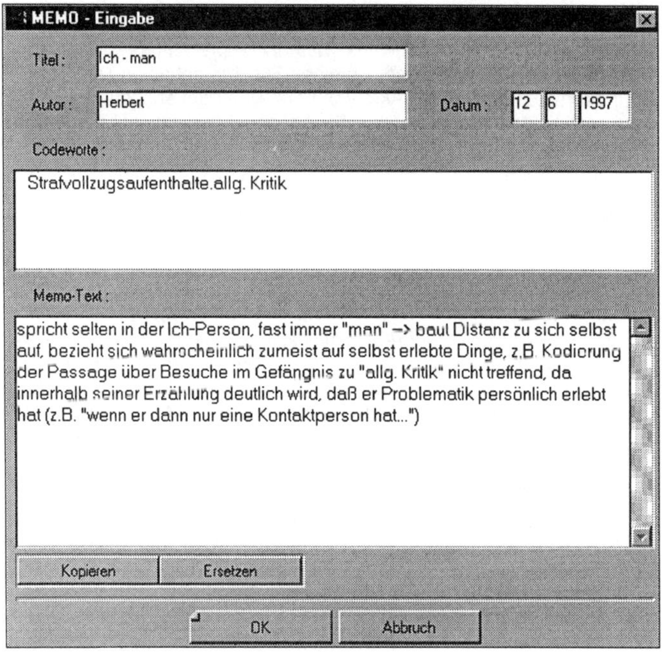

Abb. 43: Memoeingabe in winMAX

Zu jeder Kategorie und Subkategorie des Kategoriensystems können *Code-Memos* eingegeben werden. Die Code-Memos werden meist genutzt, um die Definitionen von Kategorien und entsprechende Ankerbeispiele festzuhalten. Abb. 44 gibt ein Beispiel aus dem Projekt „Umweltkommunikation" wieder, nämlich die Definition der Kategorie „Sozietätsstiftende Imaginationen". Code-Memos werden direkt beim jeweiligen Code eingegeben. Sie haben äußerlich den gleichen Aufbau wie Text-Memos, d.h. auch hier können Autor und das Erstellungsdatum vermerkt und Codes zugeordnet werden. Empfehlenswert ist es, Textpassagen als Ankerbeispiele in solche Code-Memos einzufügen.

Code: Sozietätsstiftende Imaginationen

Codiert werden innerhalb dieses Themenkomplexes das Vokabular, die Bilder und Vorstellungen, die einen Zusammenhalt und die Verbundenheit zwischen den Akteuren herstellen oder stützen und stärken. Die sozietätsstiftenden Imaginationen fokussieren auf das WIR. Differenziert wird zwischen den Komplexen 'Aktion' und 'Verstehen'.

1) Aktion

a) Handlung: Eine gemeinsame Sache durchführen, sich zusammen engagieren, mitdenken.

Beispiel:

„Deswegen treffen sich erst mal Leute in Arbeitsgruppen und versuchen, auch wenn sie sehr unterschiedliche Lebenserfahrungen haben und Dinge sehr unterschiedlich sehen, versuchen sie halt, gemeinsam irgendwas in die Gänge zu bringen. Also ich denke mir, das ist schon mal ein Grund, weshalb sehr unterschiedliche Leute in Arbeitsgruppen sitzen. Und was ich auch gut finde. Ich glaube, was nicht so entscheidend ist bei der Sache, ob da Fachleute drinnen sitzen oder nicht. Das spielt, denke ich, eine zweite Rolle nur."

b) Emotion: Gemeinsam Spaß, Freude haben.

Beispiel:

„Und es kommen ja nun mittlerweile doch einige über zwei Jahre und länger, über die Zeit, die das läuft, und ich denke, der Anreiz kommt ganz stark auch aus der Gruppe selbst. Das offene Gesprächsklima, sich auch gern zu sehen, bis hin - es ging ja sogar der Vorschlag schon mal, also der wurde dann zum Glück oder leider vom Tisch gefegt – Weihnachtsplätzchen zu backen, und die dann dahin zu bringen ... das ist auch, glaube ich doch, einmal geschehen, also ganz so gesellig wurde es dann in der Folge nicht, aber das zeigt schon so ein bißchen, daß auch menschliche Beziehungen natürlich da entstanden sind."

Abb. 44: Beispiel für eine Codedefinition

Memos, die sich nicht auf eine bestimmte Textstelle, sondern auf den gesamten Text beziehen, werden am besten an die ersten Zeilen des betreffenden Textes angeheftet. Freie Memos, die nicht mit einem bestimmten Text assoziiert sind, sondern sich auf das gesamte Projekt beziehen, werden zweckmäßigerweise an einen Dummy-Text („Theorie Memos") angeheftet. Alle allgemeinen, zusamenfassenden Memos heftet man an diesen Pseudo-Text an, der aus einer ausreichenden Anzahl leerer Zeilen bestehen kann. Ebenso lassen sich operative Memos an einen Dummy-Text „Feldarbeit/Stichprobe“ anheften, so dass sogleich alle Aufzeichnungen wiedergefunden werden können, die sich auf die Konzeption zukünftiger Datenerhebung richtet.

Hinweise zum Memo schreiben mit QDA-Software

Die erste Regel lautet: *Halten Sie die Memos kurz!* Memos sollten in der Regel überschaubar bleiben und nicht zu kleinen Forschungsberichten anwachsen (Ausnahme: integrative Theorie-Memos).

Die zweite Regel: *Gehen Sie sparsam mit Memos um!* Man muss sie leicht wiederfinden und für die weitere Arbeit benutzen können. Auch beim Durcharbeiten eines Buches macht es wenig Sinn, hunderte von Post-it-Zetteln anzufertigen. Verfügt man nicht über ein Wundergedächtnis, so wird man seine Zeit hauptsächlich mit dem Suchen und Lesen von Memos verbringen, die man da oder dort vermutet. Gerade in größeren Projekten verliert man leicht den Überblick. Memos müssen zahlenmäßig noch handhabbar sein! Also nicht etwa 100 Memos pro Text.

Memos können eine Art Module für zukünftige Forschungsberichte und eigene Texte sein. Man sollte sich vergegenwärtigen, dass das Hauptproblem der Datenauswertung in der qualitativen Forschung das der systematischen Zusammenfassung, der Zuspitzung auf den Punkt ist. Auch Memos erzeugen zunächst einmal noch mehr Material, noch mehr Daten. Den von Huberman/Miles (1983) beschriebenen „data overload“, die Gefahr, von den eigenen Datenmassen überrollt zu werden, sollte man nicht noch dadurch vergrößern, dass man zusätzlich Massen von Memos produziert.

Die dritte Regel im Zusammenhang mit Memos lautet: *Benutzen Sie Codes anstelle von kurzen Memos!* Auch zu kurze Memos sind wenig nützlich, d.h. solche die vielleicht nur aus einer Zeile bestehen. Will man unbedingt eine bestimmte Stelle markieren und mit einem kurzen Stichwort versehen, ist die Zuordnung eines Codes vorzuziehen.

QDA-Programme schaffen ganz andere Möglichkeiten zum Arbeiten mit Memos als der traditionelle Karteikasten, vor allem die Zugänglichkeit der Memos ist unvergleichlich besser und die Möglichkeiten zum Ordnen und Selegieren erreichen eine qualitativ völlig andere Dimension. Aus Hunderten von Memos lässt sich in Sekundenschnelle dasjenige ermitteln, in dem ein bestimmtes Thema angesprochen wird oder nur ein bestimmtes Wort vorkommt. Auch der Computer enthebt einen aber nicht des Problems, seine Memos so zu organisieren, dass man sie auch wiederfindet. So sollten Planungsmemos sich nicht an irgendeiner Stelle des Textes verstecken, wo man sie nicht ohne weiteres wiederfinden würde. Man kann beispielsweise eine Textgruppe für Planungsmemos anlegen und das Memo (auch) hier zuordnen. Eine andere Variante besteht darin, einen Code „Planungsmemos" zu definieren und diesen Code allen Planungsmemos zuzuordnen. So ist jedes Planungsmemo im Weiteren leicht zu finden, selbst dann, wenn es eigentlich an irgendeiner Textstelle verborgen ist.

Für das Arbeiten mit Memos ist es von existentieller Bedeutung, in welcher Weise die einmal geschriebenen Memos im Auswertungsprozess zugänglich sind und wie man die in den Memos enthaltenenen Informationen in einen Forschungsbericht transferieren kann. Alle Memos eines Projektes sind in WINMAX über den MEMO-MANAGER (Abb. 45) verfügbar.

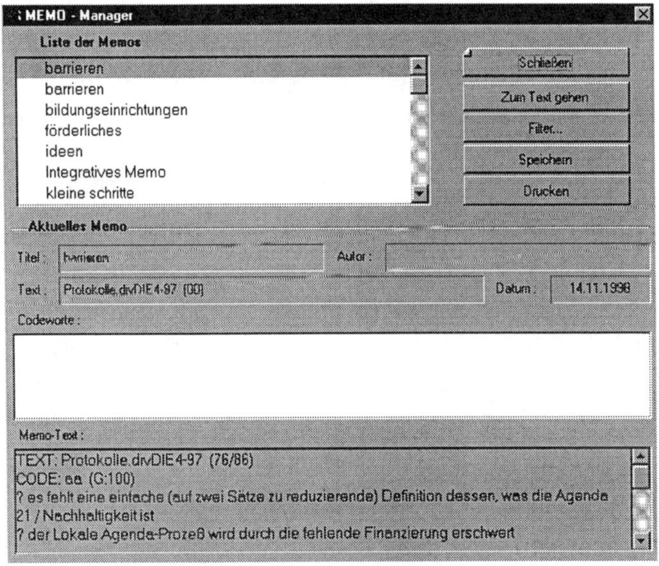

Abb. 45: Der Memo-Manager

Hier ist es möglich, durch die Memos zu blättern und vom Memo zur entsprechenden Textstelle zu springen. Der Memo-Manager besitzt einen Memo-Filter, mit dem die gezielte Auswahl von Memos aufgrund von fünf verschiedenen Kriterien möglich ist: nach Texten, nach zugeordneten Codeworten, nach Autor und Erstellungsdatum sowie nach dem Vorkommen eines Suchbegriffs im Memotext. Für bestimmte Fragestellungen lassen sich so die relevanten Memos zusammenstellen.

Arbeitsvorschläge

1. Öffnen Sie den Text „Interview1“, gehen Sie zu Zeile 150, lesen Sie die folgende Textstelle und halten sie

ihre Ideen über den hier geäußerten Wunsch „Aufleben des Kommunegedankens" in Form eines Memos fest.

2. Ordnen sie diesem Memo Codes aus dem Kategoriensystem zu.
3. Geben sie einen Teil der obigen Code-Definition für die Kategorie „Sozietätsstiftende Imaginationen" als Code-Memo ein.
4. Rufen Sie den Memo-Manager auf und geben Sie einen Suchausdruck (z.B: „Kommune") ein, nach dem in den Memotexten gesucht werden soll.
5. Sehen Sie sich das Memo an und gehen Sie vom Memo zur Textstelle, an die das Memo angeheftet ist.

7 Die Fallvariablen

7.1 Sinn und Zweck von Fallvariablen

Ein weiteres Werkzeug von QDA-Software stellen neben den Memos die Variablen dar. Zu den fortgeschrittenen Techniken der computergestützten Textanalyse gehört es, parallel zu jedem Text einen Datensatz mit Variablen zu verwalten. Diese Variablen haben den Charakter von globalen Variablen oder *Fallvariablen*, d.h. die Variablen beziehen sich auf den gesamten Text und nicht auf einzelne Textpassagen. Zu jedem Originaltext gehört also genau ein Datensatz. Dieses Analysewerkzeug „Variablen" war bereits im Programm THE ETHNOGRAPH, einem der ersten QDA-Programme Mitte der 80er-Jahre, implementiert und firmierte dort als „face sheet values". In Anlehnung an Lofland/Lofland (1984) dienten diese Variablen dazu, die Charakteristika jedes Originaltextes zu definieren.

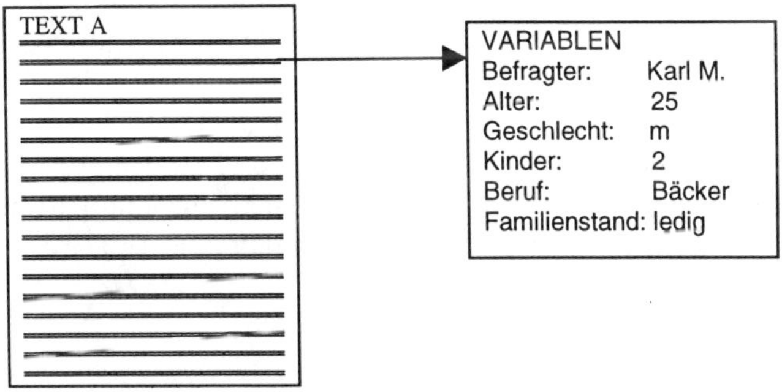

Abb. 46: Fallvariablen parallel zum Text

Der erste Verwendungszweck von Fallvariablen ist es also, Rahmendaten zu den Originaltexten zu speichern: In Interviewstudien erhebt man meist zu jedem Befragten eine Reihe von persönlichen Daten und Fakten, die sich am besten in standardisierter Form als Variablen festhalten lassen. Witzel (1982) empfiehlt in diesem Zusammenhang, parallel zu einem problemzentrierten Interview einen Kurzfragebogen zur Ermittlung solcher Daten einzusetzen, ein Verfahren, das im Forschungsalltag auch recht häufig praktiziert wird.

In manchen Handbüchern von QDA-Software findet man den Vorschlag, Fallvariablen als Codeworte zu definieren und diese dann dem gesamten Text zuzuweisen. Dies ähnelt der Verschlagwortung im Bibliothekswesen, bei der Deskriptoren einer Dokumentationseinheit zugewiesen werden. Man definiert beispielsweise ein Codewort „Geschlecht" mit den Subcodeworten „männlich"/„weiblich", markiert das gesamte Interview eines Befragten und weist den Code „männlich" zu. Dieses Verfahren ist allerdings umständlich und hat entscheidende Nachteile gegenüber der expliziten Definition von Fallvariablen. Faktisch können auf diese Weise nur Variablen mit Nominalskalenniveau gebildet werden, denn für jeden Variablenwert muss ein Code im Kategoriensystem erzeugt werden. Soll etwa das Einkommen der Befragten in Form eines Code festgehalten werden, sind vorab Einkommensklassen zu bilden, und zwar möglichst nicht zu viele, denn ansonsten entsteht ein kaum mehr überschaubares Codesystem mit hunderten von Codeworten.

Wenn man mit Fallvariablen arbeitet, entsteht eine rechteckige Datenmatrix, die so viele Zeilen aufweist, wie Texte vorhanden sind, und so viele Spalten, wie Variablen definiert sind (Abb. 47). Die Matrix lässt sich problemlos und ohne weitere Zwischenschritte oder Konvertierungen statistisch auswerten.

	Befragter	Alter	Geschlecht	Familienstand	Beruf
Interview 1	Karl M.	25	m	ledig	Bäcker
Interview 2	Susanne B.	31	w	verh.	Sekretärin
Interview 3	Monika H.	43	w	verh.	Ingenieurin
Interview n	..	..	..	..	..

Abb. 47: Datenmatrix der Fallvariablen

Fallvariablen spielen in der computergestützten qualitativen Datenanalyse nicht nur eine Rolle, um solche a priori vorliegende Fakten oder persönliche Daten zu speichern, sie können auch sinnvoll eingesetzt werden, um Resultate der Textanalyse in Form von Variablenwerten zu speichern.

Forschungsbeispiel

Hopf und Schmidt codieren die von ihnen geführten Interviews (vgl. oben Kap. 4.2) mit einem detaillierten, aus der Attachement-Forschung stammenden Kategoriensystem. Auf der Grundlage des „Adult Attachement Interview" werden in den offenen Interviews Fragen zur emotionalen Qualität der Beziehung zu den Eltern gestellt, etwa zu den Erfahrungen mit elterlicher Zuwendung und Zurückweisung (Hopf u.a. 1995: 84 ff.). Zur Erfassung dieser fallbezogenen Informationen wurden u.a. folgende Variablen gebildet:

Zuwendungserfahrungen (liebevolle, persönliche Zuwendung von seiten der Mutter) 1 wenig und mittel   2 viel   3 unklar
Erfahrungen mit elterlichen Versuchen der Begründung von Geboten und Verboten 1 keine oder kaum   2 eher ja (meist nur in einem mittleren Umfang) 3 unklar
Erfahrungen mit körperlichen Strafen 1 ja (mittel bis stark)   2 nicht oder selten   3 unklar

Je zwei Mitarbeiter codierten diese Einschätzungsdimensionen zunächst unabhängig voneinander. Die Zahl der Übereinstimmungen und Unterschiede wurde festgehalten, eine Inter-Coder-Reliabilität berechnet. Bei differenten Codierungen wurde argumentativ eine Einigung erzielt, wobei die Kategorienbeschreibungen eventuell präzisiert und ausdifferenziert wurden. Diese von Hopf als „kooperatives Codieren“ bezeichnete Vorgehensweise ist insofern von großem Interesse, weil hier der bei der qualitativen Datenanalyse häufig naiv praktizierte und nicht weiter thematisierte Codiervorgang Gegenstand ausführlicher Überlegungen und forschungstechnischer Regelungen ist:

> „Um ein möglichst gleiches Vorwissen in Bezug auf den Befragten zu garantieren und damit „Chancengleichheit“ der an der Vercodung Beteiligten herzustellen, hatten wir die Regel aufgestellt, daß die Person, die das Interview geführt hatte, nicht an der Vercodung beteiligt sein sollte. Wie sinnvoll diese Regel war, erwies sich auch bei der abschließenden Diskussion zur Vercodung, bei der wir zu bestimmten zentralen Kategorien die Codierungen anhand einzelner Fälle noch einmal in der gesamten Gruppe diskutiert haben. Hier zeigte sich, in welchem Ausmaß Einzelne die von ihnen geführten Interviews unter bestimmten Aspekten in Erinnerung behalten und schon während der Erhebung für sich „vercodet“ hatten.“ (Hopf/Schmidt 1995:63)

Fallvariablen, so kann man resümieren, sind Instrumente expliziter Codierung, die insbesondere im fortgeschrittenen Stadium des Analyseprozesses sinnvoll zum Einsatz kommen, wenn es nicht mehr um die Entwicklung von Kategorien geht, sondern um die zuverlässige Codierung des Materials mit anschließender statistischer Auswertung.

7.2 Die skalierende strukturierende Inhalts-analyse

Ein ausführlicher methodischer Vorschlag, wie das Hilfsmittel *Variablen* sinnvoll eingesetzt werden kann, findet sich bei Mayring (1988). Methodische Kontrolliertheit steht im Zentrum von Mayrings Konzeption der qualitativen Inhaltsanalyse. Die Ausgangsidee ist, „nicht in vorschnelle Quantifizierungen abzurutschen" (ebda: 86). Die qualitative Inhaltsanalyse will Texte systematisch analysieren, indem sie die Texte zergliedert und schrittweise bearbeitet und indem sie im theoriegeleitet am Material entwickelten Kategoriensystem die Analyseaspekte vorher festlegt.

Die schrittweise Bearbeitung und das theoriegeleitet entwickelte Kategoriensystem sind Charakteristika der Mayringschen Analyse. Im Mittelpunkt stehen Ablaufschemata wie das in Abb. 48 wiedergegebene, welches die strukturierende Inhaltsanalyse darstellt (Mayring 1988: 77). Mayrings Entwurf einer qualitativen Inhaltsanalyse hält an wesentlichen Elementen der klassischen Inhaltsanalyse fest, und zwar am analytischen Werkzeug der *Kategorien*, dem Anspruch der *Systematik* und dem Maßstab von *Gütekriterien*. Quantifizierungen werden in der qualitativen Inhaltsanalyse keineswegs ausgeschlossen, aber sie erfolgen erst nach einer sorgfältigen interpretativen Vorarbeit. Es bestehen somit klare Differenzen zur traditionellen Hermeneutik, und zwar in

- der Systematik
- der Theoriebezogenheit
- der Existenz von Kategorien
- der Anerkennung von Gütekriterien und
- der methodischen Kontrolliertheit

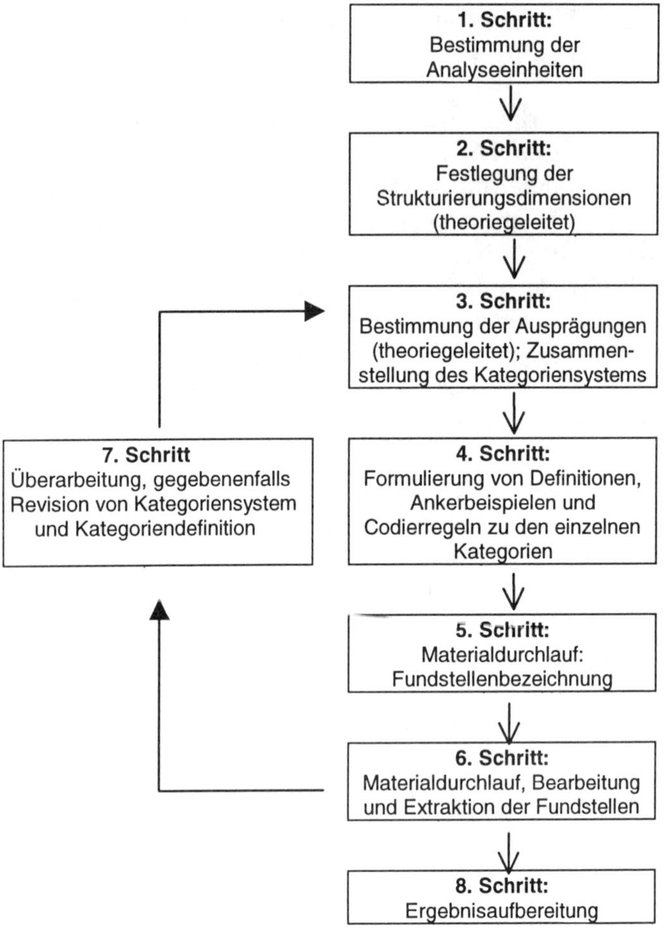

Abb. 48: Ablaufmodell strukturiender Inhaltsanalyse nach Mayring

Die Differenzen zur Grounded Theory - zumindest ihrer frühen Variante - sind unverkennbar, denn diese will sich schließlich ohne *Preconceived Theories* dem Material nähern, während hier für eine *theoriegeleitete Konstruk-*

tion des Kategoriensystems plädiert wird. Von den drei Grundformen der Inhaltsanalyse - Zusammenfassung, Explikation, Strukturierung - ist bei Mayring die Technik der *Strukturierung* methodisch am differenziertesten ausgearbeitet. Nach seinem Verständnis ist sie die bedeutsamste inhaltsanalytische Technik. Vier Formen strukturierender Inhaltsanalyse werden unterschieden: formale, inhaltliche, typisierende und skalierende Strukturierung. Die formale Strukturierung zielt auf formale Textmerkmale wie Satzbau, Sprecherwechsel, thematische Abläufe u.ä. Die inhaltliche Strukturierung zielt auf die Zusammenfassung der Themen oder inhaltlicher Aspekte, ganz ähnlich wie die typisierende Strukturierung, die das Material im Hinblick auf eine Typisierungsdimension durcharbeitet. Die skalierende Strukturierung hat gewisse Ähnlichkeiten mit der Valenzanalyse der klassischen Inhaltsanalyse. Solche Valenz- oder Bewertungsanalysen wurden in der Tradition der Inhaltsanalyse u.a. zur Bearbeitung der Frage eingesetzt, ob Zeitungskommentare Positionen der Regierung oder der Opposition wiedergeben. Die skalierende strukturierende Inhaltsanalyse arbeitet mit der Definition von Fallvariablen und soll deshalb hier etwas näher betrachtet werden.

Ziel der skalierenden Strukturierung ist es, eine bestimmte Struktur aus dem Material herauszufiltern. Sie will einen Querschnitt durch das Material legen und dieses aufgrund bestimmter Kategorien klassifizieren. Sie geht in drei prinzipiellen Schritten vor (Mayring 1988: 88):

- Definition von Kategorien - „Es wird genau definiert, welche Textbestandteile unter eine Kategorie fallen“
- Formulierung von Ankerbeispielen - „Es werden konkrete Textstellen angeführt, die unter eine Kategorie

fallen und als Beispiele für diese Kategorie gelten sollen“

- Aufstellung von Codierregeln - „Es werden dort, wo Abgrenzungsprobleme zwischen Kategorien bestehen, explizite Regeln formuliert, um eindeutige Zuordnungen zu ermöglichen“

Mindestens zwei Materialdurchläufe sind notwendig. Im ersten Durchlauf wird das Material daraufhin durchgesehen, welche Kategorien im Text angesprochen werden. Diese Fundstellen werden markiert (mit Textmarker o.ä.) und die Kategorie am Rand vermerkt. Im zweiten Durchlauf wird das so kenntlich gemachte Material extrahiert und im nächsten Schritt wird es zusammengefasst und auf Einschätzungsdimensionen bewertet. Bei den Einschätzungsdimensionen handelt es sich um Fallvariablen mit einer bestimmten Skalierung, z.B. mit der ordinalen Skala „viel“, „mittel“, „wenig“. Resultat dieser aufwendigen Form von Inhaltsanalyse ist die Charakterisierung der Einzelfälle durch Kategorienkombination und die Möglichkeit zu fallübergreifenden Generalisierungen.

7.3 Praktische Hinweise

In WINMAX kann eine Liste von Variablen global für das gesamte Projekt definiert werden (Abb. 49). Die Anzahl der Variablen ist nicht beschränkt, es können jederzeit Variablen aus der Liste entfernt oder an die Liste angefügt werden. Alle neuen Variablen werden über das Variablen-Menü von WINMAX definiert. Erlaubt sind numerische Variablen und String-Variablen (Zeichenketten). Im Hinblick auf die spätere Auswertung der Variablen mit Hilfe von Statistikprogrammen sollte man, wo immer dies möglich ist, den numerischen Variablentyp bevorzugen.

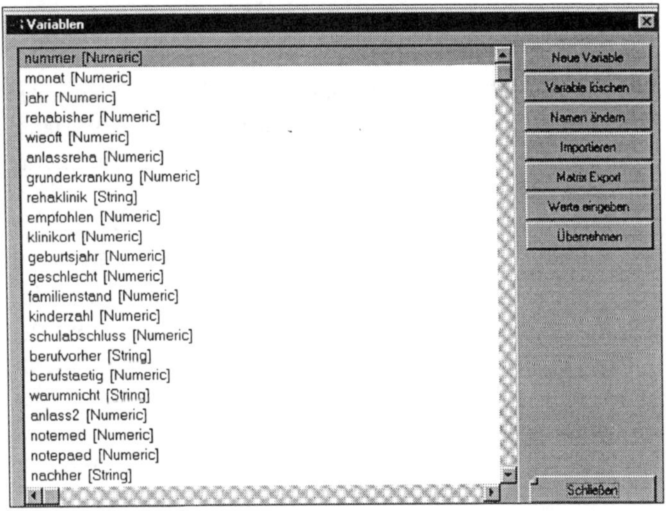

Abb. 49: Liste der Variablen im winMAX Variablenfenster

Auch bei der Wahl der Variablennamen sollte man vorausschauend handeln, denn wenn später die Variablendatei zu SPSS oder anderen Statistikprogrammen exportiert werden soll, müssen die Variablennamen so gewählt werden, dass Sie auch von diesen Programmen akzeptiert werden. SPSS erlaubt z.B. nur 8 Zeichen lange Variablennamen. Beim Datenimport schneidet SPSS die überzähligen Zeichen des Variablennamens einfach ab. Statistikprogramme verlangen zudem, dass ein Variablenname nur einmal in der Liste der Variablen vorkommt. Durch die Methode des Abschneidens zu langer Variablennamen kann es geschehen, dass Variablennamen mehrfach vorkommen, obwohl sie in ihrer ursprünglichen Form, d.h. in voller Länge, durchaus unterschiedlich waren. Variablennamen sollten deshalb von vornherein so gewählt werden, dass beim späteren Verkürzen des Namens keine Doubletten erzeugt werden.

Die Eingabe von Variablenwerten kann in WINMAX direkt beim Originaltext oder über das Menü VARIABLEN erfolgen. Bei der ersten Variante sind alle Variablen eines bestimmten Textes zugänglich, bei der zweiten Variante sind für eine ausgewählte Variable die Werte aller Texte verfügbar.

Abb. 49 zeigt die Variablenliste für das Interview mit der Nummer 2 aus dem Projekt „Rehabilitation und Pädagogik“, sie enthält alle Informationen, die mit Hilfe des Kurzfragebogens vor Beginn des offenen Interviews erhoben wurden. WINMAX kann die komplette Variablenmatrix einschließlich der Variablennamen in Form einer Datenbankdatei (dbf-Format) exportieren, so dass die Auswertung sofort mit statistischen Analysen fortgesetzt werden kann, ohne dass irgendwelche Variablenbeschreibungen oder Definitionen der Variablenmatrix eingegeben werden müssen. In gleicher Weise ist der Import von Datenmatrizen im dbf-Format möglich, was insbesondere nützlich ist, um Studien auszuwerten, die sowohl einen qualitativen als auch einen quantitativen Teil besitzen. Beispielhaft zu nennen sind hier Fragebogenerhebungen, deren Fragebögen sowohl standardisierte Fragen mit Antwortvorgaben als auch offene Fragen enthalten. Hier wird der standardisierte Teil in Form einer SPSS-Datei eingegeben und die offenen Fragen werden in der von WINMAX verlangten Form aufbereitet und importiert (vgl. oben Kap. 2). Über den Import der SPSS-Matrix können die verschiedenen Teile der Studie zusammengefügt und aufeinander bezogen werden.

7.4 Regeln für die statistische Analyse mit SPSS

Wenn die Fallvariablen mit Statistiksoftware ausgewertet werden sollen – und das ist ja meist der Fall, wenn dieses Werkzeug eines QDA-Programms benutzt wird -, so sind die vom jeweiligen Statistikprogramm auferlegten Restriktionen zu beachten. Das gilt als erstes für die Variablennamen, denn wenn später die Variablendatei zu einem Programm wie SPSS exportiert wird, müssen die Variablennamen so gewählt werden, dass sie dort auch akzeptiert werden (vgl. Kap. 7.3). Auch bei der Wahl der Variablenwerte muss man mit Weitblick handeln. Dies gilt vor allem für die Werte der String-Variablen. Häufig sind Statistikanalyseprogramme nicht in der Lage, lange String-Variablen zu analysieren oder sie vermögen dies nur mit Einschränkungen. Die Variablenwerte sollten deshalb so bestimmt werden, dass sie vom jeweiligen Statistikanalyseprogramm auch bearbeitet werden können. Dazu ist meistens ein Blick ins Programmhandbuch notwendig.

Die Variablenwerte aller Texte bilden eine Datenmatrix, die so viele Zeilen hat, wie Texte im Projekt vorhanden sind. Nach dem Import präsentiert SPSS diese rechteckige Matrix im Daten-Editor (Abb. 50). Jede Zeile entspricht nun einem Interview, z.B. hat der Befragte Nummer 1 in Abb. 50 im Jahr 92 an einer Reha-Maßnahme im Ostseebad Heiligendamm teilgenommen.

Nach dem Datenimport protokolliert SPSS die Liste der Variablen. Die Variablennamen werden auf maximal 8 Zeichen gekürzt, bei zu langen Namen gibt SPSS eine Meldung („Warning") aus.

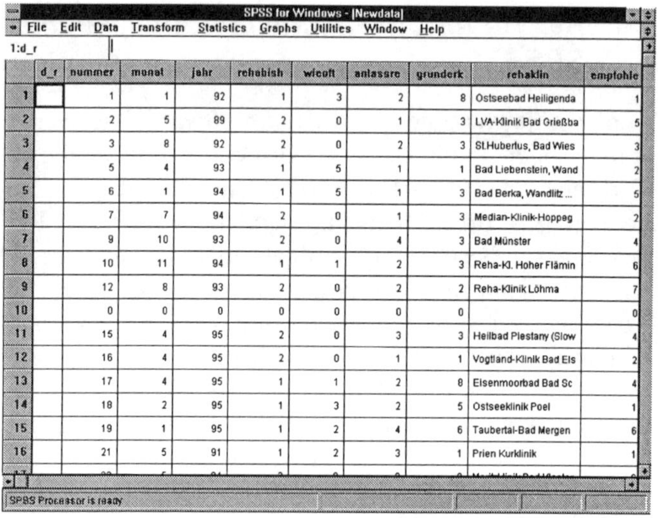

	d_r	nummer	monat	jahr	rehabish	wieoft	anlassre	grunderk	rehaklin	empfohle
1		1	1	92	1	3	2	8	Ostseebad Heiligenda	1
2		2	5	89	2	0	1	3	LVA-Klinik Bad Grießba	5
3		3	8	92	2	0	2	3	St.Huberlus, Bad Wies	3
4		5	4	93	1	5	1	1	Bad Liebenstein, Wand	2
5		6	1	94	1	5	1	3	Bad Berka, Wandlitz ...	5
6		7	7	94	2	0	1	3	Median-Klinik-Hoppeg	2
7		9	10	93	2	0	4	3	Bad Münster	4
8		10	11	94	1	1	2	3	Reha-Kl. Hoher Flämin	6
9		12	8	93	2	0	2	2	Reha-Klinik Löhma	7
10		0	0	0	0	0	0	0		0
11		15	4	95	2	0	3	3	Heilbad Piestany (Slow	4
12		16	4	95	2	0	1	1	Vogtland-Klinik Bad Els	2
13		17	4	95	1	1	2	8	Eisenmoorbad Bad Sc	4
14		18	2	95	1	3	2	5	Ostseeklinik Poel	1
15		19	1	95	1	2	4	6	Taubertal-Bad Mergen	6
16		21	5	91	1	2	3	1	Prien Kurklinik	1

Abb. 50: Matrix der Fallvariablen nach Import in SPSS

Arbeitsvorschläge

1. Definieren Sie für die Beispieldaten die folgenden neuen Variablen: Befragter (String), Alter (numerisch), Geschlecht (String), Bezirk (String).
2. Geben Sie folgende Daten für den Text „Interview2" ein: Hartel (Befragter), 29 (Alter), w (Geschlecht), Pankow (Bezirk).
3. Erstellen Sie ein Exportdatei der Fallvariablen zwecks Weiterarbeit in SPSS.
4. Sehen Sie die Variablenliste durch und verändern Sie die Variablennamen ggfs. so, dass für SPSS keine Doubletten entstehen.

8 Selektives Retrieval: Textsegmente und Fallvariablen kombinieren

8.1 Das Ziel: Subgruppen von Daten vergleichen

Moderne QDA-Software offeriert heute weitaus komplexere Verfahren als die in Kapitel 4 dargestellten Techniken des einfachen Text-Retrievals. Dazu gehören beispielsweise:

- das selektive Retrieval, bei dem die Fallvariablen als Kriterium zur Auswahl von Texten für das Retrieval herangezogen werden
- die Möglichkeiten zur komplexen Kombination von Codeworten, die über die oben dargestellten einfachen UND/ODER-Kombinationen hinausgehen und
- die Option zur Benutzung von Segmentgewichtungen („Relevanz-Scores") als zusätzliches Kriterium beim Retrieval

In diesem Kapitel wird das *selektive Retrieval* und die darauf aufbauende Themenmatrix vorgestellt.

Beispiel aus der Forschungspraxis

In Projekten der qualitativen Sozialforschung ist es, in Anlehnung an den Ansatz von Glaser/Strauss, üblich, eine Stichprobenauswahl nach dem Konzept maximaler Variation vorzunehmen. Kluge (1995) berichtet von einem Projekt am Bremer Sonderforschungsbereich 186 „Statuspassagen und Risikolagen im Lebensverlauf", in dem Untersuchungsgruppen von Haupt- und Sonderschülern nach diesem Konzept möglichst heterogen gebildet wurden. Die Stichprobenauswahl erfolgte anhand von drei Merkmalen: *Geschlecht*, *Einstieg in das Berufsbildungssystem* (berufsqualifizierend versus nichtberufsqualifizierend) und *schulischer Abgangsstatus* (mit bzw. ohne Hauptschulabschluß oder Abgang von der Sonderschule). Abb. 51 zeigt den realisierten Stichprobenplan.

		Ausbildung mit berufsqualifizierendem Abschluß		
Geschlecht	*Schulabgang*	ja	nein	Total
30 Jungen	HS mit Abschluß	13	4	17
	HS ohne Abschluß	-	4	4
	Sonderschule	1	8	9
30 Mädchen	HS mit Abschluß	14	9	23
	HS ohne Abschluß	-	4	4
	Sonderschule	-	3	3
Total		28	32	60

Abb. 51: Interviewplan nach dem Konzept der maximalen Variation (Kluge 1995: 5)

Bei der Analyse der Interviews erweisen sich nun selektive Retrievals als besonders nützlich. Bei diesen geht es darum, die zu einem bestimmten Code vorhandenen Textsegmente selektiv für die Zellen des Designs zusammenzustellen, also beispielsweise sich näher anzuschauen, was die 9 Mädchen mit HS-Abschluß, die nicht über einen berufsqualifizierenden Abschluß verfügen, im Interview geäußert haben. Diese Form der Analyse ist folgendermaßen zu realisieren: Die drei Kriteriumsvariablen der Stichprobenauswahl müssen als Fallvariablen erzeugt werden: Als Variablennamen wählt man beispielsweise „Geschlecht“, „Schulabgang“ und „Abschluss“. Folgt man den im Kapitel 7 gegebenen Hinweisen, dann ist es ratsam, die Variablen als numerische Variablen zu definieren. Nur dann lassen sie sich später auch umstandslos mit SPSS weiterbearbeiten. Nun sind noch die Variablenwerte zu bestimmen und es ist ein entsprechender Codeplan (Abb. 52) zu erstellen:

Variable	*Variablenwerte*
Geschlecht	1 männlich 2 weiblich
Schulabgang	1 HS mit Abschluss 2 HS ohne Abschluss 3 Sonderschule
Abschluss	1 ja 2 nein

Abb. 52: Beispiel für einen Codeplan

Bevor man das angestrebte selektive Retrieval durchführen kann, sind für alle Befragten die Werte dieser drei Variablen einzugeben. Das selektive Retrieval arbeitet immer mit einer Teilmenge der Texte: Mit Hilfe der Fallvariablen wird eine Bedingung formuliert und es werden nur die Texte für das Retrieval herangezogen, die diese Bedingung erfüllen (Abb. 53).

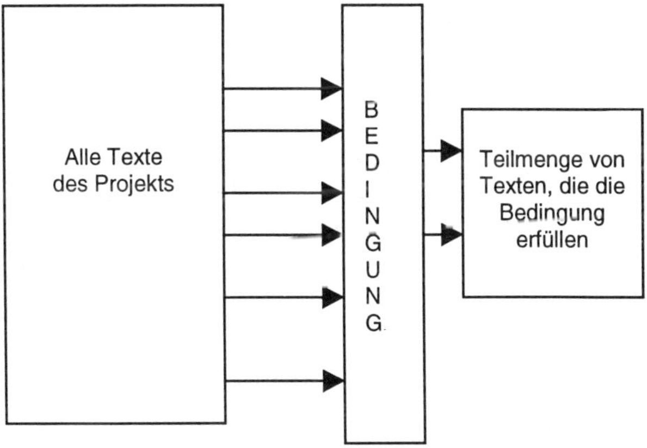

Abb. 53: Variablenwerte als Filter für das Retrieval

8.2 Praktische Hinweise

Die Aktivierung von Texten für das Retrieval kann in WINMAX nicht nur manuell, sondern auch automatisch durchgeführt werden. Bei der *logischen Aktivierung* übernehmen die Werte der Fallvariablen die Steuerungsfunktion für die Textaktivierung. Hat man wie im obigen Beispiel die Variablen „Geschlecht", „Schulabgang" und „Abschluß" definiert, so kann man Textauswertungen nur für bestimmte Zellen des Samples vornehmen, etwa nur für die Mädchen, die über einen Hauptschulabschluß, aber keinen berufsqualifizierenden Abschluß verfügen. Dieses Auswahlkriterium für die Textanalyse muss in formalisierter Weise eingegeben werden. Die Syntax für die Eingabe solcher logischen Bedingungen entspricht der von Statistikprogrammen. Alle logischen Bedingungen werden nach dem Schema *Variablenname Operator Wert* formuliert. Hier wurde das Geschlecht mittels der Variablenwerte „1" (=männlich) und „2" (=weiblich) codiert und die entsprechende Variable „Geschlecht" genannt. Zur Auswahl von Frauen ist dann die logische Bedingung „Geschlecht = 2" zu formulieren.

Selektionsbedingungen können beliebig komplex gestaltet werden, in dem man einzelne Bedingungen über „und" bzw. „oder" miteinander verknüpft. Selektive Retrievals von Textsegmenten für eine bestimmte Zelle des obigen Designs werden vorgenommen, indem eine logische Bedingung für die Auswahl der Texte formuliert wird, die alle drei Variablen miteinander verknüpft. Um die oben erwähnte Auswahl der 9 Mädchen mit Hauptschulabschluß, die nicht über einen berufsqualifizierenden Abschluß verfügen, zu realisieren, muss also folgende komplexe Bedingung formuliert werden:

(Geschlecht: Mädchen) UND (Schulabgang: HS mit Abschluss) UND (Abschluss: nein)

In der Formulierung der Variablen und Variablenwerte sieht dies wie folgt aus: *(Geschlecht=2) UND (Schulabgang=1) UND (Abschluss=2)*

In WINMAX werden solche Bedingungen mittels der Funktion LOGISCHE AKTIVIERUNG eingegeben (Abb. 54). Wenn man nach der Formulierung der logischen Bedingung die Funktion startet, werden alle Texte daraufhin evaluiert, ob die logische Bedingung zutrifft. Falls ja, wird der entsprechende Text aktiviert und seine codierten Textsegmente für die aktivierten Codeworte werden im Fenster LISTE DER CODINGS zusammengestellt.

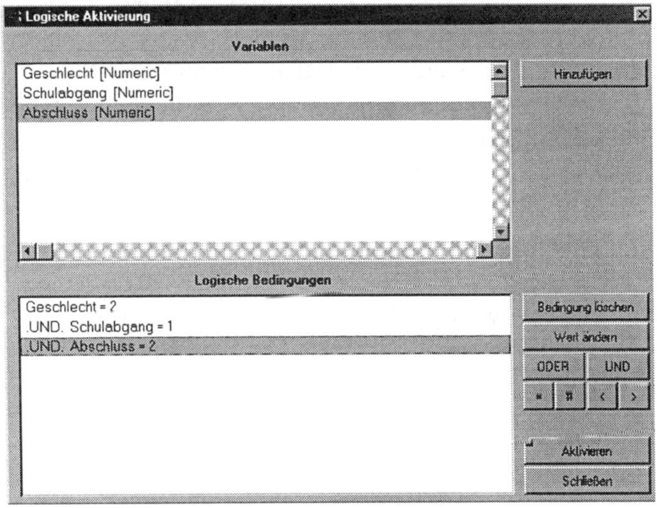

Abb. 54: Formulierung einer logischen Auswahlbedingung

Um andere Zellen des Designs zu selegieren, muss die logische Bedingung entsprechend umformuliert werden. Die korrespondierenden männlichen Probanden mit Hauptschulabschluß ohne berufsqualifizierenden Abschluss erhält man, wenn die erste Bedingung in „Geschlecht=1“ geändert wird und die beiden anderen Bedingungen beibehalten werden. Resultat des selektiven Retrievals ist wie beim einfachen Retrieval eine Zusammenstellung der codierten Segmente, die man ggfs. ausdrucken oder speichern kann.

8.3 Themenmatrix

Das übersichtliche Arrangement von qualitativen Daten in Matrizen ist ein Verfahren, das vor allem von Miles/Huberman (1994) vorgeschlagen wurde. Damit eine solche Matrixdarstellung nicht zu umfangreich wird, kann man normalerweise nur mit zweidimensionalen Matrizen arbeiten. Dreidimensionale Matrizen wie im obigen Beispiel werden auch dann, wenn man es mit dichotomen Dimensionen zu tun hat, leicht unübersichtlich, denn man hat es minimal mit 2 mal 2 mal 2, d.h. mit 8 Zellen zu tun. Ist ein Merkmal dreidimensional wie die Variable „Schulabgang“ in diesem Beispiel hat die Matrix bereits 12 Zellen.

Das gesamte Verfahren der Themenmatrix hat eine unverkennbare Ähnlichkeit mit der Kreuztabellenanalyse bei statistischen Auswertungen. Die Grundform sieht folgendermaßen aus:

	Merkmal X ja	*Merkmal X nein*
Merkmal Y ja	A	B
Merkmal Y nein	C	D

Abb. 55: Grundprinzip der Matrixanalyse

Die Inhalte der Matrixzellen A bis D erhält man durch selektive Retrievals, d.h. durch Formulierung der entsprechenden logischen Bedingungen. Das Feld A also über die Anweisung „Merkmal X= ja UND Merkmal Y= ja".

Welchen Gewinn hat man nun von einer solchen Matrix-Darstellung? Erstens erhält man, so Huberman/Miles, einen sehr guten Überblick über die Daten, zweitens kann man unmittelbar Vergleiche durch Gegenüberstellung von Matrixfeldern anstellen und drittens lassen sich derart übersichtlich aufbereitete Resultate auch der Scientific Community wesentlich besser und plausibler nahebringen.

Um die zwölf Zellen des obigen Beispiels zu bearbeiten, sind insgesamt 12 selektive Retrievals durchzuführen, jeweils mit einer anderen logischen Bedingung zur Auswahl der entsprechenden Befragten. In diesem Beispiel sind es allerdings faktisch nur 9 Durchläufe, weil drei Zellen des Designs leer sind. Man kann die für jede Zelle der Matrix zusammengestellten Textsegmente am Bildschirm lesen oder für intensivere Vergleiche ausdrucken. Eine gute Idee ist es auch, die Segmentzusammenstellungen zu speichern und zunächst im Textverarbeitungsprogramm zu editieren. Dort kann man die eventuell vorhandene Redundanz vermindern, Textstellen löschen oder zusammenstreichen. Am einfachsten lässt sich eine Matrix mittels der komfortablen Tabellenfunktion von Textverarbeitungsprogrammen erstellen. Man definiert eine Tabelle mit entsprechender Spalten- und Zeilenanzahl und platziert dann die mit einem selektiven Retrieval gefundenen Segmente in die entsprechende Matrixzelle. Werden für eine Zelle eine erhebliche Anzahl von Segmenten gefunden, so sollte man sich bemühen, diese zusammenzufassen bzw. ein möglichst repräsentatives Beispiel auszuwählen. Ebenfalls möglich ist die Synthetisierung bzw. paraphrasierende Zusammenfassung des gefundenen Sets von Segmenten. Für die Zusammenarbeit in einer Forschergruppe oder für Präsentationszwecke kann es auch nützlich sein, die Ergebnisse in Form einer Wandzeitung als übersichtliche Matrix zu montieren. Generell ist die Methode des selektiven Retrievals hervorragend geeignet, um Kontraste darzustellen.

Arbeitsvorschläge

1. Wie müßte bei dem obigen Stichprobenplan von Kluge die logische Bedingung zur Auswahl der 13 Jungen mit Hauptschulabschluß und Lehrstelle lauten.
2. Arbeiten Sie nun mit dem Beispieldatensatz „ProjektA". Führen Sie ein selektives Retrieval der mit der Kategorie „Erfolgskriterien" codierten Segmente für Interviewte aus dem Bezirk C durch.
3. Schränken Sie die Auswahl noch weiter ein, und wählen Sie nur die Frauen aus Bezirk C.

9 Komplexes Text-Retrieval: Gemeinsames Auftreten von Codes

9.1 Die Suche nach Mustern von Codierungen

Während die einfachen Techniken des Text-Retrievals noch weitgehend der Logik des Arbeitens mit den guten alten Karteikarten folgen, sind die komplexeren Techniken ohne Computersoftware gar nicht realisierbar. Diese Verfahren unterstützen wirkungsvoll die Theoriebildung und ermöglichen es, komplizierte Fragen an das Datenmaterial zu stellen. Im Kern geht es darum, Muster von Codierungen zu entdecken bzw. in den Codierungen nach empirischen Bestätigungen für vermutete Zusammenhänge zu suchen. Manche Autoren (Huber 1997; Hesse-Biber/Dupuis 1996) sprechen in diesem Kontext von „Hypothesen testen", einer Bezeichnung, die für jemanden mit einem traditionellen Hypothesenbegriff (vgl. etwa Schnell/Hill/Esser 1992: 42 f.) aber eher irritierend sein dürfte.

Bei den komplexen Formen des Text-Retrievals geht es um die Beziehungen der Codes bzw. Codierungen untereinander und um die Formulierung von Suchabfragen zum Zwecke des Wiederfindens codierter Textsegmente. Anders als beim einfachen Text-Retrieval werden Suchabfragen nicht nur mit einfachem ODER und einfachem UND formuliert, sondern es werden komplexere Operationen möglich: In natürlicher Sprache könnte man etwa formulieren: Suche nach Textpassagen, die entweder mit „Unterricht" (Code A) oder mit „Seminarlehrer" (Code B) codiert wurden und gleichzeitig mit „Befindlichkeit“ (Code C). Formalisiert heißt es dann: (A ODER B) UND C

Mittels Boolescher Operatoren lassen sich Suchabfragen formulieren, in denen die Operatoren ODER und UND vielfältig kombiniert werden. Auch können hierarchische Beziehungen von Kategorien zu Subkategorien Berücksichtigung finden. Suchabfragen dieses Grundmusters lassen sich zu sehr komplexen Gebilden erweitern, z.B.:

(A ODER B ODER D ODER F) UND (C ODER K) UND (L ODER M ODER N)

Nun sind nicht nur Zusammenhänge des Typs „gleichzeitiges Vorkommen“ bzw. „Überschneidung“ denkbar, sondern es existieren mehrere Grundformen der Relation von Codes. Die entsprechenden Algorithmen, die in fortgeschrittener QDA-Software implementiert sind, arbeiten mit drei Varianten von Operatoren:

1. Sequenz- und Entfernungsoperatoren (Nähe, Distanz, Eingebettetheit)
2. Überschneidungsoperatoren
3. Mengenoperatoren

Die Implementierung von Algorithmen zur Untersuchung solcher Typen von Code-Kombinationen ist in den letzten Jahren zu einem Hauptentwicklungsfeld von QDA-Software geworden (vgl. Kelle 1996: 318 ff.).

9.2 Sequenz- und Entfernungsoperatoren

Sequenzoperatoren dienen dazu, nach Mustern im Hinblick auf die *Abfolge* von Codes in einem Text zu suchen.

Der Operator *Gefolgt von* ist folgendermaßen definiert: Auf ein mit Codewort A codiertes Textsegment soll innerhalb von x Zeilen ein Segment folgen, das mit B codiert ist.

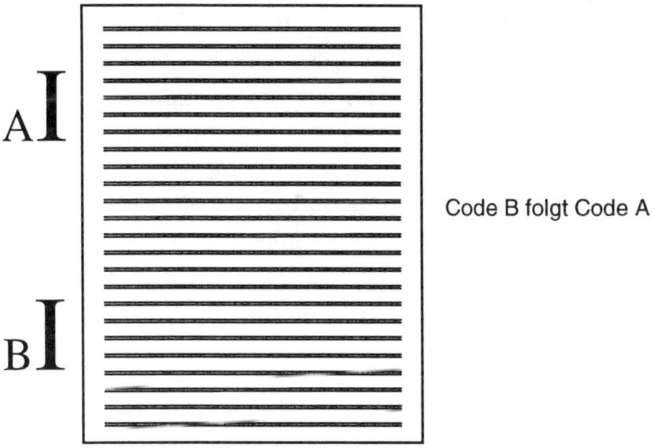

Man kann so z.B. erkunden, ob und wie häufig es vorkommt, dass das Codewort „Einsam in der Kur“ innerhalb einer Distanz von maximal 20 Textzeilen auf das Codewort „Mitpatienten“ folgen. Alle Texte des Projektes werden daraufhin durchsucht, ob diese Konstellation von Codierungen vorhanden ist. Man erfährt, wie oft die Kombination gefunden wird und erhält eine Zusammenstellung der entsprechenden Textsegmente. QDA-Programme, die diesen Typ von Operatoren anbieten, lassen die Wahl, ob bei der Zusammenstellung der Textsegmente nur die Segmente des Typs A, des Typs B oder beide in einer Liste ausgegeben werden.

Eine ähnliche Aufgabe wie Sequenzoperatoren haben *Entfernungsoperatoren.* Mit ihrer Hilfe wird nach Mustern im Hinblick auf die *Nähe* von Codes im Text gesucht. Taucht im Umkreis von Thema A immer Thema B auf?

Die Definition des Operators *Nähe* lautet: Wenn mit Codewort A codierte Segmente und mit Codewort B codierte Segmente sich innerhalb einer Distanz von x Zeilen befinden, dann wird die Fundstelle ausgegeben.

Segment B folgt im obigen Beispiel im Abstand von 10 Zeilen auf Segment A. Würde man für den Entfernungsparameter einen Wert von 9 oder kleiner wählen, dann würde diese Textstelle nicht mehr gefunden: B wäre zu weit von A entfernt. Neben der bloßen Angabe, ob solche Codeabfolgen vorkommen, offeriert QDA-Software verschiedene Arten der Resultatausgabe: In den Programmen NUD.IST und WINMAX lässt sich auswählen, ob Segment A, Segment B oder beide ausgegeben bzw. gedruckt werden.

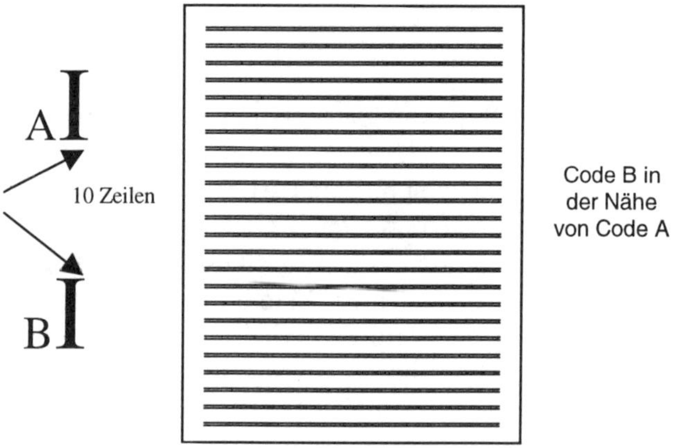

9.3 Überschneidungs- und Einbettungsoperatoren

Mit *Überschneidungsoperatoren* lässt sich ermitteln, ob sich im ausgewählten Set von Texten codierte Segmente befinden, bei denen sich zwei oder mehrere Codeworte direkt überschneiden. In QDA-Programmen findet man hierzu die Operatoren *Überschneidung* und *Überlappung*, die sich lediglich im Hinblick darauf unterscheiden, was dem Benutzer als Resultat des Text-Retrievals präsentiert wird. Im einen Fall sind es nur die sich direkt überschneidenden Textzeilen, im anderen Fall wird der gesamte Bereich vom Beginn des ersten Segments bis zur letzten Zeile des letzten Segments ausgegeben.

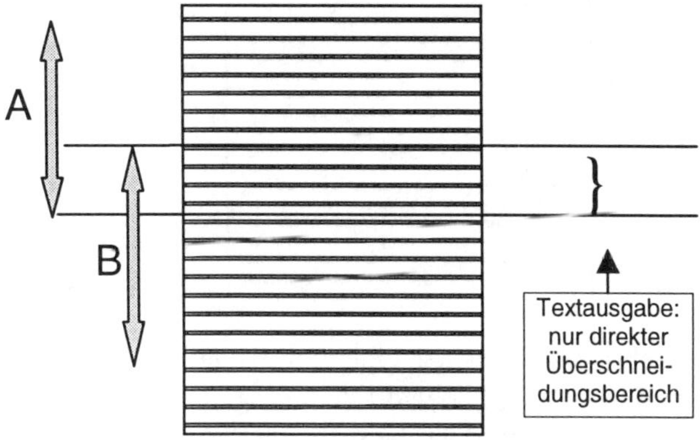

Einbettungsoperatoren untersuchen die Frage, ob bestimmte Codes immer im Rahmen größerer, mit einem bestimmten anderen Code codierter Abschnitte auftreten. Oder, gewissermaßen das Gegenteil zu dieser Konstellation: Man sucht nach codierten Segmenten außerhalb des Bereichs eines bestimmten Codes. Man kann sich etwa das Beispiel von Gruppendiskussionen vergegenwärtigen: Man sucht Textstellen eines bestimmten Sprechers zu einem bestimmten Thema (=Einbettung). Man sucht Textstellen zu einem bestimmten Thema, die nicht von einem bestimmten Sprecher stammen (=außerhalb des Bereiches).

Die Definition des Operators *Wenn außerhalb* lautet: Wenn sich ein mit Codewort A codiertes Segment außerhalb von Segmenten, die mit dem Codewort B codiert wurden, befindet, dann wird das betreffende Segment gelistet.

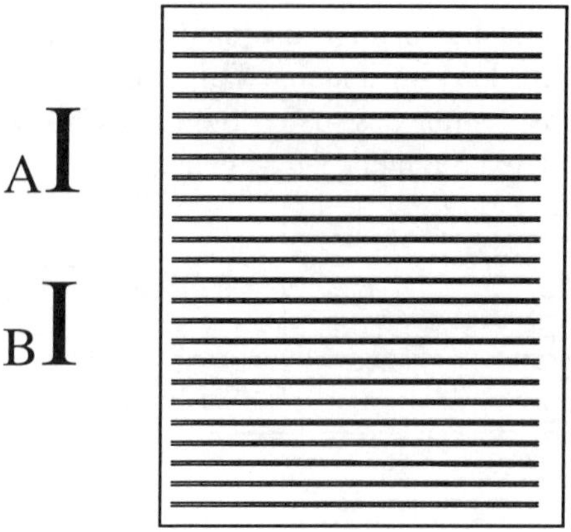

In diesem Beispiel wird A gefunden, weil es sich außerhalb von B befindet.

Umgekehrt hierzu ist der Operator *Wenn innerhalb* definiert: Wenn sich Codewort A innerhalb von Codewort B befindet, dann wird das betreffende Segment gelistet.

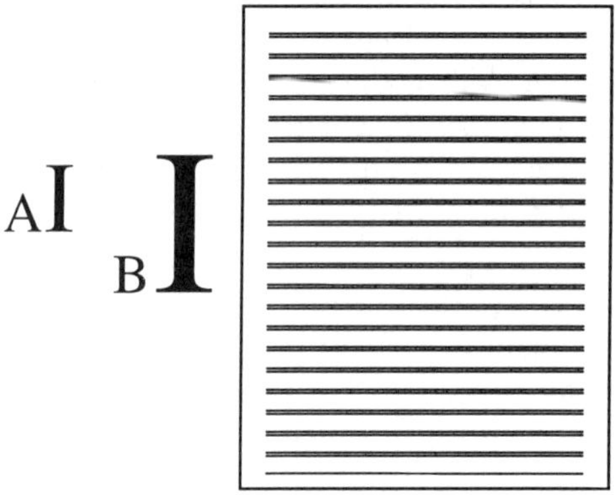

Das mit Code A codierte Segment liegt innerhalb von B.

In diesem Beispiel befindet sich A tatsächlich innerhalb von dem mit B codierten Segment, wird also bei Verwendung des Operators *Wenn außerhalb* nicht gefunden, jedoch bei der Verwendung des Operators *Wenn innerhalb*.

9.4 Mengenoperatoren

Verschiedene Mengenoperatoren wie *Nur*, *Weniger* und *Mindestens* machen es möglich, eine Auswahlliste von Codes zu erstellen und das Auffinden von Textsegmenten an das Vorliegen bestimmter Mengenbedingungen zu knüpfen. Es kann beispielsweise verlangt werden, dass eine bestimmte Anzahl von Codes der Auswahlliste vorhanden sein müssen, um das Segment zu listen. Andere Operatoren verlangen zu berücksichtigen, dass ein bestimmter Code gerade nicht zugeordnet ist.

Es gelten folgende Definitionen:

Operator *Nur:* Es werden nur solche Segmente ausgegeben, bei denen eines der Codeworte der Liste vorhanden ist, die anderen Codes aber nicht.

Operator *Weniger*: Es werden solche Zeilen der codierten Segmente gelistet, denen nur ein ganz bestimmtes markiertes Codewort einer Auswahlliste zugeordnet ist, aber keines der anderen.

Operator *Mindestens*: Es werden nur solche Textpassagen gelistet, wo eine bestimmte Mindestanzahl x von Codes einer Auswahlliste gleichzeitig vorhanden sind.

Im folgenden Beispiel würden, vorausgesetzt Code A und B wären in der Liste der Auswahlcodes, beim Operator *Nur* beide Segmente gelistet, denn in beiden Fällen haben wir die Zuordnung *nur* eines der selegierten Codes.

Die Funktion *Weniger* gleicht der Funktion *Nur* – allerdings arbeitet sie zielgerichteter nur für ein bestimmtes, vom Benutzer markiertes Codewort der Auswahlliste. Wäre A der markierte Code der Liste, würde das Segment A auch beim Operator *Weniger* gelistet, Segment B jedoch nicht.

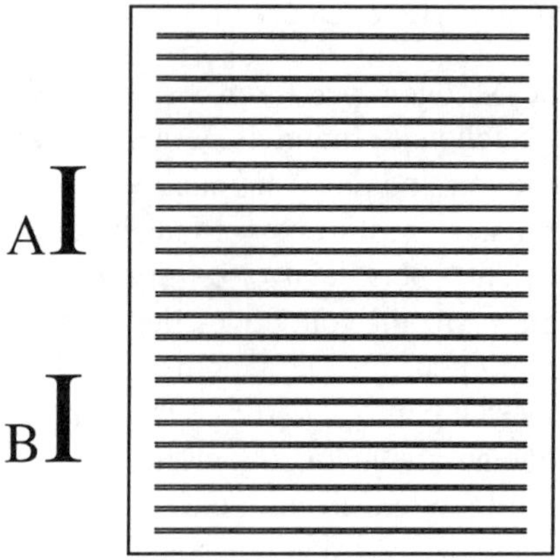

Angenommen, eine Liste mit den drei Codes (A, B und C) sei definiert und es sei verlangt, dass *Mindestens* zwei Codes der Liste zugeordnet sind, dann würde in diesem Beispiel die Textpassage, der sowohl A wie B zugeordnet ist ausgegeben, nicht jedoch das mit C codierte Segment.

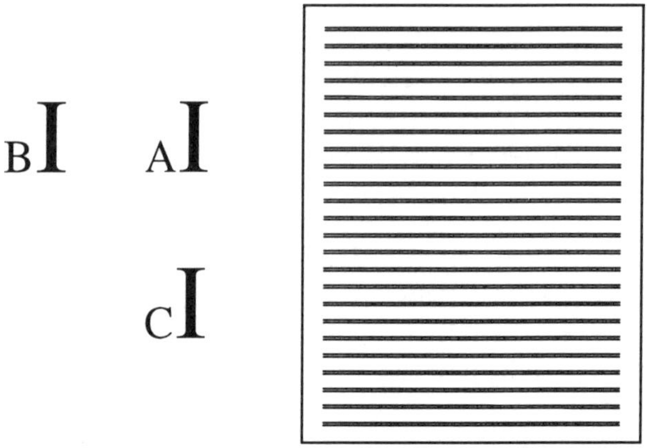

9.5 Hypothesenprüfung

Verschiedene Autoren betrachten die Suche nach dem gemeinsamen Auftreten von Codes nicht nur als ein heuristisches Hilfsmittel zur Datenexploration und Hypothesengenerierung, sondern begreifen dies als „Hypothesen testen" (vgl. Huber 1995; Hesse-Biber/Dupuis 1996). Eine inhaltliche Hypothese wird so formuliert bzw. operationalisiert, dass sie mit dem gemeinsamen Vorkommen von Kategorien überprüfbar ist. Hesse-Biber/Dupuis unterscheiden dabei zwischen zwei Situationen von Hypothesenprüfung. Zum einen kann es darum gehen, aus dem Datenmaterial einen theoretischen Rahmen zu entwickeln, induktive Theorieentwicklung zu betreiben und diese generierten Hypothesen dann auch zu testen. Zum zweiten können bereits zu Beginn des Forschungsprojektes vorhandene Hypothesen geprüft werden. Ausgangspunkt des Verfahrens ist die Bildung einer Matrix, die Informationen über die bei jedem Text vorgenommenen Codierungen enthält. Das Prinzip besteht nun darin, auf die Kategorien bezogene Wenn-dann-Statements zu formulieren und diese Statements im Datenmaterial zu überprüfen, etwa nach folgendem Muster:

1. Wenn jemand CDU wählt (Code „CDU-Wähler") und sonntags zur Kirche (Code „Kirchgänger") geht, nenne ich ihn *konservativ*.
2. Wenn jemand in seiner Familie Diskussionen mit den Kindern ablehnt (Code „Keine Diskussionen") und Gehorsam für ein Erziehungsziel (Code: „Gehorsamkeit") hält, nenne ich ihn *autoritär*.
3. Hypothese: Wenn jemand konservativ und autoritär ist, hat er wahrscheinlich Konflikte mit seinen Kindern (Code: „Konflikt mit Kindern").

Ziel des Verfahrens ist es hier, eine Hypothese über die Ursache von Konflikten zwischen Eltern und Kindern zu testen. Das Datenmaterial muss es erlauben, in dieser Hinsicht zwischen zwei Gruppen von Befragten zu differenzieren, nämlich solchen, die Konflikte mit ihren Kindern haben, und solchen, die keine Konflikte haben. Die Codes „CDU-Wähler", „Kirchgänger", „Keine Diskussionen", „Gehorsam" und „Konflikt mit Kindern" sind manifeste Codes, d.h. sie sind im Textmaterial codiert bzw. nicht codiert. Hingegen sind die Kategorien *konservativ* und *autoritär* Konstrukte des Forschers, die als logische Kombination von Codes gebildet werden.

Zur Vorgehensweise bei der Prüfung solcher Hypothesen gibt Hesse-Biber das in Abb. 56 abgebildete Beispiel aus ihrer Forschungspraxis. Das Beispiel besteht aus vier Wenn-dann-Statements, die von oben nach unten abgearbeitet werden.

1	IF THEN	I am makg high salary *AND* fabulous non trad job ADD HIGH WORK COMMITMENT
2	IF THEN	gets married and stays married *AND* wants kids ADD HIGH FAMILY COMMITMENT
3	IF THEN	HIGH WORK COMMITMENT *AND* HIGH FAMILY COMMITMENT ADD HI POTEN FOR WORK FAM CONF
4	IF THEN	HI POTEN FOR WORK FAM CONF *AND* (cmb wrk fam no problems OR successful) ADD CINDERELLA COMPLEX GOAL REACHED

Abb. 56: Liste einer Abfolge von Wenn-dann-Statements beim Hypothesentest (Weitzman/Miles 1995: 235)

Das erste Statement (Regel 1) bedeutet: Wenn ein Text die Codes „bekomme hohes Gehalt" (I am makg high salary) und „habe tollen Job" (fabulous non trad job) enthält, lässt sich daraus schließen, dass der Befragte einen hohen Grad an Engagement und Bindung an seine

Arbeit besitzt, und man kann diesem Text einen entsprechenden neuen Code „HIGH WORK COMMITMENT" zuordnen.

Die zweite Regel besagt: Wenn ein Text die Codes „ist verheiratet und will es bleiben" und „will Kinder" besitzt, dann kann man als Konsequenz den Code „HIGH FAMILY COMMITMENT" zuordnen. Nun könnte man für den Fall, dass eine Person sowohl eine hohes Engagement in Bezug auf die Familie wie die Arbeit aufweist (d.h. beide Codes sind zugeordnet), vermuten, dass es hier ein hohes Konfliktpotential gibt. Regel 3 ordnet diesen Personen eine entsprechende Kategorie zu („HI POTEN FOR WRK FAM CONF").

Der entscheidende Schritt wird in der abschließenden Regel 4 getan, die auf die vorangehenden Statements 1 bis 3 aufbaut. Wenn ein hohes Potential für Konflikte zwischen Arbeit und Familie vorhanden ist („HI POTEN FOR WORK FAM CONF") und der Befragte dies aber nicht wahrnimmt, dann sprechen die Forscher vom „Cinderella Komplex" und sehen ihre Hypothese bestätigt. Die beiden in Klammern stehenden Codes (cmb wrk fam no problems OR successful) gelten hier als Indikatoren dafür, dass jemand selbst keine Probleme darin sieht, die beruflichen und privaten Ziele zu vereinbaren. Ist dies bei einer Person der Fall, d.h. sind beide Codes zugeordnet, dann spricht Hesse-Biber davon, dass die Person *das Ziel der Hypothese* erreicht habe.

Das Hypothesentesten nach diesem Grundmuster besteht also aus einer Abfolge von Wenn-dann-Statements, die von den Basisannahmen („toller Job" + „hohes Gehalt" = „Engagement/Bindung bzgl. Beruf") über verschiedene Zwischenglieder bis zur eigentlichen Zielhypothese führen. Eine Art *Inferenzpfad* wird durchschritten: Für den Fall, dass bestimmte Codes oder Codekombinationen vorhanden sind, erfolgt die Zuweisung eines neuen Codes. Mehrere Wenn-dann-Zuordnungsregeln können hintereinander gestaffelt sein und aufeinander aufbauen. Sie führen zu einer finalen Entscheidung, ob die betrachtete Person (=der Fall) als Bestätigung der Hypothese zu werten ist. Die Evaluation der Wenn-dann-Kette wird für jede Person durchgeführt, so dass sich das gesamte Sample auf drei Segmente verteilt:

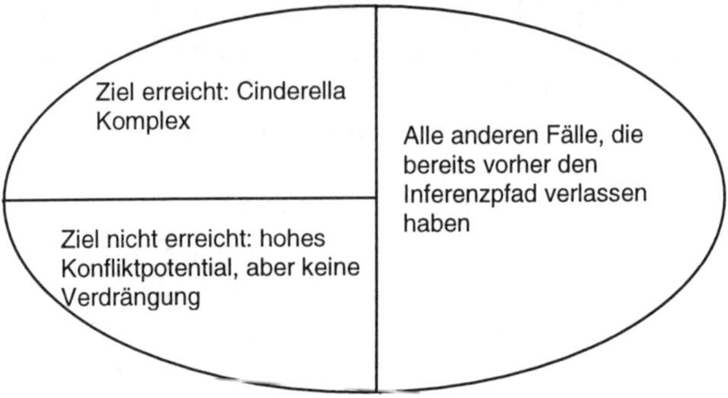

Abb. 57: Modell des Hypothesentestens bei Hesse-Biber

Das erste Feld (Hypothesen-Ziel erreicht) enthält die Anzahl der Personen, für die die Hypothese zutrifft, das zweite Feld beinhaltet die Anzahl der Personen, die das Hypothesen-Ziel nicht erreichen, obwohl alle Bedingungen hierzu vorhanden sind, und das dritte Feld der Tabelle enthält die Anzahl der Personen, die bereits zuvor eine Wenn-dann-Hürde nicht übersprungen haben. In diesem Beispiel etwa Personen, bei denen der Code „habe tollen Job" gar nicht zugeordnet ist.

Das von Hesse-Biber u.a. entwickelte Programm HYPER-RESEARCH verfügt über eine „hypothesis tester"-Funktion, mit deren Hilfe sich solche Wenn-dann-Statements formulieren lassen. Die Logik dieses Verfahrens lässt sich aber auch ohne weiteres mit anderen QDA-Programmen realisieren, die es erlauben, die Resultate von Retrieval-Prozeduren mit neuen Codes zu versehen. Die Bildung neuer Codes, wie sie hier praktiziert wird, geschieht ausschließlich auf der Basis der vorhandenen Codierungen und ihrer logischen Kombination. Das Verfahren ist äquivalent zur Berechnung neuer Variablen in SPSS mittels der dort implementierten If- Statements. Dort wäre etwa sinngemäß zu formulieren: If (CDU-Wähler eq 1 and Kirchgänger eq 1) Konservativ=1.

Der Ansatz der Hypothesenprüfung setzt voraus, dass nicht mit thematischen Codes, sondern mit *bewertenden Codes* oder mit *Aussagesätzen* als Codes gearbeitet wird. Betrachtet werden beim Hypothesentest immer die Codierungen auf Fallebene, nicht die codierten Segmente. Insofern eignet sich das Verfahren weniger zur „Feinanalyse" von Segmenten und ihren Codierungen als vielmehr zur Analyse von relativ hoch aggregierten Konzepten wie „hohes Konfliktpotential zwischen Berufs- und Familienengagement". Bewertende Codes – in der Terminologie von Hesse-Biber/Dupuis (1996) „directional codes" - codieren nicht nur das bloße Vorhandensein oder Nicht-Vorhandensein eines Themas oder Phänomens im Text, sondern stellen eine Bewertung dar. Es wird dann beispielsweise nicht mit den thematischen Kategorien „Selbstbild" und „Fremdbild" gearbeitet, sondern es werden bewertende Codes wie „positives Selbstbild"/„negatives Selbstbild" und „positives Fremdbild"/ „negatives Fremdbild" gebildet. Für diese vier Codes lässt sich auf Fallebene eine Vierfeldertafel erstellen:

	Fremdbild positiv	Fremdbild negativ
Selbstbild positiv	A	B
Selbstbild negativ	C	D

Abb. 58: Vierfeldertafel beim Hypothesentesten

Die Hypothese, ein positives Selbstbild gehe mit einem positiven Fremdbild einher, würde sich so auswirken, dass sich alle - oder doch zumindest die Überzahl - der Probanden mit positivem Selbstbild in der Matrixzelle A befinden und diejenigen mit negativem Selbstbild in der zweiten Matrixzelle D. Wenn dies der Fall ist, sprechen die Protagonisten des Hypothesentestens davon, dass die Hypothese bestätigt bzw. „wahr" ist (Huber 1996: 200 ff.).

Nimmt man solche Codierungen wie „positives Selbstbild" nun auf Fallebene vor, d.h. werden nicht nur die betreffenden Segmente mit „positives Selbstbild" bzw. „negatives Selbstbild" codiert, sondern das gesamte Interview bewertet, so entsteht eine Datenmatrix folgender Art.

	Selbstbild positiv	Selbstbild negativ	Fremdbild positiv	Fremdbild negativ
Person 1	0	1	1	0
Person 2	1	0	0	1
Person 3	1	0	0	1
Person n	0	1	0	1

Abb. 59: Matrix von „Wahrheitswerten"

In den Zellen der Matrix befinden sich die Werte 0 oder 1, je nachdem ob das jeweilige Merkmal vorhanden ist (1) oder nicht (0). Aus den Daten der Matrix lassen sich einfache und komplexe Wenn-dann-Fragen problemlos tabellieren. Ferner lassen sich auf dieser Basis neue Ergebnisvariablen erzeugen. In der obigen Vierfeldertafel könnte man den Personen mit positivem Selbstbild und positivem Fremdbild (Zelle A der Tabelle) einen entsprechenden Code „A“ zuordnen, desgleichen den Personen in den übrigen Zellen die Codes „B“, „C“ und „D“.[11]

Die neu gebildeten Codes beziehen sich bei diesen Prozeduren immer auf den einzelnen Fall wie sich in der Terminologie von Hesse-Biber auch der Begriff „Hypothese“ auf den einzelnen Fall und nicht auf das Sample bezieht. Sie spricht vom „success or failure of a given hypothesis on each case of a study“ (Hesse-Biber 1996: 355). Die Kriterien der Over-all-Hypothesenprüfung sind dabei nicht statistisch streng, sondern eher weich. So wird davon ausgegangen, dass eine Hypothese dann, wenn eine Mehrheit der Fälle dieser Regel folgt, „some degree of validity“ besitzt. Der gesamte Prozess des Testens der Hypothese beinhaltet keinen interpretativen, qualitativen Schritt mehr, sondern alle Codezuweisungen geschehen mechanisch aufgrund des Vorliegens von logischen Kombinationen. Die Codes höherer Ordnung sind reine Derivate und nicht wie in der Grounded Theory Resultat interpretativer und konzeptueller Arbeit. Wenn dies schon so ist, fragt sich allerdings, warum auf alle Abwägungen hinsichtlich der Zufälligkeit der Ergebnisse verzichtet werden soll. Exportiert man die komplette Matrix (Fälle * Codierungen) zu einem Statistikprogramm, dann lassen sich ohne Probleme alle Wenn-dann-Formulierungen und resultierende Variablenzuweisungen auch dort vornehmen. Gleichzeitig erzielt man aber Gewinne, weil nun Tabellenanalysen mit Signifikanztests durchgeführt werden können.

Der Weg über ein Statistikprogramm vermeidet es auch, dem Fehlschluß zu erliegen, eine Hypothese habe

[11] Ein systematisches Verfahren zur Auswertung solcher 0/1-Matrizen hat Ragin (1987, 1994) mit der Methode der logischen Minimierung entwickelt. Computerimplementationen hiervon finden sich in den Programmen QCA und AQUAD.

sich dann als „wahr" erwiesen hat, wenn in der obigen Tabelle mehr Personen in der Zelle A zu finden sind als in der Zelle B. Nicht unproblematisch erscheint der von Hesse-Biber propagierte, recht ungezwungene Umgang mit dem gesamten Vorgang des Hypothesentestens: Der Ratschlag, man möge, sofern sich Hypothesen als falsch erweisen, doch einfach die Operationalisierungen so lange verändern, bis sich das Ergebnis ändere, mag unter der Überschrift „Exploration von Beziehungen im Datenmaterial" noch gerade durchgehen, aber von Hypothesen *testen* kann dann sicherlich nicht mehr die Rede sein.

Kritische Aspekte

Ein problematischer Punkt des vorgenannten Ansatzes ist, dass eine induktiv an Daten gewonnene Hypothese schwerlich an den gleichen Daten bestätigt werden kann. Hierzu sei an dieser Stelle lediglich auf Max Webers Dictum hingewiesen, dass eine noch so plausible Deutung zunächst immer nur Hypothese ist und nicht mit einer kausalen Erklärung gleichgesetzt werden dürfe. Hierzu bedarf es, so Weber, einer neuen Stichprobe und einer entsprechenden statistischen Hypothesenprüfung[12] (vgl. Weber 1964: 7; Kelle 1996: 46 ff.; Kuckartz 1988: 57 ff.).

Die Konstruktion einer Datenmatrix von „Wahrheitswerten" macht im Analyseprozess die Texte selbst überflüssig. Ist die Matrix einmal konstruiert, so spielen für den Akt der Hypothesenprüfung die Texte keine Rolle mehr. Man sollte sich darüber im Klaren sein, dass man

---

[12] Verschiedene Wege der qualitativen Hypothesenprüfung diskutiert Kelle (1994: 364 ff.). Hierzu gehören beispielsweise die gezielte Erhebung neuer Daten (von Glaser/Strauss als „theoretical sampling" bezeichnet), wiederholte Befragungen („qualitative Panels"), kommunikative Validierung und die Überprüfung mit quantitativen Verfahren auf der Basis einer größeren Stichprobe.

mit dieser Vorgehensweise das Feld der interpretativen Analyse verlässt und sich in den Bereich der statistischen Analyse begibt. Dies hat Konsequenzen auf mehreren Ebenen. Erstens stellt sich bei den Codierungen natürlich die Frage nach der Zuverlässigkeit, denn die Analyse steht und fällt mit der Reliabilität der vorgenommenen Codierungen. Will man sich nicht dem Vorwurf aussetzen, die Resultate der Analyse seien durch die Methode produzierte Artefakte, so ist durch ein geeignetes Verfahren die Inter- und Intra-Coder-Reliabilität sicherzustellen. Aus dem Bereich der quantitativen Inhaltsanalyse sind hier Verfahren vorhanden und hinreichend erprobt (vgl. Merten 1996: 302 ff.).

Zweitens sollte man natürlich zur Kenntnis nehmen, dass man sich nun in einem Feld bewegt, in dem bereits hinreichend erprobte probabilistische Methoden existieren. Die Hoffnung, bei sozialwissenschaftlichen Fragestellungen mit deterministischen Zusammenhängen des Typs „wenn a, dann b" operieren zu können, dürfte sich wohl als zu naiv erweisen. Man bekommt es unweigerlich mit Varianz zu tun, d.h. man muss mit *Wahrscheinlichkeiten* operieren und abschätzen, wann man einen Zusammenhang in einer solchen Vierfeldertafel als *signifikant* bewerten will und wann als bloß zufällig. Damit ist man bei der Diskussion von Verteilungsmodellen und bei der Berechnung von Irrtumswahrscheinlichkeiten angelangt. In diese Richtung werden diese Verfahren unweigerlich getrieben: So wünscht sich Hesse-Biber für die Zukunft „certainty factors" für beides, für die Codierungen und für die untersuchten Zusammenhänge. Im Grunde existiert beides schon, für die Kreuztabellenanalyse in Form der Irrtumswahrscheinlichkeit und für die Codierungen in Form von Skalen höherer Qualität. Zum einen ist es denkbar, im obigen Beispiel die dichotome Skala der Selbstbild-/Fremdbildkategorien durch Ratingskalen zu ersetzen – so lässt sich dann erfassen, welches Ausmaß das positive Selbstbild aufweist (Einschätzungsskala) - zum anderen kann mittels einer Gewichtungsvariable festgehalten werden, wie sicher die Zuordnung aufgrund des Datenmaterials für die jeweilige Person ist.

9.6 Praktische Hinweise

In WINMAX werden die verschiedenen Möglichkeiten des Text-Retrievals über den CODING-MANAGER gesteuert (Abb. 60).

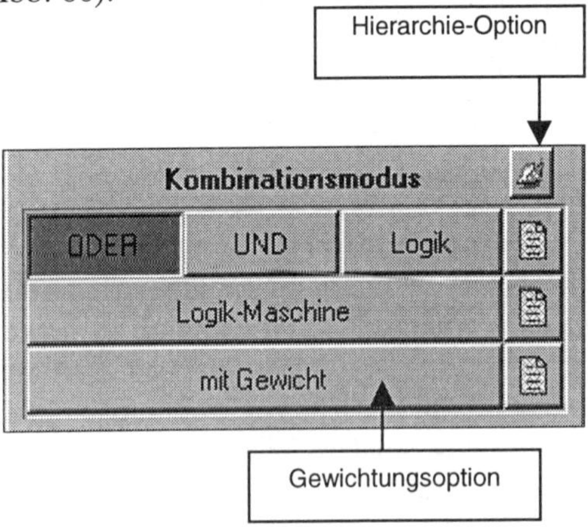

Abb. 60: Auswahl des Kombinationsmodus von Codes

Als Optionen für den Kombinationsmodus von Codes stehen zur Auswahl:

- ODER-Kombination, d.h. einfaches Text-Retrieval wie in Kap. 4 beschrieben
- UND-Kombination, d.h. einfache Kombinationen von Codes
- LOGIK, d.h. Formulierung komplexer logischer Bedingungen

- LOGIK-MASCHINE, d.h. Suche nach Mustern von Codierungen

Ferner können die Gewichtungsvariablen und die Kategorienhierarchien im Retrieval berücksichtigt werden.

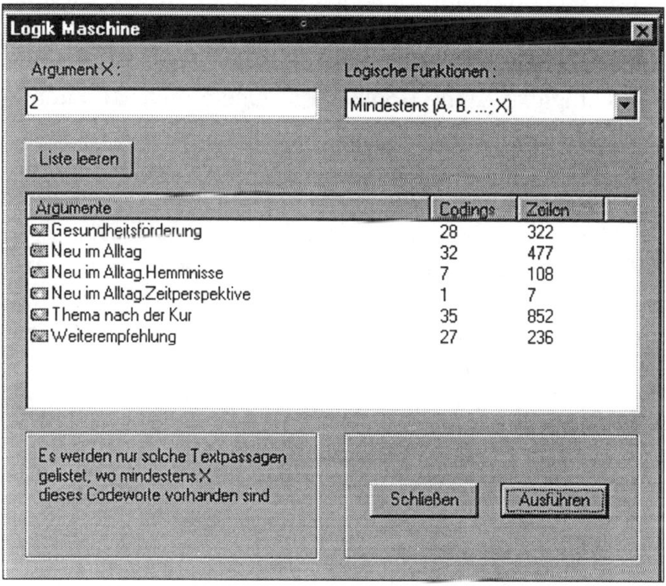

Abb. 61: Dic Eingabemaske bei der Funktion „Mindestens“

Die meisten Varianten zur Verknüpfung von Codeworten sind im Programm-Modul LOGIK-MASCHINE zusammengefasst. Zehn Varianten zur Suche nach CODEMUSTERN werden in einer Auswahlliste zur Verfügung gestellt, und zwar die Funktionen: *Gefolgt von, Mindestens, Nähe, Nur, Oder, Überlappung, Überschneidung, Weniger, Wenn außerhalb* und *Wenn innerhalb* (ausführlich hierzu die Abschnitte 9.1. bis 9.4).

Die Auswahl der Codeworte geschieht, indem die gewünschten Kategorien im Codewortbaum angeklickt werden. Abb. 61 zeigt die Realisierung der Funktion *Mindestens* mit WINMAX: Die Auswahlliste enthält hier sechs Codeworte (Gesundheitsförderung, Neu im Alltag etc.) und es wird verlangt, dass mindestens zwei Codeworte zusammen vorkommen sollen. Nach der Evaluation aller Texte werden als Resultat die entsprechenden Segmente im Fenster LISTE DER CODINGS ausgegeben.

Komplexe, mit Booleschen Operatoren arbeitende Suchanfragen lassen sich mit der Programmfunktion LOGIK ausführen. WINMAX offeriert ODER-Blöcke, die jeweils durch ein logisches UND miteinander verknüpft werden. Das folgende einfache Beispiel besteht aus zwei ODER-Blöcken: Angenommen, man sucht nach Textstellen, in denen es entweder um die „Bewertung des medizinischen Programms“ (Codewort A) oder um „Maßnahmen des medizinischen Programms“ (Codewort F) geht und in denen gleichzeitig von Aspekten der „Gesundheitsförderung“ (Codewort G) oder der „Beratung“ (Code K) die Rede ist. Angemessen wäre dann eine folgendermaßen formulierte Logik:

ODER-BLOCK 1:		ODER-BLOCK 2:
• Code A • Code F	UND	• Code G • Code K

Hat man das Werkzeug der Gewichtungsvariablen benutzt, um die Bedeutsamkeit von Textsegmenten für die Kategorie zu markieren, dann lassen sich die Werte der Gewichtungsvariable auch für den Retrieval-Vorgang benutzen: Es kann ein Wertebereich definiert werden, der für das Auffinden von Segmenten maßgeblich sein soll. In einer Dialogbox „Gewichtsfilter“ lässt sich ein minimaler und ein maximaler Wert einstellen. Sind dort z.B. die Werte 50 und 80 eingestellt, dann werden nur solche Textsegmente in das Retrieval einbezogen, deren Relevanz-Scores sich innerhalb des Wertebereichs von 50 bis 80 befinden. Diese Selektion wirkt sich auch auf alle in diesem Kapitel beschriebenen komplexen Retrieval-Techniken aus.

Ähnlich wie beim einfachen Retrieval lassen sich auch beim komplexen Retrieval automatisch die Subkategorien berücksichtigen. Voraussetzung ist, dass die Hierarchie-Option im CODING-MANAGER eingeschaltet ist. Ist dies der Fall, wird die Baumstruktur des Kategoriensystems beachtet, und es werden alle Verzweigungen eines Astes berücksichtigt. Führt man dann beispielsweise ein Retrieval mit Mengenoperatoren durch, werden alle Subkategorien der ausgewählten Codes bei der Evaluierung der Kombinationsbedingung einbezogen. Wird das Blattsymbol gewählt, werden die Suchprozeduren nur für die jeweilige Hierarchieebene durchgeführt.

Der große Vorteil des Arbeitens mit QDA-Software ist, dass auch bei der Anwendung komplexer Algorithmen zur Überprüfung der Relation von Codierungen immer auf das analysierte Originalmaterial zurückgegriffen werden kann. Der Kontext, in dem ein bestimmtes Textsegment steht, bleibt verfügbar, denn der das Segment umgebende Originaltext ist bei Programmen wie ATLAS-ti oder WINMAX sofort verfügbar. Reanalyse und Reinterpretation von bereits interpretierten Daten sind so zu jedem Zeitpunkt des Analyseprozesses ohne größeren Aufwand realisierbar.

Arbeitsvorschläge

1. Arbeiten Sie mit dem Beispielprojekt „ProjektA“. Suchen Sie nach Überschneidungen von „Erfolgskriterien“ und „Machbarkeitsprojektionen“. Schalten Sie die Hierarchieoption probeweise an und aus.

2. Suchen Sie nach dem Vorkommen des Codes „Erfolgskriterien/sozial“ in der Nähe des Codes „Sozietätsstiftende Imaginationen“. Experimentieren Sie mit verschiedenen Angaben für die Entfernungsangabe in Zeilen (z.B. 10, 20 Zeilen).
3. Stellen Sie alle Textsegmente für den Code „Wunschprojektion/sozial/gesellschaftliche Visionen“ zusammen. Lesen Sie die Segmente und ordnen Sie den Segmenten, die Sie für besonders wichtig halten, den Relevanz-Score 1 zu.
4. Führen Sie nun ein Text-Retrieval bei Einschaltung der Gewichtungsoption durch und setzen Sie für die Relevanz-Scores eine Bandbreite von 1 bis 10.

10 Praktisches Arbeiten mit Kategoriensystemen

10.1 Typen von Kategoriensystemen

Die Definition von Kategorien und Subkategorien spielt beim Arbeiten mit QDA-Software die zentrale Rolle für das Organisieren, Sortieren und spätere Wiederfinden von Textpassagen. Je nach Disziplin und Methode findet man unterschiedliche Bezeichnungen für die Kategorien: *Kategoriensystem, Indexsystem, Schlagwortkatalog, Stichwortverzeichnis, Coding System* oder lediglich *Codes*. Faktisch steht hinter dieser Vielfalt von Begriffen immer das gleiche Instrumentarium, nämlich eine gewisse Anzahl von analytischen Kategorien.

Kategorien können Phänomene auf sehr unterschiedlichen Abstraktionsebenen erfassen. Schon der Begriff Kategorien*system* kann in der Scientific Community der qualitativen Forscher nicht mit einhelliger Zustimmung rechnen, denn wer sich mehr am offenen Codieren der Grounded Theory orientiert und auf das *Emergieren* von Kategorien aus dem Datenmaterial setzt, der vermutet hinter dem Begriff „System" eine Vorab-Konstruktion von aufeinander bezogenen und gegeneinander abgegrenzten Kategorien, mit der er sich nur schwer anfreunden kann. Ob es sich aber bei den definierten Kategorien um ein *System* von Kategorien handelt, und wie die Eigenschaften des Systems definiert werden, ist Angelegenheit des Benutzers von QDA-Software. Die QDA-Programme schreiben hier ebensowenig bestimmte Eigenschaften von Kategoriensystemen vor, wie dies Karteikästen tun. Es ist die Entscheidung des Benutzers, ob sich beispielsweise die Kategorien eines Kategoriensystems gegenseitig ausschließen sollen, ob die Überlappung von Kategorien erlaubt wird und ob das Kategoriensystem induktiv aus dem Textmaterial gebildet wird.

Drei Typen von Kategoriensystemen lassen sich unterscheiden: lineare, hierarchische und netzwerkstrukturierte. Unter einem *linearen Kategoriensystem* ist eine sequentielle Liste von Codeworten zu verstehen, wie z.B. die folgenden thematischen Kategorien, die in einem Projekt über die Motivation von ehrenamtlichen Helfern (Carstens u.a. 1990) benutzt wurden: Anerkennungsaspekt, Beziehung zum Helfen, Beziehung zu den Klienten, Lebensphilosophie, Selbstreflexion, persönliche Kompetenzdefizite, Berufsorientierung und Aufstiegsorientierung.

Hierarchische Kategoriensysteme bestehen nicht nur aus einer solchen einfachen Liste von Codeworten, sondern setzen diese in Beziehung zueinander, und zwar dergestalt, dass einzelne Konzepte, wie etwa das Konstrukt „Einstellungen", in Form von Ober- und Unterkategorien erfasst werden. Solche hierarchischen Kategoriensysteme bestehen dann aus Einzelteilen nach folgendem Muster:

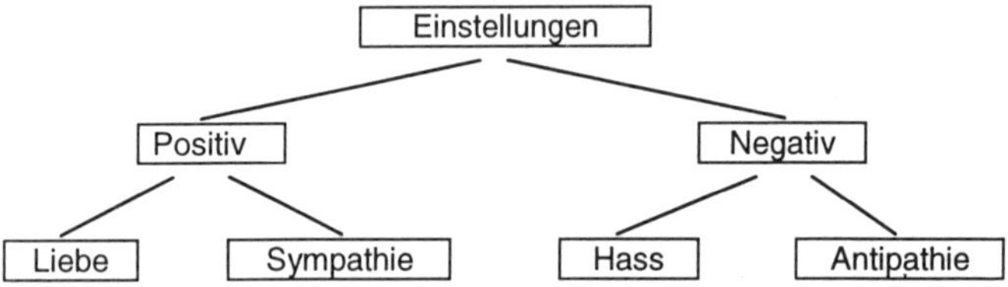

Das Arbeiten mit hierarchischen Kategoriensystemen ist in der qualitativen Sozialforschung weit verbreitet. Die Dimensionalisierung von Codes, wie von Strauss beschrieben (vgl. Kap. 3.2), stellt ein solches hierarchisches Konzept von Codes dar. Wenn Codes induktiv aus dem Material gewonnen werden, ist ihre Bündelung zu Hauptkategorien oder Oberkategorien eine gängige Praxis (vgl. Mayring 1996: 114 ff.).

Netzwerkstrukturierte Kategoriensysteme unterscheiden sich von hierarchischen dadurch, dass Beziehungen zwischen den Kategorien nicht auf hierarchische Relationen beschränkt sind. Ein solches Kategoriensystem kann beispielsweise folgende Struktur besitzen:

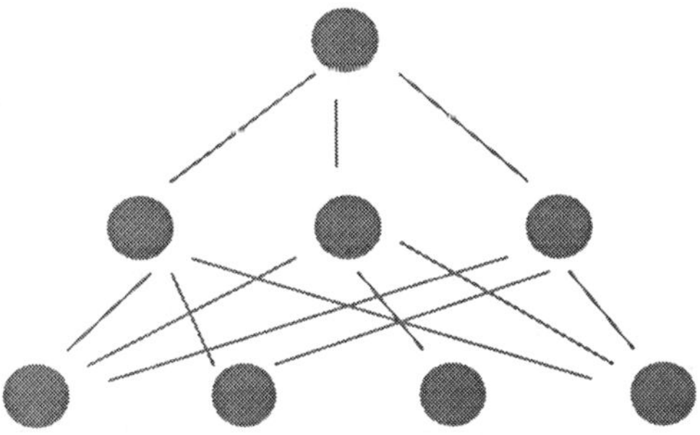

Solche Netzwerke sind aus der Mind-Mapping Technik bekannt. Die Idee, sie zur Analyse von sozialwissenschaftlichen Texten in der Forschung zu verwenden, ist relativ neu und es liegen bislang kaum Erfahrungen über den Ertrag vor. Der Vorteil eines netzwerkstrukturierten Kategoriensystems liegt in dem höheren Grad an Flexibilität, der Nachteil in der mangelnden Übersichtlichkeit und dem Verlust der einfachen Struktur. ATLAS/ti, das als einziges QDA-Programm netzwerkstrukturierte Kategoriensysteme erlaubt, handhabt Subkategorien so, dass sogenannte Codefamilien gebildet werden können, z.B. könnte in einer Gemeindestudie die Codefamilie „Akteure" solche Codes wie Bürgermeister, Bauunternehmer, Bürgerinitiative u.ä. umfassen.

10.2 Konstruktion von Kategoriensystemen: Induktiv oder deduktiv?

Über die verschiedenen Wege und Möglichkeiten, Kategoriensysteme aufzubauen, existiert nur wenig Literatur. Wie kann Software diesen Prozess der Konstruktion des Analysewerkzeugs *Kategoriensystem* unterstützen? Kann Sie das überhaupt? Generell gilt, dass es in den meisten Fällen wohl nützlicher sein dürfte, seine Daten zu ordnen und zu organisieren, als dies zu unterlassen. So wie auch in einem aufgeräumten Zimmer die Chance, etwas wiederzufinden, größer ist als in einem unaufgeräumten. Die Aufräummetapher macht es verständlich, dass auch der Vorgang des Aufräumens und Organisierens selbst von großer Bedeutung sein kann. Nicht der Vergleich von zwei statischen Zuständen (aufgeräumt/nicht aufgeräumt) ist es, der für das Organisieren spricht, sondern *beim Aufräumen* wird vieles entdeckt und wiedergefunden: Organisieren ist analysieren – das Codieren des Materials ist im Kontext sozialwissenschaftlicher Forschung eine *Theorie produzierende* Aktivität. Strauss formulierte „Codes are theoretical directives". Aber, auch dies muss ehrlicherweise gesagt werden, das Organisieren und Codieren von Texten macht häufig ebensowenig Spaß, wie das Aufräumen von Zimmern, es erscheint vielfach geradezu als das Gegenteil von Kreativität.

Die Bildung von Kategorien kann induktiv, aus dem Material heraus, oder deduktiv, auf der Grundlage eines theoretischen Ansatzes, geschehen. Man kann gewissermaßen bereits vor dem Aufräumen eine Schublade mit einer Aufschrift (z.B. „Lego-Steine") versehen oder erst beim Aufräumen eine solche Kategorie bilden. Das Beispiel zeigt, dass induktive und deduktive Kategorienbildung nicht so grundverschieden sind, wie dies in kontrovers geführten Diskussionen um qualitative *oder* quantitative Methoden oft erscheint. Die Kategorie „Lego-Steine“ wird nur dann aus dem Material *emergieren*, wenn bereits eine Vorab-Kategorisierung in den Köpfen, ein *Vor“urteil*“ im Sinne Gadamers[13] vorhanden ist. In der Forschungspraxis geschieht die Kategorienbildung häufig so, dass deduktive und induktive Vorgehensweisen miteinander verzahnt werden. Dort, wo das Vorwissen oder das Detailwissen über den Gegenstand der Analyse nicht ausreicht, wird man immer zur induktiven Kategorienbildung neigen. Hingegen wird es in Feldern, in denen bereits eine Menge an gesichertem Wissen vorhanden ist, ratsam sein, sich auch darauf zu beziehen und nicht der Fiktion der Tabula rasa zu erliegen.

Nach der schematisierenden Darstellung von Mayring (1996) lässt sich ein aus sechs Schritten bestehendes Ablaufmodell für die induktive Kategorienbildung skizzieren. In der Spalte „Beispiele bei Mayring“ der Abb. 62 sind Beispiele aus dem Projekt „Lehrerarbeitslosigkeit in den neuen Bundesländern“ angeführt.

	Schritte	*Beispiele bei Mayring*
1	Möglichst genaue Definition der Thematik der Kategorisierung	Kategorisiert wird die subjektive Bedeutung des Lehrerberufs, d.h. was dem Einzelnen der Lehrerberuf bedeutet, warum er ihn ergriffen hat und wie sein Selbstverständnis zu DDR-Zeiten aussah.
2	Vorgehensweise im Detail und Selektionsregel bestimmen	Die Interviewtexte werden in einer Zeile-für-Zeile-Analyse bearbeiten. Die Textstellen, die der obigen Fragestellung entsprechen, werden markiert und ihnen wird eine Auswertungskategorie zugeordnet.

[13] Gadamer argumentiert, dass ohne solche „Vorurteile“, die quasi Folge der Enkulturation des Einzelnen sind, Urteile gar nicht möglich wären (vgl. de Haan/Kuckartz 1996: 204 f.).

3	Neubildung von Kategorien	Für relevante Textstellen werden die Kategorien nahe am Text gebildet, z.B. wird der Textstelle „Die Freude am Beruf entstand durch viele Erfolgserlebnisse" die Kategorie „Freude am Lehrerberuf" zugeordnet.
4	Neubildung von Kategorien oder Subsumption unter eine schon bestehende Kategorie	Für alle weiteren relevanten Textstellen ist zu entscheiden, ob neue Kategorien zu bilden sind oder ob eine bereits definierte Kategorie zugeordnet wird.
5	Bilden von Oberkategorien	Das so entstandene Set von Kategorien wird geordnet, und es werden Oberkategorien, in diesem Falle sieben, gebildet.
6	Gegebenenfalls Bildung von noch höher aggregierten Hauptkategorien	In einem weiteren Schritte werden die 7 Oberkategorien zu 2 Hauptkategorien „Lehrer aus Freude am Beruf" und „Lehrer aus dem Engagement für den Sozialismus heraus" zusammengefasst.

Abb. 62: Ablauf induktiver Kategorienbildung nach Mayring

Mayrings Vorgehensweise bei der induktiven Kategorienbildung unterscheidet sich vom Verfahren der Grounded Theory. Dort gilt es eher, sich vom Text zu lösen, während hier die Kategorienbildung nahe am Text geschieht und eher einer zusammenfassenden Paraphrasierung gleicht.

In der Forschungspraxis wird man das induktive Codieren nur solange betreiben, bis das Kategoriensystem gesättigt ist, d.h. bis keine neuen Kategorien mehr auftauchen. In dem Augenblick, in dem man, wie Mayring in diesem Beispiel, Ober- bzw. Hauptkategorien gebildet hat, ist es natürlich zeitsparender, das verbleibende Datenmaterial nur im Hinblick auf diese Kategorien zu codieren.

Stammen die Kategorien nicht aus dem Material selbst, so spricht man von *deduktiven Kategorien*. Damit ist noch wenig über die Herkunft der Kategorien ausgesagt. Sie können aus der Theorie abgeleitet sein, aus anderen Untersuchungen stammen oder direkt aus dem Interviewleitfaden übernommen worden sein. Im Grunde ist es auch in dem obigen Beispiel für induktive Kategorienbildung so, dass in dem Augenblick, in dem nach einem Durchgang durch eine Teilmenge des Materials (laut Mayring 10 bis 50 %) das Kategoriensystem gesättigt erscheint und Oberkategorien gebildet werden, man es im Weiteren mit der Anwendung von deduktiven Kategorien zu tun hat, denn diese werden ja nicht mehr am restlichen Material neu entwickelt, sondern allenfalls weiterentwikkelt.

10.3 Wie viele Kategorien sind notwendig?

Noch vor einigen Jahren fand man in dem viel beachteten Buch von Renata Tesch (1990) den Hinweis, normalerweise würde in der qualitativen Forschung mit Kategoriensystemen gearbeitet, die zwischen 20 und 50 Codewörter aufweisen. Vermutlich aufgrund der seither weitaus besseren computertechnischen Möglichkeiten, mit differenzierten Codesystemen zu arbeiten, hat sich der Umfang der Kategoriensysteme seither stark verändert. Selbst dann, wenn nur relativ wenig Codes gebildet werden, wird die Möglichkeit, Subkategorien zu definieren, meist in Anspruch genommen In einem Projekt aus der Schulforschung findet man z.B. eine Definition der Kategorie „Kooperation“ mit fünf Subkategorien, die jeweils verschiedene Kooperationspartner bezeichnen:

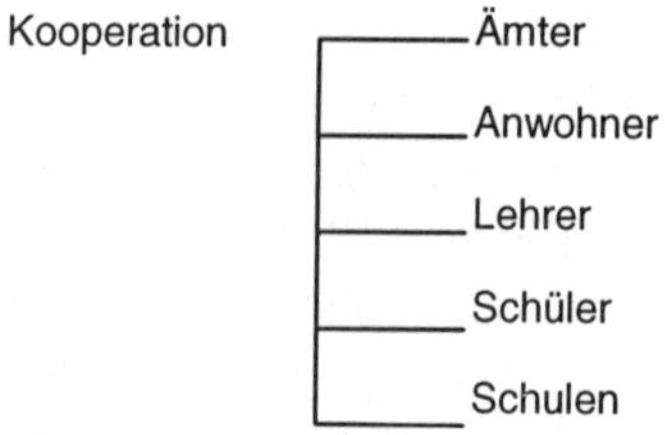

In einer Studie über Raucher arbeitet das Kategoriensystem mit drei hierarchisch gestaffelten Ebenen. Die Subkategorie *Image* besitzt hier sechs Subkategorien.

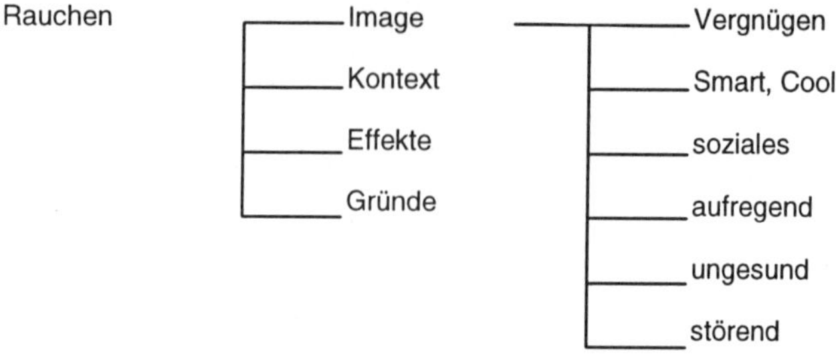

Die Verwendung von Subkategorien hat zur Konsequenz, dass sich die Gesamtzahl der verwendeten Codes meist jenseits der von Tesch anvisierten Zahl von 20 bis 50 bewegt. Die meisten Forscher operieren heute mit relativ umfangreichen Kategoriensystemen. Bei Auswertungen von Leitfadeninterviews findet man überwiegend Codewortsysteme, die auf zwei Ebenen ausdifferenziert sind. Die erste Ebene wird häufig vor der Auswertung des Materials festgelegt und folgt der Struktur des Leitfadens. Die zweite Ebene entsteht auf der Basis des Materials in Form induktiver Kategorien während des Auswertungsprozesses.

Je mehr es zum Alltag gehört, QDA-Software einzusetzen, desto häufiger findet man komplexere Codewortsysteme, die mittlerweile auch oft auf 3 Ebenen ausdifferenziert sind. Die gestiegenen technischen Möglichkeiten verlocken natürlich dazu, mit der Konstruktion von Kategoriensystemen zu „spielen". Kein Zweifel: Kategorien sind nützlich, sie lassen sich elektronisch einfach verändern und umorganisieren - aber dennoch: Das Codieren von Text kostet enorm viel Zeit und die zeitlichen und finanziellen Restriktionen im Forschungsprozess haben nicht selten zur Folge, dass nach dem Codieren und einem ersten interpretativen Durchlauf durch das codierte Material kaum noch Zeit verbleibt, um weitere komplexe Auswertungen in Angriff zu nehmen. Häufig gelangt man nicht viel weiter als zum „Initial Coding", obwohl man doch ein so mächtiges System zum Explorieren der Daten besitzt. Deshalb sei der Rat gestattet, den ersten Codierungsprozess eher zügig zu bewältigen, um wieder in eine Phase der Exploration einzutreten bzw. solche Textabschnitte erneut zu studieren, die zu bestimmten Kombinationen von Kategorien gehören.

Codieren ist nicht immer eine interessante und entdeckende Tätigkeit, sie kann im Forschungsalltag auch repetitiv und langweilig werden. Im Falle von Fakten-Codes etwa werden die Texte mehr oder weniger mechanisch auf bestimmte Merkmale hin durchgesehen und, falls diese gefunden werden, erfolgt die Zuordnung des entsprechenden Codes. Ähnlich verhält es sich, wenn bei einer Gruppendiskussion die Sprecher zu codieren sind oder bei einem Leitfadeninterview die zu den einzelnen Fragen gehörenden Segmente identifiziert und codiert werden. In diesen Fällen lassen sich die repetitiven Arbeiten aber vermeiden, wenn die Texte entsprechend vorbereitet werden, so dass die Möglichkeiten des automatischen Codierens genutzt werden können.

In den folgenden Abschnitten werden zwei kurze Beispiele für die Anwendung von deduktiven Kategorien gegeben. In Kapitel 10.4 geht es um Kategorienbildung in direkter Relation zu einem Leitfaden, in Kapitel 10.5 um ein Kategoriensystem, das auf den kategorialen Rahmen einer Argumentationstheorie aufbaut.

10.4 Einfaches Kategoriensystem in einer leitfadenorientierten Interviewstudie

Schauf/Schünemann (1995) führten eine Studie zur Jugendsozialarbeit/Jugendberufshilfe durch und untersuchten die institutionellen Rahmenbedingungen und die Probleme von Jugendlichen in der Übergangsphase zwischen Schule und Ausbildung. In diesem Kontext führten sie offene Gruppeninterviews und Experteninterviews mit Personen, die unmittelbar mit dieser Gruppe von Jugendlichen befasst sind, u.a. mit Lehrern, Ausbildern, Sozialarbeitern in der Jugendarbeit und Mitarbeitern der Jugendgerichtshilfe. Für die Interviews wurde ein Leitfaden entwickelt, der unter anderem folgende Fragen enthielt: Bereitet Schule ausreichend für den „Start ins Leben" vor? Welche Voraussetzungen sind wichtig, um auf dem Arbeitsmarkt erfolgreich bestehen zu können? Welche Schlüsselqualifikationen sind heute erwünscht? Ist die Berufsberatung zufriedenstellend? Gibt es genügend Ausbildungsplatzangebote in Maßnahmen? Wie werden die bestehenden Einrichtungen der Jugendhilfe eingeschätzt? Sind Folgen der Einigung Europas im Ausbildungsbereich bereits spürbar?

Von diesem Leitfaden ausgehend wurde ein Kategoriensystem (Abb. 63) gebildet und in systematischer Weise begann man, die Interviewtexte damit zu codieren:

Kategorie	*Subkategorie*
Abbrecher	Außerbetrieblich Betrieblich
Ausbildung	Außerbetrieblich Betrieblich Vergleichbarkeit Übernahme 1. Arbeitsmarkt
Berufsberatung	Fortbildung Kritik Zeitpunkt
Europa	Austausch Projektfinanzierung
Institutionen	Informationsstand Kooperation Öffentlichkeitsarbeit
....	
Perspektive der Arbeit	Berufsbilder Handlungsspielraum
Schule	Arbeitslehre Praktikum

Abb. 63: Kategoriensystem einer Jugendhilfe-Studie (Auszug)

Im Zuge der Codierung wurden einige Kategorien präziser definiert, bei anderen Kategorien entschied man sich, diese zusammenzufassen, und einige Kategorien wurden noch zusätzlich in das Kategorienschema aufgenommen. Diese Vorgehensweise ist relativ typisch für eine bestimmte Art von qualitativer Studie, nämlich für Auftragsstudien mit einem relativ genau vorgegebenen Fragenraster. Wenn man schon mit einem Leitfaden arbeitet, bietet es sich an, Kategorien in direkter Anlehnung an diesen zu definieren. Da die Codierung des Materials arbeitsaufwendig ist, werden im Auswertungsprozess in der Regel nur relativ geringe Veränderungen am Kategoriensystem vorgenommen. Stattdessen setzt man Schwerpunkte, ggfs. auch unter Berücksichtigung von Wünschen des Auftraggebers, und nimmt für einige ausgewählte Fragestellungen eine vertiefte Auswertung mit erneutem Materialdurchlauf vor. In diesem Forschungsprojekt wurden dazu Bewertungen des codierten Materials in Form von *Fallvariablen* vorgenommen (vgl. Schauf/Schünemann 1995).

Solche Fallvariablen wurden beispielsweise gebildet, um zu erfassen, *welcher Art* die geäußerte Kritik an der Schule ist und *wie* das Vorhandensein von Schlüsselqualifikationen bei den Schulabgängern beurteilt wird. Es wurde z.B. eine dreistufige Variable „Schulkritik" mit folgender Definition gebildet: „Welche Art von Kritik wird von den Experten zum Themenbereich Schule geäußert?" (Variablenwerte: 0= keine Aussage, 1= keine Kritik, 2= allgemeine Kritik, 3= konkrete, konstruktive Kritik). Diese erneute Klassifikation von Teilen des Datenmaterials macht es einfach, solche Fragen wie „Welche Befragtengruppe äußert die stärkste Kritik an der Schule" präzise zu beantworten.

Das Kategoriensystem reflektiert die aktuellen Forschungsfragen in diesem Feld der Jugendhilfeforschung. Es ist eher praktisch denn theoretisch ausgerichtet und in dieser Hinsicht durchaus charakteristisch für substanzwissenschaftlich orientierte Auftragsforschung.

10.5 Kategoriensystem einer Argumentationsanalyse

Ein anderer Typ von Kategoriensystem nimmt ähnlich wie Strauss' Codierparadigma seinen Ausgang von einem *formalen Schema der Systematisierung*, das theoretische Bezüge aufweist. Bei Glaser und Strauss ist es ein allgemeines Handlungsmodell, das als heuristischer Rahmen gesetzt wird und aufgrund dessen sechs formale Kategorien definiert werden: „Phänomene, auf die sich das Handeln richtet", „Kausale Bedingungen für diese Phänomene" etc. (vgl. Kapitel 3.2). Geschieht die erste Codierung der Texte auf der Basis eines solchen formalen Kategoriensystems, so erreicht der Analyseprozess von vornherein eine abstraktere Ebene.

Eine vergleichbare Vorgehensweise wählten Bukova und Hellstern (1995) für die Analyse von Argumentationen, einer in den Sozialwissenschaften des öfteren vorkommenden Aufgabenstellung. Die traditionelle quantitative Inhaltsanalyse offeriert nur Verfahren, die mehr an einfachen Textmerkmalen - Vorkommen von Wörtern, Auszählen von Themen, Vergleich von Wortbeständen - orientiert sind denn an komplizierteren Problemen der Semantik. Eine methodisch kontrollierte Analyse von *Argumenten* und Argumentationen, die den Ansprüchen einer Argumentations*theorie* gerecht wird, ist mit diesen Verfahren schwerlich möglich. Nun existieren nicht nur die Methoden traditioneller Inhaltsanalyse, die man für die Analyse von Argumentationen heranziehen könnte, sondern im Bereich der Philologien haben hermeneutisch orientierte Verfahren eine lange Tradition. Solche hermeneutisch orientierten Methoden sind auch in den Sozialwissenschaften verbreitet, beispielsweise die an Goffman (1980) orientierte „Rahmenanalyse“, doch mangelt es bislang an methodischer Präzision. Diese Verfahren haben eher den Charakter von Kunstlehren.

In einem Projekt zur Analyse der Hochschulreformdebatte unternahmen Bukova/Hellstern nun den Versuch, an eine aus dem Bereich der Sprachwissenschaften stammende Argumentationstheorie anzuknüpfen und die dort beschriebenen Verfahren in ein Analyseinstrumentarium umzusetzen. Angesetzt wurde an der Argumentationstheorie Toulmins, von der einige Grundelemente hier zum besseren Verständnis des gebildeten Kategoriensystems kurz beschrieben werden. Toulmin zufolge ist die Voraussetzung für eine Argumentation, dass ein Sachverhalt kollektiv fraglich ist und sozialer Druck in Richtung auf eine Lösung besteht.

Eine Argumentation ist der Versuch, etwas kollektiv Fragliches (Quaestio) mit Hilfe des kollektiv Geltenden (Argument) in kollektiv Geltendes (Antwort auf Quaestio) zu überführen (Bukova/Hellstern 1995: 3)

Kollektiv Geltendes wird von allen Mitgliedern der Sozietät anerkannt. Hierzu gehören faktische und normative Aussagen sowie solche, die besagen, wie von welchen Aussagen zu welchen anderen Aussagen übergegangen werden kann (Schließregeln). Bei Toulmin findet man dazu folgendes allgemeine Modell:

Datum:	Harry was born in London
Schließregel:	A man born in Britain will generally be a British citizen
Schluss	Presumably Harry is a British citizen

Die Quaestio, d.h. die Definition des Tatbestandes, ist bereits von entscheidender Bedeutung. Als Beispiel mag man sich den geplanten Bau eines Behindertenheims vor Augen führen und zwei unterschiedliche Problembeschreibungen, zum einen „Erwartbare Wertminderung von Anwohnergrundstücken" und zum anderen „Integration von Behinderten in die Gesellschaft". Die Konstitution eines Problems als Problem entscheidet zugleich darüber, welche argumentativen Problemzugänge als relevant zu gelten haben. Für die Akteure stellt sich die Aufgabe, kollektiv geltende Aussagen kohärent zu verknüpfen, so dass gewissermaßen logisch zwingend eine den Interessen des Akteurs entsprechende Antwort gefolgert werden muss. Unterscheiden lassen sich induktive, deduktive und metaphorische Schließregeln, wobei die metaphorischen Schließregeln (Analogiebeweise) die größte Überzeugungskraft besitzen. Besonders häufig werden Stereotype („Hausbesitzer sind Spekulanten") und soziale Topoi („Das BAFöG reicht nicht zum Leben") als Metaphern benutzt.

Codewortsystem für eine Argumentationsanalyse nach Bukova/Hellstern

1. Titel
2. Themen
3. Fragestellungen
4. *Instanzen*
   - Selbstexplikation
   - Kontaktierung
   - Reaktion auf Beiträge
   - Reaktion auf Reaktionen
5. *Teilaufgaben einer Argumentation*
   - Quaestio, welche
   - Quaestio, warum
   - Aussagen
     - *begründet*
       - Stereotyp
         - Begründung
       - Topos
         - Begründung
       - Unmetaphorisch
         - Begründung
     - *unbegründet*
       - Stereotyp
       - Topos
       - Unmetaphorisch
   - Aussagen verknüpfen
   - Bezug zur Opposition
   - Schließregel
   - Antwort auf Quaestio

Abb. 64: Codewortsystem für eine Argumentationsanalyse nach Bukova/Hellstern

Aufgrund eines solchen argumentationstheoretischen Rahmens lässt sich ein Kategoriensystem konstruieren (Abb. 64). Für jeden Text werden die Punkte 1 bis 5 nacheinander durchlaufen, deshalb empfiehlt es sich auch, das

Kategoriensystem nicht alphabetisch, sondern in der Reihenfolge dieser fünf Punkte zu organisieren.

Wird das gesamte Textmaterial[14] mit diesen Kategorien codiert, so lässt sich die prozessuale Entwicklung eines Diskurses gut nachzeichnen. Bei der Analyse kann zwischen einer Makroebene und einer Mikroebene differenziert werden: Die zeitliche Entwicklung des gesamten Diskurses, die Verteilung der Themen über die Zeit (auch in quantitativem Sinne) sowie die Akteure stellen die Makroebene der Auswertung dar. Die Mikroebene befasst sich mit den vorgebrachten Argumentationen und Argumenten im Einzelnen, d.h. mit deren Abfolge und Relationen in den einzelnen Diskussionsbeiträgen.
Es lassen sich folgende Forschungsfragen stellen:
auf der Ebene der Argumente:

- Welche Quaestiones dominieren? Wann?
- Welche Beziehungen haben die Argumente zu den Quaestiones?
- Das kollektiv Geltende: Was wird wann wie eingebracht? Welche Verschiebungen finden statt? Was wird zum kollektiv Geltenden in diesem Prozess?

auf der Ebene der Akteure:

- Wer greift wann in die Diskussion ein?
- Ändern sich die Akteure?
- Ändern sich ihre Argumente (Betrachtung einzelner Akteure im Zeitverlauf)?

auf der Ebene der Schließregeln:

- Welche Schließregeln werden verwendet?
- Welche Art der Beweisführung herrscht vor, eher induktive oder eher deduktive?

[14] Dieses bestand hier aus einer Totalerhebung aller Diskussionsbeiträge zu einer Hochschulreform in den Heften 1/90 bis 6/95 von 12 relevanten Zeitschriften.

- Welche metaphorischen Argumentationen, Stereotype und Topoi tauchen auf?

10.6 Kategoriensystem in einer Leitbildanalyse

In diesem Abschnitt wird ein drittes Beispiel für das Arbeiten mit Kategoriensystemen in der Forschungspraxis vorgestellt: die Bildung eines Kategoriensystems bei einer strukturierten Inhaltsanalyse nach dem Modell der Leitbildanalyse. Bei der Leitbildanalyse handelt es sich um ein vergleichsweise neues Verfahren der qualitativen Textanalyse, das seit Beginn der 90er-Jahre in sozialwissenschaftlichen Forschungsprojekten eingesetzt wird. Die Leitbildanalyse eignet sich zur Analyse verschiedener Datenarten, z.B. zur Auswertung von Gruppendiskussionen und offenen Interviews, aber auch zur Analyse von Filmen und Interaktions-, Organisations- und Gruppenprozessen, wie man sie typischerweise mit Mitteln der Feldforschung erhebt. Die Leitbildanalyse als ein analytischer Rahmen für empirisch-sozialwissenschaftliche Fragestellungen wurde Anfang der 90er-Jahre von der Abteilung *Organisation und Technikgenese* am Wissenschaftszentrum Berlin (WZB) entwickelt (vgl. Marz/ Dierkes 1992; Marz 1993) und in der Technikgeneseforschung eingesetzt.[15] Barben/Dierkes/Marz charakterisieren ein Leitbild folgendermaßen:

Leitbilder sind jene Vorstellungen über gegebene und herstellbare technische Möglichkeiten, die sich zu vorausdeutenden Technikentwürfen verdichten und als wahrnehmungs-, denk-, entscheidungs- und

[15] Dort ging es um Themen wie „Leitbilder in der Technikgestaltung“, „Das Leitbild der künstlichen Intelligenz“, „Das Leitbild der posthumanen Vernunft“ und „Leitbild und Diskurs“ (vgl. Marz 1993; Marz/Dierkes 1992; Barben/Dierkes/Marz 1993).

handlungsleitender Orientierungsrahmen für individuelle und kollektive Akteure in Netzwerken der Technikgenese und Technikimplementation wirken. Dabei sind Leitbilder zumeist nicht nur technischer, sondern auch sozialer Natur: Sie enthalten, implizit oder auch explizit, bestimmte Menschen- und Gesellschafts-, Welt- und Naturbilder. Betonen Leitbilder einerseits immer bestimmte Aspekte, so blenden sie andererseits aber immer auch bestimmte Aspekte aus. (Barben/Dierkes/Marz 1993: 6)

Als empirische Methode wurde die Leitbildanalyse in zahlreichen Forschungsprojekten der sozialwissenschaftlichen Umweltforschung eingesetzt[16], sukzessive weiterentwickelt und zu einem codifizierten textanalytischen Verfahren ausgearbeitet. Ausgehend vom in der Technikgeneseforschung ausgearbeiteten Leitbildmodell wurde ein textanalytisches Verfahren entwickelt, das in vielfältiger Weise auf Techniken des Codierens zurückgreift. Vom Grounded Theory Ansatz unterscheidet sich die Leitbildanalyse vor allem dadurch, dass nicht mehr oder weniger offen und wenig strukturiert die subjektiven Interpretationen der Akteure zum Forschungsgegenstand gemacht werden, sondern dass bereits zu Beginn des Auswertungsprozesses ein Systematisierungsschema und ein präzise definiertes Analyseziel existiert, nämlich die Identifikation von *Leitbildern* der Akteure. Das bereits zu Beginn der Analyse bzw. zu Beginn der Datenerhebung existierende Systematisierungsschema wird im Laufe der Datenanalyse in induktiver Weise weiter ausgearbeitet,

---

[16] Themen waren u.a. Leitbilder im ökologischen Film (Böttger 1996), Das Thema Ökologie in der erzählenden Kinder- und Jugendliteratur (Schack 1994), Leitbilder in der Organisation des Modellversuchs zur Umweltbildung im Ballungsraum des wiedervereinigten Berlins (de Haan/Schaar 1994), Leitbilder im Diskurs um Ökologie, Gesundheit und Risiko (de Haan/Kuckartz/ Rheingans/Schaar 1996), Leitbilder in der Umweltkommunikation in Lokale Agenda 21-Initiativen (de Haan/Kuckartz/Rheingans 1996, 1997, 1998).

dimensionalisiert und inhaltlich gefüllt. Die Leitbildanalyse gibt der Datenauswertung eine Zielrichtung vor - nämlich die Identifikation und möglichst genaue Beschreibung von Leitbildern - und sie offeriert ähnlich wie das Codierparadigma der Grounded Theory eine vorab festgelegte Anzahl von Perspektiven, die bei der Betrachtung des Datenmaterials einzunehmen sind. Die Grundstruktur eines Leitbildes und seiner Funktionen ähnelt dem Rohbau eines Hauses - und diese relative Offenheit unterscheidet das Analyseverfahren von der traditionellen quantitativen Inhaltsanalyse, die in der Regel von Beginn der Analyse an mit einem ausformulierten Kategorienschema zu Werke geht.

Der Kern eines Leitbildes lässt sich wie folgt schematisieren (Abb. 65).

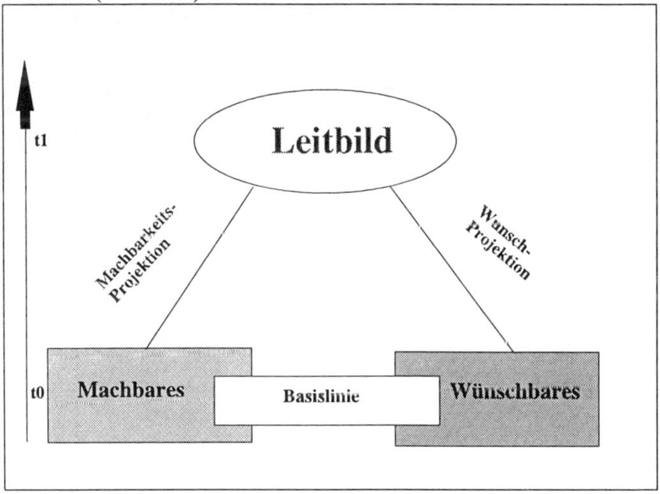

Abb. 65: Ein Leitbild als Projektion von Wünschbarem und Machbarem

Eine Leitbildanalyse zielt nicht auf die Entwicklung von präskriptiven Leitbildern, sondern auf *Rekonstruktion*, d.h. auf die Identifikation vorhandener Leitbilder bei den untersuchten Akteuren. Die Leitbildanalyse strukturiert sich nach folgendem, hier nur knapp umrissenen Konzept (vgl. de Haan u.a. 1996). Unterschieden wird zwischen sechs Dimensionen, die einerseits das Individuum und andererseits die Sozietät fokussieren.

Dimension	*Beschreibung*	*Ebene*
Wunsch- und Machbarkeitsprojektionen	Die gemeinschaftlichen Wunsch- und Machbarkeitsprojektionen umreißen den in einer Sozietät geteilten Zukunftshorizont. Man kann unterscheiden zwischen Vorstellungen, die transportieren, was reizvoll wäre oder begehrt wird (Wunschprojektion), und denen, die anzeigen, was man tatsächlich künftig für erreichbar hält (Machbarkeitsprojektion).	ICH
Coenästhetische Resonanzen	Leitbilder sprechen nicht nur das Denken der Personen an, sondern erfassen die ganze Person. Der Terminus „coenästhetisch" ist der Wahrnehmungspsychologie entlehnt und meint das „ganzkörperliche" Aufgehen bei der Rezeption einer Situation.	ICH
Semantische Sukzession	In jedem Diskurs alternieren die Teilnehmer zwischen der Verwendung einer Bildersprache (Metaphern im weitesten Sinne) und Begriffen. Das Ergebnis dieses Alternierens wird mit dem Terminus *semantische Sukzession* bezeichnet.	ICH
Sozietätsstiftende Imaginationen	Die Kategorie der *sozietätsstiftenden Imaginationen* umfasst jene Metaphern, Schlagworte und Symbole, die einerseits zur Entstehung einer Gemeinschaft führen, andererseits aber auch ihren Zusammenhalt fördern („gleiche Wellenlänge"). Es sind Termini und Sätze, die für die Sozietät einen gemeinschaftsbildenden und/oder einen Wiedererkennungseffekt im positiven Sinne haben.	WIR
Perspektivische Synchronisation	Die Dimension thematisiert die basalen Auffassungen und Grundüberzeugungen. Auf welchen allgemeinen Überzeugungen	WIR

	basiert die Benennung eines Problems, einer Aufgabe oder Initiative. Verschiedene Eigenschaften eines Problems oder Dimensionen einer Aufgabe können nämlich auf der Basis gleicher Überzeugungen von Personen oder Gruppen leichter bearbeitet werden.	
Perspektivische Desynchronisation	Die Kategorie erfasst, welche basalen Überzeugungen explizit ausgeschlossen werden, also Positionen oder Einstellungen, von denen man sich abgrenzt, weil man sie für unvernünftig und problematisch hält. Dies ist von besonderem Interesse, wenn man sehen will, an welchen Stellen es möglich sein kann, Verständigung zu erreichen.	WIR

Abb. 66: Die Hauptdimensionen der Leitbildanalyse

Damit ist das kategoriale Grundgerüst der Leitbildanalyse skizziert. Von der Art der Fragestellung hängt es ab, wie die einzelnen Dimensionen angepasst werden müssen. Eine Analyse von Leitbildern, die im Diskurs über Ökologie und Risiko eine Rolle spielen, arbeitet notwendigerweise mit anders ausformulierten Dimensionen als die Analyse von Leitbildern in Technikgenese- oder Organisationsprozessen.

Da sich diese Leitbildkomponenten also je nach Forschungsfeld und -thematik unterschiedlich ausdifferenzieren lassen, werden sie als „Dimensionen erster Ordnung“ bezeichnet. Sie werden konkretisiert und inhaltlich ausgefüllt durch die „Dimensionen zweiter Ordnung“, die am jeweiligen Forschungsgegenstand gewonnen werden.

Der Auswertungsprozess

Im Projekt „Umweltkommunikation“ wurden Akteure der Agenda 21-Initiativen und Experten des kommunalen Umfeldes mit Hilfe eines Interviewleitfadens befragt, der inhaltlich auf die Dimensionen der Leitbildanalyse hin konzipiert war. Dieses Systematisierungsschema wird durch die Analyse weiter ausgearbeitet, dimensionalisiert und inhaltlich gefüllt (vgl. Kuckartz 1996).

Die Leitbildanalyse durchläuft die in Abb. 67 skizzierten Phasen der Grobcodierung, der Dimensionalisierung, der Feincodierung, der Musteridentifikation und schließlich der Leitbildinterpretation.

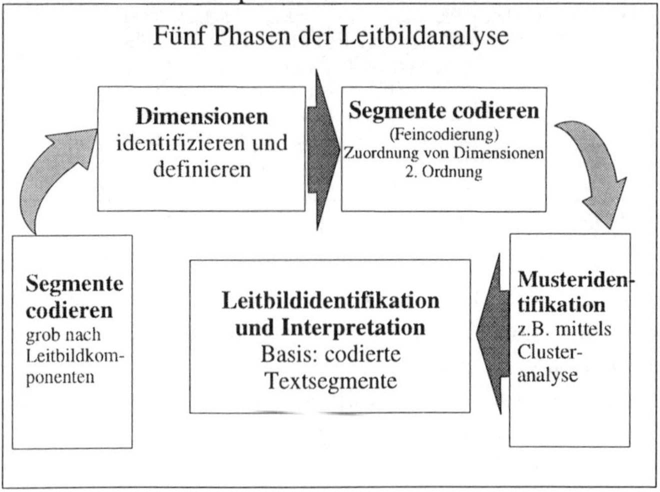

Abb. 67: Von der Grobcodierung zur Leitbildidentifikation

In der ersten Phase, *der Phase der Grobcodierung*, steht die Zuordnung von Textpassagen zu den Leitbilddimensionen erster Ordnung im Mittelpunkt. Das transkribierte Datenmaterial wird eingelesen und die Leitbilddimensionen werden als Kategorien definiert. Auf dem Hintergrund der Forschungsfrage werden teilweise bereits Unterkategorien gebildet wie hier etwa die Subkategorien „sozial“, „ökonomisch“ und „ökologisch“ im Falle der Wunsch- und Machbarkeitsprojektionen. Diese Kategorien basieren auf den drei Dimensionen des Nachhaltigkeitsdiskurses (vgl. Konzept Nachhaltigkeit 1998), haben also eher den Charakter von deduktiven und nicht von induktiven, aus dem Material gewonnenen Kategorien. Über die Leitbilddimensionen hinaus wurden weitere, speziell auf die Projektfragestellung zugeschnittene Kategorien definiert, wie die Kategorie „Erfolgskriterien", die erfassen soll, welche Kriterien die Befragten für einen erfolgreichen lokalen Agenda-Prozess benennen.

Das Kategoriensystem hat in der Phase der Grobcodierung somit folgenden Aufbau:

Hauptdimensionen	*Subkategorien*
Wunschprojektionen	sozial ökologisch ökonomisch
Machbarkeitsprojektionen	sozial ökologisch ökonomisch
Coenästhetische Resonanzen	emotional kognitiv
Semantische Sukzession	
Sozietätsstiftende Imaginationen	
Perspektivische Synchronisation	
Perspektivische Desynchronisation	
Leitungsstrukturen	
Bilder/Metaphern	
Erfolgskriterien	sozial ökologisch ökonomisch

Abb. 68: Das Kategoriensystem in der Phase der Grobcodierung

Das Material wird nun von den Codierern systematisch daraufhin durchgesehen, welche dieser Kategorien im Text angesprochen werden. Diese Textpassagen werden markiert, und die betreffenden Kategorien werden zugeordnet. Manche Codierer ziehen es vor, zunächst das Interview als Papierausdruck zu lesen und dort die Zuordnungen von Kategorien zu vermerken. Es ist aber eine

Frage des persönlichen Arbeitsstils, ob man lieber mit Papier oder direkt am Bildschirm arbeitet[17]. Auswirkungen auf die Qualität der Codierungen waren jedenfalls nicht feststellbar. Zu diesem Zeitpunkt des Auswertungsprozesses besteht das Kategoriensystem also im Wesentlichen aus den Hauptdimensionen des Leitbildschemas, den schon definierten Subkategorien und einigen projektspezifischen Kategorien.

In der *Phase 2, der Phase der Dimensionalisierung*, geht es um die intensive Auswertung der unter den verschiedenen Leitbilddimensionen erster Ordnung codierten Interviewsegmente, um deren Vergleich und Systematisierung.

Man führt Text-Retrievals durch und erhält auf diese Weise z.B. die Gesamtheit aller Textpassagen, die während der Interviews zu den Themen „Machbarkeits-" und „Wunschprojektionen" geäußert wurden. Die *Dimensionalisierung* dieses Materials ist eine weitgehend interpretative Arbeit, die sich nicht strikt formalisieren und codifizieren lässt. „Welche verschiedenen Wunschprojektionen enthalten die Interviews" ist zunächst zu fragen. Wie viele Subdimensionen man unterscheiden sollte, ist stets eine Frage des Umfangs des Materials, seiner Variabilität und der angestrebten Feinkörnigkeit der Analyse.

Bei der Auswertung der Wunschprojektionen wurde z.B. festgestellt, dass sich nur relativ wenige Wünsche auf den Bereich der Ökologie und Ökonomie richten und die meisten Wünsche in der ein oder anderen Weise den sozialen Bereich thematisieren. Inhaltlich lassen sich fünf Bereiche unterscheiden, auf die sich die sozialen

[17] Der Codierprozess wurde im Projekt so organisiert, daß die Texte immer in kooperativer Weise von zwei Codierern bearbeitet wurden.

Wunschprojektionen richten: gesamtgesellschaftliche Visionen, die Entwicklung der LA 21-Initiative selbst, die Eroberung öffentlicher Aufmerksamkeit, die Verbesserung von Mitbestimmung und lokalen Politikformen sowie Veränderungswünsche in Bezug auf den eigenen Stadtbezirk. Diese fünf Bereiche werden nun als Subkategorien der „sozialen Wunschprojektionen" definiert. Bei den Machbarkeitsprojektionen ergab die Dimensionsanalyse ein ähnliches Bild, so dass es sinnvoll erschien, hier gleich lautende Subkategorien zu bilden.

Im Gegensatz zu den Leitbilddimensionen erster Ordnung handelt es sich bei den Dimensionen zweiter Ordnung nicht um vorab definierte Organisations- und Systematisierungsschemata, sondern um induktiv am Datenmaterial gewonnene Kategorien. Bei der Erstellung des Kategoriensystems sind systematische Vergleiche sehr nützlich, so lassen sich beispielsweise gezielt solche Textstellen von Wunschprojektionen zusammenstellen, die von Vertretern von Nichtregierungsorganisationen stammen, oder es lässt sich überprüfen, ob sich die Wunschprojektionen im Themenfeld „Ökonomie" von den entsprechenden Machbarkeitsprojektionen stark unterscheiden.

In der Phase 3 der Leitbildanalyse, *der Phase der Feincodierung*, erfolgt ein erneuter Materialdurchlauf mit dem Zweck, die Textpassagen nun den entsprechenden, neu gebildeten Subdimensionen zuzuweisen. Ein Textsegment, das bislang der Kategorie „Wunschprojektion/sozial" zugeordnet war, wird nun beispielsweise der neuen Subkategorie „Wunschprojektion/sozial/ gesellschaftliche Vision" zugeordnet.

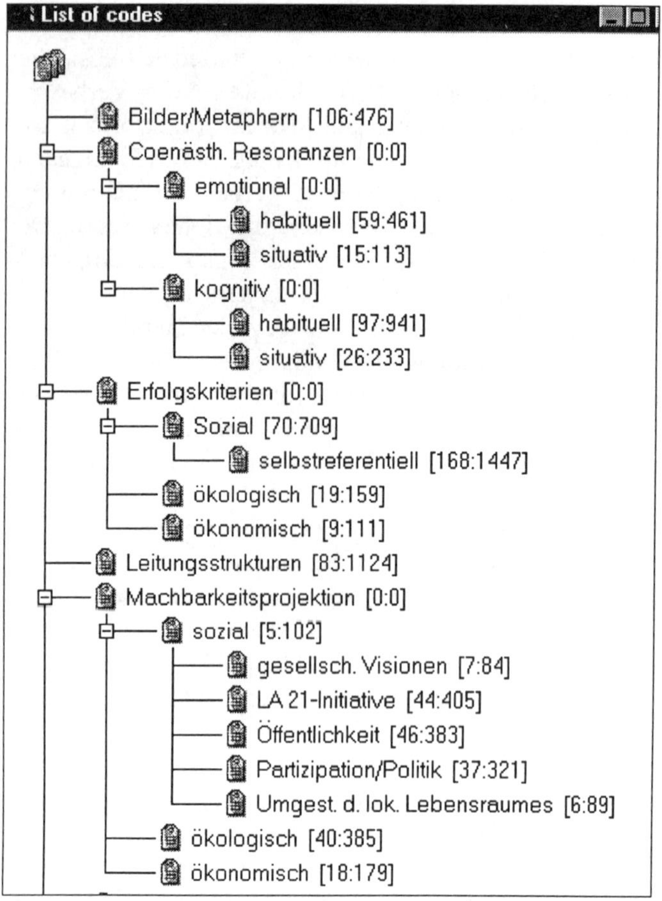

Abb. 69: Erweitertes Kategoriensystem mit Leitbilddimensionen zweiter Ordnung

Die praktische Realisierung, z.B. für die Dimension „Wunschprojektion/sozial", sieht so aus, dass man zuerst ein Text-Retrieval durchführt, um eine Zusammenstellung aller mit „Wunschprojektion/sozial" codierten Textstellen zu erhalten. Die gefundenen Segmente werden durchgearbeitet und in das erweiterte Klassifikationsschema eingeordnet. Es wird also jeweils entschieden, welch spezifischer Art ein Wunsch ist: Wird hier eine *gesellschaftliche Vision* zum Ausdruck gebracht? Oder richtet sich der Wunsch auf die *LA 21-Initiative selbst*, auf *Partizipation/Politik*, auf die konkrete *Umgestaltung des lokalen Lebensraumes* oder wünscht man sich, die *Öffentlichkeit* anzusprechen und zu gewinnen? Ein codiertes Textsegment lautet beispielsweise:

„Dass Umweltpreise gemacht werden, dass viel mehr Aktionen, Umweltaktionstage in Schulen und sowas veranstaltet werden und auch mehr in die Presse kommt. Ich finde, dass wirklich die Presse irgendwie dafür gewonnen werden muss."

Diese Passage wäre folglich dem neuen Subcode „Öffentlichkeit" zuzuordnen. Die Bearbeitung des Materials geht so vonstatten, dass Textsegment für Textsegment hintereinander bearbeitet wird und die Textsegmente „recodiert" werden. Vorab muss festgelegt werden, ob sich die Subkategorien wechselseitig ausschließen sollen oder nicht. Im genannten Beispiel ist das nicht der Fall, denn es erscheint ja durchaus möglich, dass im gleichen Textsegment sowohl Wünsche in Bezug auf „Partizipation/Politik" wie auf „Öffentlichkeit" geäußert werden. In einem solchen Fall wird das Segment dann zweimal mit verschiedenen Subkategorien recodiert. Bei der Arbeit mit WINMAX empfiehlt es sich, die Liste aller mit „Wunschprojektion/sozial" codierten Textsegmente und die Liste der Codes auf dem Bildschirm nebeneinander zu platzieren, die Segmente nacheinander zu bearbeiten und neu zuzuordnen.

Gleichzeitig mit der Feincodierung besteht die Möglichkeit, die Relevanz von Segmenten zu markieren. WINMAX erlaubt es, mit jedem codierten Textsegment eine

Gewichtungsvariable („Relevanz-Score") zu assoziieren. Es lassen sich dann für den späteren Forschungsbericht unschwer jene Textstellen markieren, die geradezu prototypisch für eine bestimmte Kategorie sind. Der Wert des Relevanz-Scores - in WINMAX kann ein Wert zwischen 1 und 100 eingestellt werden - bringt dann zum Ausdruck, inwieweit die Leitbilddimension bei einem bestimmten Textsegment zutrifft.

Die Feincodierung stellt einen Codierungsprozess zweiter Ordnung dar, in dessen Verlauf gewissermaßen alle zuvor in einer Schublade gesammelten Textschnipsel nun gemäß dem komplexeren Kategorienschema sortiert bzw. codiert werden. Dies ermöglicht eine weitaus genauere und systematischere Betrachtung der codierten Aussagen. Jetzt kann etwa verglichen werden, welche Wunschprojektionen häufiger und weniger häufig geäußert werden und worauf sich die Wünsche im Feld „Gesellschaftliche Visionen" eigentlich im Einzelnen richten. Diese Auswertungen führen dann zur Identifikation von Protokollsätzen, die sich auf die ausdifferenzierten Leitbildkategorien beziehen, z.B. für „Wunschprojektion/sozial/gesellschaftliche Visionen" findet man Protokollsätze wie „Das Projekt Menschheit voranbringen – die Möglichkeiten nutzen".

In der Phase 4, *der Phase der Identifikation von Mustern*, steht nicht mehr das Arbeiten an den Kategorien bzw. dem Kategoriensystem im Zentrum, sondern die Identifikation spezifischer Muster bzw. Konfigurationen der Leitbilddimensionen. Nach der Feincodierung ist man in der Lage, systematisch nach Koinzidenzen von Leitbildbestandteilen zu suchen: Gehen etwa bestimmte Wunschprojektionen mit spezifischen Aussagen über externe Hemmnisse oder mit bestimmten Machbarkeitsvorstellungen einher. Wenn man es mit größeren Textmengen zu tun hat, erleichtern zusätzliche quantitative Analysen die Ermittlung von – dem Augenschein nach – nicht zufälligen Zusammenhängen zwischen den verschiedenen Dimensionen. Als quantitative Verfahren kommen hier beispielsweise die Faktorenanalyse oder die Clusteranalyse in Betracht. Diese Vorgehensweise hat primär eine heuristische Funktion. Es besteht nicht der Anspruch, exakt quantifizierbare Größen zu ermitteln, vielmehr wird diese Phase der Leitbildanalyse als Zwischenschritt zur wieder stärker qualitativ interpretativ orientierten fünften Phase, der Leitbildinterpretation, begriffen. Eine detaillierte Beschreibung, wie ein statistisches Klassifikationsverfahren als Hilfsmittel zur Musteridentifikation eingesetzt werden kann, wird in Kapitel 11 gegeben.

10.7 Management des Kategoriensystems mit dem QDA-Programm

Das Arbeiten mit dem *Kategoriensystem* und den codierten Segmenten nimmt im Prozess der computergestützten Analyse qualitativer Daten großen Raum ein. Vor allem dann, wenn das Kategoriensystem sehr umfangreich ist und vielleicht mehr als hundert Codeworte umfasst, ist es notwendig, über entsprechende, schnell und einfach zu handhabende Managementfunktionen zu verfügen. Dazu gehören solche Funktionen wie:

- problemloses Löschen und Definieren von neuen Kategorien
- leichtes Umcodieren von Segmenten (mit anderen Codeworten und anderen Segmentgrenzen)
- direktes Anspringen des gewünschten Codewortes in der Liste der Codes

- Ausblenden von Subkategorien, um einen besseren Überblick über das Kategoriensystem zu gewinnen
- Druckausgabe des Kategoriensystems
- Angaben über die Häufigkeiten der Kategorienzuordnung

Von eminenter Wichtigkeit ist die Fähigkeit des QDA-Programms, globale Modifikationen des Kategoriensystems vornehmen zu können, d.h. wenn Veränderungen am Kategoriensystem vorgenommen werden, dann sollten sich diese automatisch auf alle hiermit codierten Segmente auswirken. Will man etwa induktiv definierte Kategorien zu Hauptkategorien zusammenfassen, so kommt es darauf an, dass auch alle entsprechend codierten Segmente automatisch umcodiert werden.

Codeworte fusionieren

Oft kommt es vor, dass man zwei Codeworte z.B. solche, die in der Phase des freien Codierens entstanden sind, fusionieren will. Bei Codeworten der höchsten Hierarchieebene gibt es dann die unten skizzierte Situation.

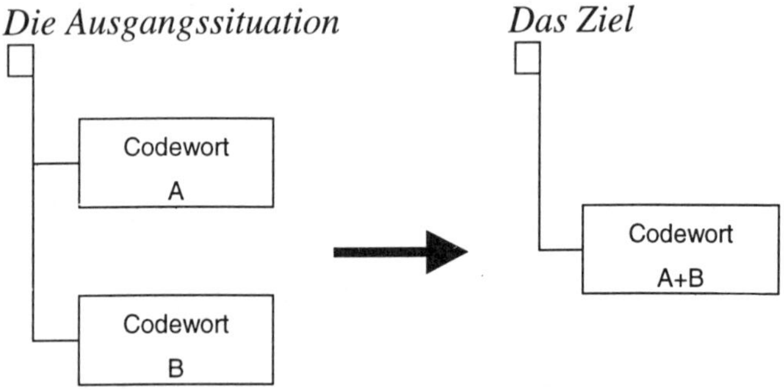

Bildlich gesprochen sollen die in den Schubladen A und B befindlichen Karteikarten in eine Schublade zusammengeführt werden. Technisch wird dies so realisiert, dass die „Karteikarten" aus Schublade B herausgenommen werden und in A einsortiert werden (oder umgekehrt). Anschließend wird die nun leere Schublade B entfernt und ggfs. wird Schublade A noch umbenannt.

Obercodewort für zwei Codeworte einfügen

Wenn man zu Beginn der Textauswertung im Stile des freien Codierens eine Vielzahl von Codeworten definiert hat, entsteht bei der weiteren Arbeit mit den Codeworten häufig der Wunsch, Codeworte unter ein neues Obercodewort zu subsumieren.

Auch hier handelt es sich um eine Veränderung der Struktur des Codewortsystems, bei der die zu einem Code vorhandenen Karteikarten gewissermaßen en bloc verschoben werden - eine Aufgabe, die mit QDA-Software problemlos zu realisieren ist.

Die Ausgangssituation *Das Ziel*

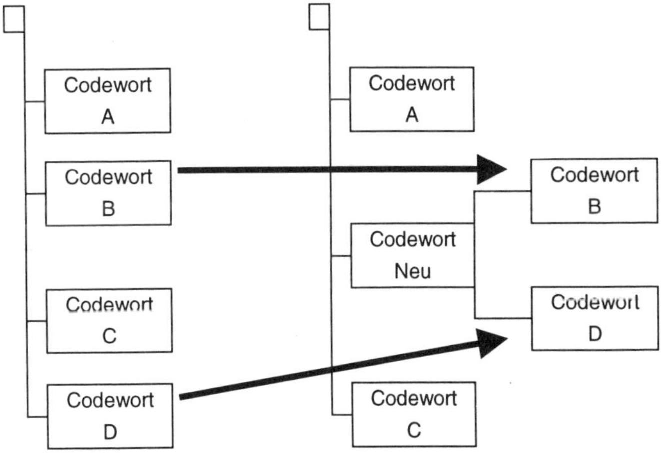

Codeworte ausdifferenzieren

Eine ebenfalls häufig eintretende Situation ist die, dass man eine Kategorie des Codewortsystems ähnlich wie bei der oben skizzierten Leitbildanalyse ausdifferenzieren möchte. So wurde im Projekt „Umweltkommunikation" die Kategorie „Wunschprojektion/sozial" definiert, um zu erfassen, welche auf den Bereich Soziales zielenden Wunschvorstellungen die Akteure der Initiativen explizit oder implizit besitzen. In den Interviewtexten wurden die entsprechenden Textpassagen in der Phase der Grobcodierung codiert. Während der Analyse erschien es nun - wie oben skizziert - sinnvoll, verschiedene Arten von sozialen Wunschvorstellungen (abgekürzt als WP/sozial) zu unterscheiden. Die folgende Abbildung schematisiert den Ablauf für den Fall, dass drei Subkategorien unterschieden werden sollen.

Die Ausgangssituation *Das Ziel*

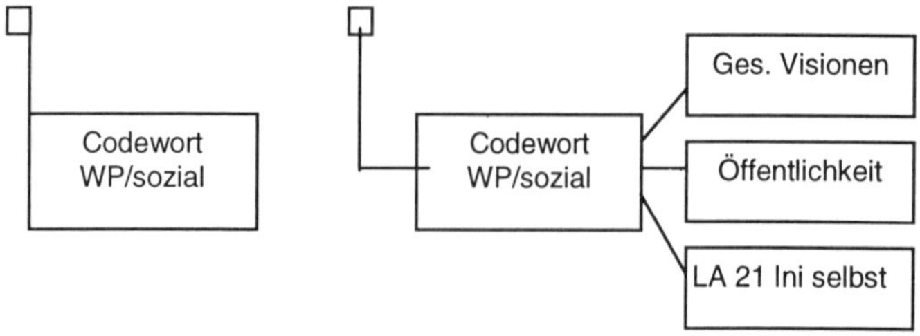

Diese Ausdifferenzierung der Kategorie funktioniert natürlich nicht automatisch, sondern es ist notwendig, dass jedes bisher mit „WP/sozial" codierte Segment gelesen und einer der neuen Unterkategorien zugewiesen wird. Dazu ist es notwendig, dass sich alle betreffenden Segmente in einer Liste hintereinander befinden, so dass man die Neuzuordnungen nacheinander vornehmen kann. In WINMAX wird die Liste beginnend mit dem ersten Segment abgearbeitet. Man entscheidet, zu welcher der neuen Subkategorien dieses Segment zugeordnet werden soll und wählt den zutreffenden Code in der LISTE DER CODEWORTE aus. So verfährt man mit allen weiteren Segmenten.

Wenn man am Ende der Liste angelangt ist, sind alle Segmente neu klassifiziert und einer der Subkategorien zugewiesen worden. Gleichzeitig sind aber die alten Codierungen noch erhalten geblieben, d.h. allen Segmenten ist nach wie vor noch das Obercodewort „WP/sozial" zugeordnet. Dies ist jedoch nicht sinnvoll, die Codierungen müssen also noch entfernt werden (in WINMAX mittels CODINGS VERSCHIEBEN).

Arbeitsvorschläge

1. Definieren Sie einen Code „Motive" und suchen Sie in „Interview1" nach Textpassagen, in denen die Befragte über ihre Motive zum Engagement in der Gruppe spricht. Formulieren Sie freie Codes nahe am Text. Definieren Sie die Codes als Subkategorie von „Motive" und codieren Sie die Textpassagen entsprechend.
2. Bearbeiten Sie auf diese Weise auch andere Texte, z.B. den Text „Interview2".
3. Definieren Sie einige zusammenfassende Kategorien (etwa 2 bis 5) und gruppieren Sie die von Ihnen gebildeten Kategorien entsprechend. Benutzen Sie hierzu in WINMAX die Option *Codings verschieben*.
4. Blenden Sie probeweise Unterkategorien ein und aus. Verfahren Sie dabei wie im WINDOWS Explorer.
5. Definieren Sie mit WINMAX die oben genannten Subkategorien der Wunschprojektionen auch für die

Machbarkeitsprojektionen. Führen Sie ein Text-Retrieval für „Machbarkeitsprojektion/sozial“ durch. Beginnen Sie oben in der Liste der codierten Segmente und ordnen Sie einen der fünf neuen Subcodes zu. Verfahren Sie in gleicher Weise für die folgenden 5 Segmente der Liste.

11 Integration statistischer Verfahren: Ähnlichkeiten, Muster und Typologien

11.1 Über Klassifikationsverfahren

Das folgende Kapitel stellt einige Möglichkeiten vor, wie quantitative Verfahren sinnvoll in den Prozess der Analyse qualitativer Daten zu integrieren sind. Es ist vermutlich für jene, die mit statistischen Verfahren wenig vertraut sind, nicht leicht zu lesen. Intention ist es, zu zeigen, dass die strikte Trennung von qualitativen und quantitativen Methoden wenig produktiv ist, sondern die Kombination beider Auswertungstechniken mit Gewinn praktiziert werden kann.

Auch die qualitative Datenanalyse verfolgt das Ziel, Muster in den Daten zu entdecken und spricht in diesem Zusammenhang von *Typen*, *Orientierungsmustern* und Ähnlichem. Die Technik der Kategorisierung und Codierung der Daten ist eine Vorgehensweise, die zunächst Textstellen *de-kontextualisiert* und die Texte zergliedert. Um im Verlauf der Analyse zu Typen und Orientierungsmustern zu gelangen, bedarf es einer *Re-Aggregation* des Materials. Qualitative Daten sind, weit mehr noch als quantitative, hoch komplex, und angesichts der Fülle des Materials ist es außerordentlich schwierig, Muster in den Daten zu finden, die diesem auch tatsächlich gerecht werden. Man mag sich an die im zweiten Kapitel zitierten Aussagen von Alfred Schütz erinnern, dass wir alle mit Hilfe von Abstraktionen und Typisierungen operieren, und infolgedessen Prozeduren der Klassifikation und der Typenbildung unterschwellig immer am Werke sind, auch dann, wenn keine expliziten Zählvorgänge im mathematischen Sinne in Erscheinung treten. Wenn der Umfang des Materials die eigenen Wahrnehmungskapazitäten übersteigt, läuft man Gefahr, vorschnell Typisierungen vorzunehmen und das Datenmaterial anschließend nur noch in bloß affirmativer Weise mit Blick auf die Bestätigung der mehr intuitiv vorgenommenen Typisierungen zu selegieren. Nun ist die Suche nach Mustern in den Daten eine ganz besondere Stärke von Computern. Hat man eine solche klassifizierende Vorarbeit wie die Codierung von Textsegmenten bereits geleistet, so lassen sich diese Fähigkeiten relativ einfach nutzen. Dies gilt insbesondere dann, wenn man Fallvariablen zur Bewertung des Datenmaterials definiert hat und diese nun auf Koinzidenzen und Kovariationen hin untersuchen will.

Zu diesem Zwecke kann man auf eine Reihe von statistischen Verfahren zur Entdeckung von komplexen Mustern zurückgreifen. Diese reichen von der eher deskriptiven Konfigurationsfrequenzanalyse bis hin zur Faktoren- und Clusteranalyse, der Latent Class Analyse und log-linearen Modellen. Der Einsatz dieser statistischen Verfahren ist aber nicht immer problemlos möglich, denn zum einen stellt die meist nur relativ geringe Populationsgröße von qualitativen Studien ein Problem dar, zum anderen das Skalenniveau der vorgenommenen Codierungen, denn dieses ist meist dichotom oder nominal und erreicht nur selten metrisches Niveau.

Besonders geeignet für diesen Datentyp sind deshalb Verfahren wie die Konfigurationsfrequenzanalyse und die Clusteranalyse, die nicht von besonderen Verteilungsannahmen ausgehen und die in der Lage sind, auch mit nicht-metrischen Daten komplexe Muster zu identifizieren. Der Grundgedanke lässt sich am Beispiel der Vorgehensweise der Konfigurationsfrequenzanalyse (KFA) erläutern. Zweck der KFA ist es, typische Kombinationen, d.h. überzufällig häufige oder seltene Kombinationen herauszufinden. Angenommen, man habe in einer Studie aus der Schulforschung drei dichotome Merkmale definiert: a) Unterrichtsform (Frontal/Gruppe), b) Schülerurteil über Lehrerverhalten (freundlich/unfreundlich), c) Schülerzufriedenheit (gern/ungern zur Schule), so ergeben sich 8 Konfigurationen:

1	Unterricht frontal	Lehrer freundlich	gern zur Schule
2	Unterricht frontal	Lehrer unfreundlich	gern zur Schule
3	Unterricht frontal	Lehrer freundlich	ungern zur Schule
4	Unterricht frontal	Lehrer unfreundlich	ungern zur Schule
5	Unterricht Gruppe	Lehrer freundlich	gern zur Schule
6	Unterricht Gruppe	Lehrer unfreundlich	gern zur Schule
7	Unterricht Gruppe	Lehrer freundlich	ungern zur Schule
8	Unterricht Gruppe	Lehrer unfreundlich	ungern zur Schule

Anhand der Daten lässt sich überprüfen, welche der acht Kombinationsmöglichkeiten überhaupt vorkommen. Ferner lassen sich – und hier wird die Angelegenheit statistisch – Erwartungswerte von Konfigurationen berechnen, und zwar in ähnlicher Weise wie die Berechnung von Chi-Quadrat bei der Analyse von Kontingenztabellen, nämlich als Produkt der Wahrscheinlichkeiten der einzelnen Kategorien, d.h. ihrer Randverteilungen. Bei einer Stichprobengröße von N=80 und einer Gleichverteilung der drei Merkmale – z.B. 40-mal Frontalunterricht, 40-mal Gruppenunterricht – würde man für jede Konfiguration N=10 Personen erwarten. Zeigt sich nun, dass bestimmte Konfigurationen, z.B. „Gruppenunterricht, Lehrer freundlich, Schüler gehen gerne zur Schule“ häufiger als 10-mal, andere hingegen seltener oder gar nicht vorkommen, so kann man dies als das Vorliegen eines Musters interpretieren. Es liegt nahe, die empirischen Häufigkeiten einer Konstellation mit den erwarteten Häufigkeiten zu vergleichen und einen entsprechenden Test, z.B. den Chi-Quadrat-Test, durchzuführen.

Ist das Textmaterial einmal codiert, dann bereitet es nur wenig zusätzliche Mühe, auf diese formalisierte Weise nach Mustern zu suchen. So vorzugehen, verstößt auch nicht gegen Ansprüche einer interpretativen Analyse, denn das statistische Verfahren wird hier lediglich als Hilfsmittel bei einem bestimmten Analyseschritt eingesetzt. Anschließend können und müssen die entdeckten Muster wieder interpretativ gefüllt werden.

In Bezug auf die Mustererkennung kann man zwischen einer variablenorientierten und einer fallorientierten Vorgehensweise unterscheiden. Die *variablenorientierte Vorgehensweise* wird bei quantitativen Forschungen bevorzugt angewandt. Gesucht wird nach Konstellationen von Merkmalen, d.h. danach, welche Merkmale miteinander kovariieren und korrelieren. Die *fallorientierte Vorgehensweise* ist hingegen in der Main-stream Survey-Forschung, mit Ausnahme der Lebensstilforschung, nur selten anzutreffen. Hier wird nach Konstellationen von Personen gesucht: Welche Personen ähneln einander? Welche Gruppen von Personen lassen sich identifizieren, deren Mitglieder untereinander ähnlich sind, die sich aber wechselseitig voneinander stark unterscheiden?

In den beiden folgenden Abschnitten werden beide Vorgehensweisen anhand von Beispielen skizziert. Das Datenmaterial stammt wieder aus Projekten der Umweltforschung. Wenn qualitative Daten nach einer Phase der Codierung von Textsegmenten im Hinblick auf das Vorkommen von Mustern und Typen betrachtet werden, wird die Forschungsfrage in den meisten Fällen eher eine fallorientierte Vorgehensweise nahelegen. Der folgende Abschnitt thematisiert im Detail, wie hierbei vorzugehen ist.

Dass aber auch eine variablenorientierte Vorgehensweise durchaus Sinn machen kann, zeigt das Kapitel 11.3, in dem es um die Identifikation von Orientierungsmustern im Rahmen der oben skizzierten Leitbildanalyse geht.

11.2 Ähnlichkeiten zwischen Personen ermitteln

Vergleiche anzustellen, Fälle zu kontrastieren und Ähnlichkeiten herauszuarbeiten, dies gehört zu den wesentlichen Zielsetzungen qualitativer Datenanalyse. Es geht darum, Muster zu erkennen und die Bedingungen von Konstellationen zu ermitteln, etwa wie Hopf u.a. (1995) es in ihrer Rechtsextremismus-Studie tun, um bestimmte Beziehungserfahrungen der Probanden auf ihren Zusammenhang zu rechtsextremen Orientierungen hin zu untersuchen.

Eine Frage, die sich in diesem Kontext mehr oder weniger automatisch stellt ist: „Welche Personen ähneln einander und welche sind sich gänzlich unähnlich? Im gleichen Atemzuge stellt sich natürlich die Frage: Ähneln, in welcher Hinsicht? Welche Merkmale und Eigenschaften sind für die Forschungsfrage von primärer Relevanz, welche sind eher sekundär. Bei einer Studie über die Bewältigung von Arbeitslosigkeit wird man vielleicht feststellen, dass es charakteristische Veränderungen im Verhalten von Personen gibt: Ihr Leben verlangsamt sich, sie lesen weniger Bücher, gehen sogar langsameren Schrittes auf der Straße (vgl. Jahoda/Lazarsfeld/Zeisel 1980; Kern 1982: 171 ff.). Man wird dieses Muster dann z.B. als *apathischen Haltungstyp* bezeichnen. Nun ist es keineswegs einfach, solche Muster zu erkennen. Auch bei intensiver Kenntnis der vorliegenden Interviews ist man normalerweise nicht in der Lage, ohne zusätzliche Hilfsmittel eine Reihe von Merkmalen und Charakteristika in einer systematischen Typologie darzustellen. Nun kann man sich in diesem Feld durchaus nutzbringend des Hilfsmittels der Formalisierung mittels mathematischer Verfahren bedienen. Formalisierte Methoden der Ähnlichkeitsbestimmung erlauben es, multivariate Konstellationen zu identifizieren, und dies kann für die Arbeit des Forschers eine wertvolle Hilfe darstellen. Solche Methoden werden mit explorativer und heuristischer Intention eingesetzt und nicht, um Signifikanzkoeffizienten zu berechnen oder Theorien zu testen. Doch sie dienen der Systematisierung und Organisierung des Materials und können die datenbasierte Theoriekonstruktion befördern.

Beispiel: Aus den Informationen eines leitfadenstrukturierten Interviews lassen sich verschiedene umweltrelevante Verhaltensweisen aus den Bereichen Verkehr und Einkauf herausarbeiten. Zu acht Verhaltensweisen (Abb. 70) wurde jeweils codiert, ob die Befragten angeben, das Verhalten zu praktizieren oder nicht.

VERKEHRSVERHALTEN	*Praktiziert*	*Muster A*
Nicht mit dem Auto zur Arbeit fahren	ja/nein	1
Keine Flugzeugbenutzung bei längerer Fahrt (mehr als 6 Stunden)	ja/nein	0
Wochenendausflug ohne Auto	ja/nein	0
Urlaubsreise nicht mit dem Flugzeug	ja/nein	1
EINKAUFSVERHALTEN		
Kauf von Recycling-Toilettenpapier	ja/nein	0
Kauf von Mehrkomponentenwaschmittel	ja/nein	1
Kein Kauf von Treibhaussalat im Winter	ja/nein	0
Kein Kauf von Früchten und Gemüsen wie Erdbeeren unabhängig von der Jahreszeit	ja/nein	0

Abb. 70: Umweltrelevante Verhaltensweisen und das Profil der Person A

Die Verhaltensweisen jedes Interviewten lassen sich als Ja/nein-Merkmale mit 0/1 codieren, und zwar derart, dass das Vorhandensein einer umweltgerechten Verhaltensweise mit 1, das Nicht-Vorhandensein mit 0 codiert wird. Der in der dritten Spalte dargestellte Musterbefragte „A" fährt also nicht mit dem Auto zur Arbeit und verzichtet auf das Flugzeug bei der Urlaubsreise. Bei zwei der vier erfragten Indikatoren für *Verkehrsverhalten* verhält er sich umweltgerecht (1 und 4). Beim Einkaufsverhalten sieht es etwas ungünstiger aus, von vier Verhaltensweisen wird hier nur einmal die umweltgerechte Verhaltensvariante praktiziert.

Diese Verhaltensweisen können am besten in Form von 8 Fallvariablen definiert werden (vgl. Kap. 7), wobei es im Hinblick auf das Verfahren der Ähnlichkeitsbestimmung und Typenbildung angeraten ist, den Variablentyp „numerisch" zu wählen. Auf den ersten Blick scheint dies nicht unbedingt zwingend, denn man könnte die Information, ob ein bestimmtes Verhalten praktiziert wird, auch als String-Variable codieren, beispielsweise mit den Codes J (= Ja) und N (=Nein) oder U für umweltgerecht und N für nicht-umweltgerecht. Davon ist aber abzuraten, weil SPSS Distanz- und Ähnlichkeitsmatrizen nur mit numerischen Variablen berechnet. Hat man die Verhaltensweisen als 0/1-Variablen codiert, lässt sich sehr einfach ermitteln, welche Personen sich in ihrem Verhaltensmuster ähneln.

Wie ist nun „Ähnlichkeit" zu definieren und vor allem, wie ermittelt man diese? Angenommen, man wolle den obigen Befragten, Person A, mit einer anderen Person C vergleichen: Person C besitzt kein Auto und zeigt mit Ausnahme der Flugreise in die Ferien ein umweltgerechtes Verkehrsverhalten. In Abb. 71 sind die Daten von Person A und Person C untereinander dargestellt. Man erkennt, dass Person C bei den Verhaltensweisen 1, 2 und 3 den Wert 1 besitzt - sich also umweltgerecht verhält - und dass die Verhaltensweisen im Einkaufsbereich mit Ausnahme von Item 8 (Kauf von Früchten und Gemüse nur in der jeweiligen Saison) allesamt nicht umweltgerecht sind.

	ITEM 1	ITEM 2	ITEM 3	ITEM 4	ITEM 5	ITEM 6	ITEM 7	ITEM 8
Person A	1	0	0	1	0	1	0	0
Person C	1	1	1	0	0	0	0	1

Abb. 71: Die Verhaltensweisen von zwei Vergleichspersonen mit 0/1-Codierung

Ist das Umweltverhalten der beiden Beispielpersonen nun ähnlich oder gibt es große Distanzen zwischen ihrem Umweltverhalten? Die Formulierung soll deutlich machen, dass *Ähnlichkeit* und *Distanz* quasi zwei Seiten der gleichen Medaille sind: Je ähnlicher zwei Personen oder, allgemein formuliert, zwei Objekte einander sind, desto geringer ist ihre Distanz. Auf den ersten Blick würde man die Frage nach der Ähnlichkeit des Umweltverhaltens der beiden Personen wahrscheinlich so beantworten, dass sie sich nicht sonderlich ähnlich sind, aber dass sie sich andererseits auch nicht völlig verschieden voneinander verhalten. Um ein genaueres Bild zu erhalten, kann man den Vergleich von zwei Merkmalsreihen dieser Art in einer Vier-Felder-Tafel zusammenfassen (Abb. 72).

		Merkmale der Person A	
		Vorhanden	Nicht vorhanden
Merkmale der Person C	Vorhanden	A (1)	B (3)
	Nicht vorhanden	C (2)	D (2)

Abb. 72: Vierfeldertafel für binäre Merkmale

In Zelle A der Vierfeldertafel wird die Anzahl der 1/1-Übereinstimmungen festgehalten, d.h. hier die Anzahl der

Verhaltensweisen, bei denen sich beide Personen umweltgerecht verhalten. Das ist hier nur einmal (bei Item 1) der Fall. In Zelle B halten wir fest, bei wievielen Verhaltensweisen es vorkommt, dass Person C sich umweltgerecht verhält, Person A aber nicht. Hier gibt es 3 solcher 1/0-Kombinationen. Zelle C summiert den umgekehrten Fall, nämlich die Anzahl der 0/1-Kombinationen. Im obigen Beispiel ist diese gleich 2, denn bei Item 4 und Item 6 verhält sich Person A umweltgerecht, Person C aber nicht. Zelle D schließlich enthält die Anzahl der 0/0 Übereinstimmungen, d.h. beide Personen verhalten sich nicht umweltgerecht. Dies ist zweimal, nämlich bei Item 5 und Item 7 der Fall.

Der erste Eindruck, dass die Ähnlichkeit zwischen den beiden Personen nicht sonderlich ausgeprägt ist, findet nun eine zahlenmäßige Bestätigung. Immerhin gibt es aber drei gleichartige Verhaltensweisen, nämlich Item 1 (mit dem Auto zur Arbeit), Item 5 (Recycling-Papier) und Item 7 (Treibhaussalat). Intuitiv würde man nun vielleicht formulieren, dass das Verhalten der beiden Personen in drei von acht Fällen (= 37,5%) übereinstimmt. Die maximale Ähnlichkeit wäre dann erreicht, wenn 8 von 8 Fällen (=100%) übereinstimmen, die minimale Ähnlichkeit bei 0 von 8 Fällen (=0%). Es stellt sich nun allerdings die Frage, ob man Positiv/positiv-Übereinstimmungen genauso bewerten will wie Negativ/negativ-Übereinstimmungen. Dazu ist abzuwägen, ob die Übereinstimmung im Nicht-Besitz eines Merkmals wirklich als eine *Ähnlichkeit* zwischen Personen bewertet werden soll. Zum Beispiel würde es wohl schwerlich als Indikator für Ähnlichkeit gewertet werden können, wenn zwei Personen bislang keine sechs Richtigen im Lotto gehabt haben. In manchen Fällen mag es allerdings so sein, dass eine Negativ/negativ-Übereinstimmung mehr aussagt als eine Positiv/positiv-Übereinstimmung, beispielsweise, wenn zwei Personen beide bewusst keinen Fernseher im Haushalt besitzen. Die Entscheidung, wie der Nicht-Besitz von Merkmalen zu bewerten ist, muss letzten Endes nach theoretischen Kriterien erfolgen. Sie determiniert die Wahl des adäquaten Ähnlichkeitskoeffizienten. SPSS offeriert eine Reihe verschiedener Koeffizienten, die sich vor allem im Hinblick auf die Behandlung der Negativ/negativ-Übereinstimmung unterscheiden. Vier geeignete Koeffizienten sind der „Simple matching"-Koeffizient, der „Dize"-, „Russell/Rao"- und „Jaccard"-Koeffizient[18]. Sie weisen jeweils eine Spannweite zwischen 0 (keine Ähnlichkeit) und 1 (identische Datenkonstellation) auf.

Für jedes Paar von Probanden wird ein Ähnlichkeitskoeffizient ermittelt, so dass eine neue Matrix („Ähnlichkeitsmatrix"") entsteht, die N Zeilen und N Spalten umfasst. Die Matrix ist klappsymetrisch, da die Ähnlichkeit zwischen Person A und Person B natürlich gleich der Ähnlichkeit zwischen Person B und Person A ist. Die Diagonale der Matrix enthält die Ähnlichkeiten der Person mit sich selbst, also jeweils den Wert 1.

[18] Diese vier Koeffizienten sind wie folgt definiert*: a) Simple matching*: (a+d)/(a+b+c+d), im obigen Beispiels also 3/8= 0,375 - es werden alle Übereinstimmungen gewertet, auch die negativen, es wird keine Gewichtung vorgenommen; b) *Russell and Rao*: a/(a+b+c+d) hier = 1/8 = 0,125. Negative Übereinstimmungen werden nicht im positiven Sinn gewertet, aber sie erscheinen im Nenner; c) *Jaccard*: a/(a+b+c) hier 1/(1+3+2) = 1/6 = 0,166. Negativ/negativ-Übereinstimmungen werden ganz aus der Berechnung ausgeschlossen; d) *Dice:* 2a/(2a+b+c), hier 2/(2+3+2)= 2/7 = 0,285, also die Positiv/positiv-Übereinstimmungen werden stärker gewichtet, die negativen Übereinstimmungen werden wie beim Jaccard-Koeffizienten weggelassen.

Zur Berechnung einer *Ähnlichkeitsmatrix* existiert in SPSS[19] die Funktion "Correlate > Distances". Folgende Parameter sind zu setzen (Abb. 73):

1. Auswahl der Variablen zur Berechnung der Ähnlichkeit: Im Beispiel sind dies die 8 Verhaltensweisen Item 1 bis Item 8. Diese müssen in der Variablenliste markiert und in die Auswahlliste übernommen werden.
2. Wahl zwischen objektorientierter oder variablenorientierter Berechnung: Da hier die Ähnlichkeiten zwischen Personen und nicht zwischen Variablen zu berechnen ist, muss „Between cases" gewählt werden.
3. Auswahl zwischen Ähnlichkeits- und Distanzmessung: Eine Ähnlichkeitsmatrix ist zu berechnen, folglich ist „Similarities" zu wählen.
4. Wahl des gewünschten Ähnlichkeitskoeffizienten: Wird der im Feld „Measures" angezeigte Koeffizient (hier „Euclidean distance") nicht gewünscht, wählt man aus der Auswahlbox den gewünschten Koeffizienten.

---

[19] SPSS kann nicht nur Ähnlichkeits-, sondern auch Distanzmatrizen berechnen. *Distanz* ist reziprok zu *Ähnlichkeit* definiert: Je stärker zwei Objekte in ihren Merkmalen übereinstimmen, desto ähnlicher sind sie sich. Je stärker sie sich voneinander unterscheiden, desto größer ist ihre Distanz. Distanzmessungen sind vor allem bei höherwertigen Skalen in Verbindung mit varianzanalytisch orientierten Verfahren der Clusteranalyse von Interesse. Als Distanzkoeffizient für binäre Merkmale wird üblicherweise die euklidische Distanz bzw. die quadrierte euklidische Distanz gewählt. In der Terminologie der Vierfeldertafel bedeutet dies: Euklidische Distanz=sqrt(b+c) bzw. quadrierte euklidische Distanz: b+c Es werden also nur die Matrixfelder der Nicht-Übereinstimmung von Merkmalen (1/0 bzw. 0/1-Kombinationen) zur Berechnung der Distanz zwischen einem Personenpaar herangezogen: Je häufiger diese nicht übereinstimmen, desto größer ist der Distanzkoeffizient.

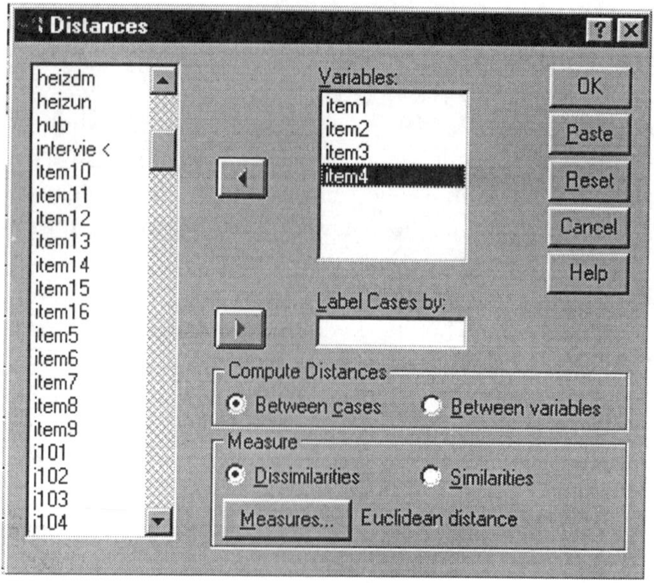

Abb. 73: Die SPSS Dialog-Box Distances

Um auf dem späteren Ausdruck die Personen leichter identifizieren zu können, kann diesen eine Fall-Beschriftung zugeordnet werden.

In der Dialog-Box „Distances: Similarity measures" ist zunächst die Skalenart - *interval* oder *binary* - zu bestimmen. SPSS offeriert daraufhin eine Liste möglicher Koeffizienten (hier ist „Simple Matching" ausgewählt). SPSS geht davon aus, dass binäre Variablen in Form von 0/1-Werten codiert werden, d.h. das Vorhandensein eines Merkmals wird immer mit dem Wert 1 codiert. Ist dies nicht der Fall, müssen die voreingestellten Werte für vorhandene Merkmale (present=1) und nicht vorhandene Merkmale (absent=0) in der Dialog-Box verändert werden.

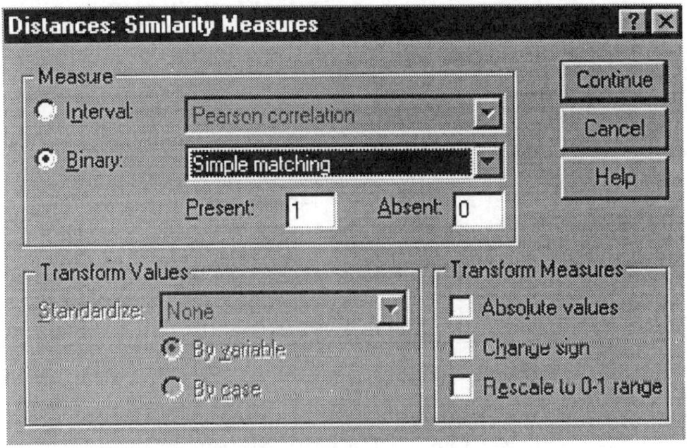

Abb. 74: SPSS-Dialog-Box Similarity Measures

Alle Variablen der Auswahlliste müssen in der gleichen Weise codiert sein, d.h. es ist nicht möglich, einige Variablen mit 0/1 zu codieren und bei anderen Variablen das Vorhandensein eines Merkmals mit dem Wert 2 zu codieren. Die von SPSS berechnete Ähnlichkeitsmatrix (Abb. 75) wird als untere Dreiecksmatrix ausgegeben. Sie ist zu lesen wie eine Entfernungstabelle im Autoatlas.

Die Personen werden gemäß ihrer Reihenfolge in der Datenmatrix durchnummeriert. Für die Ähnlichkeit zwischen unseren Beispielfällen 1 und 3 enthält die Matrix den Wert .375. Unschwer kann man nun ermitteln, zwischen welchen Personen die größten Ähnlichkeiten im Hinblick auf ihr Umweltverhalten bestehen. Case 1 weist im Matrixausschnitt mit .625 die größte Ähnlichkeit zu den Personen 4, 11 und 12 auf. Bei acht Variablen bedeutet ein Simple-matching Koeffizient von .625, dass 5 der 8 Verhaltensweisen übereinstimmen. Sehr unähnlich sind sich etwa die Personen 1 und 2 sowie 1 und 6 (.125): Sie stimmen nur in einer der 8 Verhaltensweisen überein.

Simple matching Similarity Coefficient Matrix

	Case 1	Case 2	Case 3	Case 4	Case 5
Case 2	,1250				
Case 3	,3750	,7500			
Case 4	,6250	,5000	,5000		
Case 5	,3750	,7500	,7500	,5000	
Case 6	,1250	1,0000	,7500	,5000	,7500
Case 7	,3750	,7500	,7500	,7500	,7500
Case 8	,3750	,5000	,5000	,5000	,5000
Case 9	,1250	,7500	,5000	,5000	,7500
Case 10	,5000	,3750	,3750	,3750	,6250
Case 11	,6250	,5000	,5000	1,0000	,5000
Case 12	,6250	,5000	,5000	1,0000	,5000

Abb. 75: Von SPSS erstellte Ähnlichkeitsmatrix (Auszug)

Die Ähnlichkeitsmatrix ist ein gutes Hilfsmittel, um Strukturen in den Daten zu identifizieren. In qualitativen Panel-Studien kann sie beispielsweise dazu benutzt werden, um Paare von Vergleichsfällen zu bilden. Aus der Matrix der Ähnlichkeiten lässt sich auch problemlos eine „Liste der nächsten Nachbarn" erstellen, aus der für jeden Befragten hervorgeht, welches die jeweils ähnlichsten Personen sind.

11.3 Typenbildung durch Clusteranalyse

Typenbildung ist eine der zentralen Zielsetzungen der qualitativen Sozialforschung und hat in der Geschichte der Sozialforschung eine große Tradition. So wurden in der bekannten Marienthal-Studie (Jahoda u.a. 1980) eine Typologie arbeitsloser Familien gebildet, die aus den vier verschiedenen Familientypen „ungebrochen", „resigniert", „verzweifelt" und „apathisch" bestand:[20] Die Bildung von Typen löst sich von der Besonderheit des einzelnen Falles. Der Einzelne wird als typischer Stellver-

[20] Eine kurze Beschreibung der Vorgehensweise findet sich bei Diekmann (1996: 461 ff.).

treter einer Art, Gruppe oder Gattung betrachtet. Die Entscheidung für Typenbildung impliziert, so Lamnek (1993 Bd.1: 171 ff.), eine Entscheidung gegen den Zufall und für eine theoretisch-systematische Auswahl. Typenbildung heißt nicht, komplexe Sachverhalte auf einzelne Variablen oder Variablenkorrelationen zu reduzieren, vielmehr wird eine eher ganzheitliche Sicht bevorzugt. Es geht um die Herausarbeitung von Gemeinsamkeiten zwischen den Fällen oder, allgemein gesprochen, um die Klassifikation von Elementen in möglichst homogene Gruppen (Bacher: 1 ff.).

Diese fallorientierte Vorgehensweise wird in der traditionellen quantitativen Forschung weit seltener als die variablenorientierte angewandt, so dass die Schritte des Verfahrens kurz skizziert werden sollen. Während die variablenorientierte Analyse nach kausalen Modellen für die Beziehung zwischen den Variablen sucht, fokussiert die fallorientierte Analyse die Beziehungen zwischen den Fällen, untersucht also Ähnlichkeitsstrukturen und zielt auf eine empirische Klassifikation der Fälle.

Die ersten beiden Schritte einer Clusteranalyse bestehen aus der im vorangehenden Abschnitt beschriebenen Auswahl der Variablen und der Berechnung der Ähnlichkeiten zwischen den Personen. Die Clusteranalyse stellt quasi eine Form der systematischen Auswertung der Ähnlichkeitsmatrix dar. Diese lässt sich zwar gut nutzen, um beispielsweise eine Liste der nächsten Nachbarn zu erstellen oder Informationen über die Ähnlichkeit von Personen zu erhalten, doch eine *Gruppierung* der Probanden in homogene Gruppen lässt sich durch Inspektion der Matrix nicht erreichen. Dies ist nun genau die Aufgabe der Clusteranalyse. Es existiert eine Vielzahl unterschiedlicher clusteranalytischer Verfahren, die an anderer Stelle ausführlich beschrieben sind (vgl. Bacher 1994;

Eckes/Rossbach 1977: 53 ff.). Im Folgenden wird die Vorgehensweise der Johnsonschen Maximum-Methode („Complete Linkage“) skizziert, eines bewährten und vielfach benutzten clusteranalytischen Verfahrens. Bei dieser Methode handelt es sich um ein verteilungsfreies Verfahren, das keine besonderen Vorbedingungen an die Skalenqualität stellt. Insofern ist sie für die durch qualitative Analyse gewonnenen Daten, die ja normalerweise kein Intervallskalenniveau aufweisen und für die auch keine Verteilungsannahmen bestehen, recht gut geeignet.

Die Schritte der Analyse lassen sich in drei Phasen systematisieren:

- Die Phase der *Pre-Analyse* besteht aus der Auswahl der Variablen, der Entscheidung für einen bestimmten Ähnlichkeitskoeffizienten und der Berechnung der Ähnlichkeitsmatrix.
- Die *Hauptphase* besteht aus der eigentlichen Clusteranalyse, in der die Gruppierung bzw. mehrere Gruppierungen vorgenommen werden.
- Die Phase der *Post-Analyse* arbeitet die Ergebnisse der Clusteranalyse auf. Die vorgenommenen Gruppierungen werden evaluiert, die ermittelten Muster werden interpretiert und es wird eine Entscheidung für eine „optimale“ Clusterlösung getroffen.

Im Anschluß an das oben bereits dargestellte Procedere der Erstellung der Ähnlichkeitsmatrix durchläuft die Clusteranalyse folgende Schritte:

1. Beginn des Clusterprozesses auf der Basis der Ähnlichkeitsmatrix. Begonnen wird mit N Clustern, also in unserem Beispiel mit so vielen Clustern wie Personen befragt wurden.

2. In N-1 Schritten werden die Personen zu Clustern gruppiert. Die Clustermitgliedschaften der Personen werden festgehalten.
3. Verschiedene Clusterlösungen werden evaluiert, d.h. die Verteilungen der Variablen werden für jedes Cluster gesondert ausgewertet. Die Merkmalskonstellationen werden geprüft und miteinander verglichen. Eine Entscheidung für eine gut interpretierbare Clusterlösung wird getroffen.

Die Clusteranalyse nach Johnson geht bei der Gruppenbildung so vor, dass die Ähnlichkeitsmatrix nach dem maximalen Ähnlichkeitskoeffizienten abgesucht wird und die beiden zugehörigen Personen (A und B) zu einem Cluster zusammengefasst werden. Die Analyse beginnt also mit N Clustern, die sich nach dem ersten Clusterschritt um 1 vermindern. Nach der Fusion von A und B werden die Ähnlichkeiten des neu gebildeten Clusters zu den übrigen Clustern (Personen) neu bestimmt, wobei für die Berechnung die Regel gilt: Ähnlichkeit (A+B; X) = Minimum (Ähnlichkeit (A-X), Ähnlichkeit (B-X)), d.h. die Ähnlichkeit zwischen dem neuen Cluster und den anderen Clustern bzw. Personen der Matrix wird definiert als minimale Ähnlichkeit zwischen einem Clustermitglied und einer Person X.

In SPSS ist die Clusteranalyse über die Menüoption „Classify > Hierarchical Cluster“ des Menüs STATISTICS zugänglich. In der Dialog Box „Hierarchical Cluster Analysis“ (Abb. 76) werden die Variablen für die Clusterbildung ausgewählt (hier: Item 1 bis Item 8). Die Personen können ein Label erhalten und verschiedene Statistiken und graphische Darstellungen (Plots) können angefordert werden. Ferner muss zwischen fallorientierter und variablenorientierter Analyse gewählt werden (Auswahl hier: „Cluster Cases“).

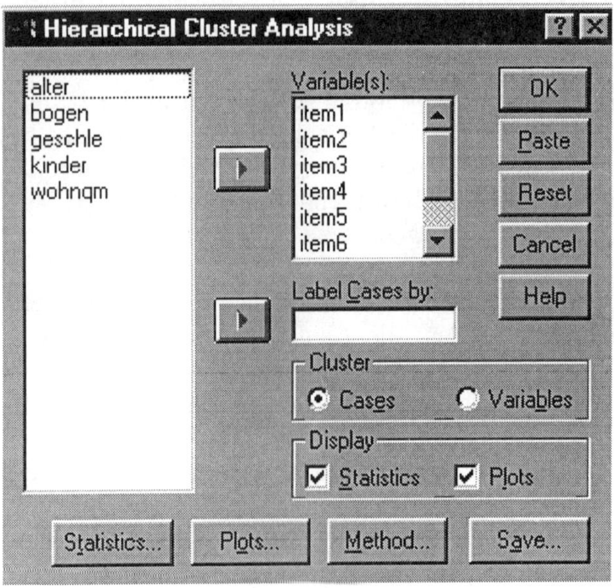

Abb. 76: SPSS Auswahlmenü für die hierarchische Clusteranalyse

Die Dialog-Box „Method“ dient zur Wahl des clusteranalytischen Verfahrens. Die Johnsonsche Maximummethode firmiert hier als „Furthest Neighbour“[21]. Die Angabe der Skalenqualität geschieht in der Rubrik „Measures”, zu wählen ist hier „binary“. Ferner muss der gewünschte Koeffizient (hier: „Simple matching”) aus der Liste ausgesucht werden.

[21] Im SPSS-Ausdruck wird sie allerdings als „Complete Linkage“ bezeichnet.

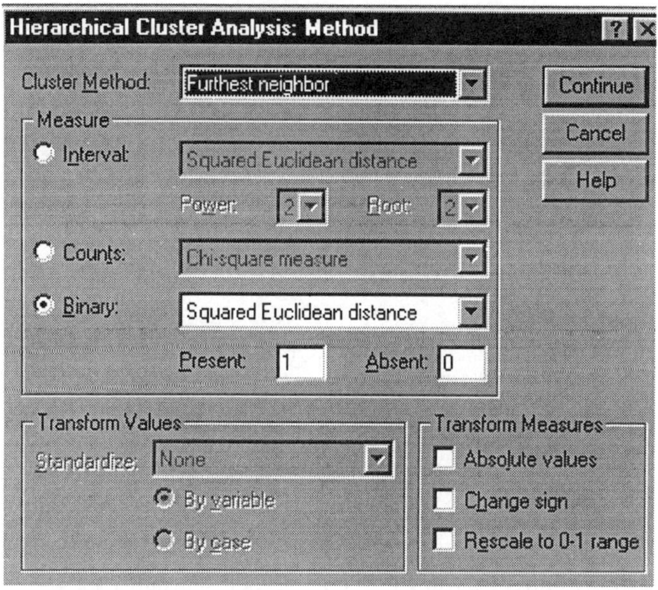

Abb. 77: SPSS Dialog-Box zur Auswahl des clusteranalytischen Verfahrens

Jeder Schritt der Clusteranalyse wird von SPSS in einem Verschmelzungsschema („Agglomeration Schedule“) dokumentiert, so dass die Reihenfolge der Zusammenfassungen ersichtlich ist (vgl. Bacher 1994: 157). Die Analyse durchläuft N-1 Schritte, bis schließlich alle Personen in einem einzigen Cluster zusammengefasst sind. Der Ablauf des Clusterprozesses kann auch graphisch in Form eines Baum-Diagramms („Dendrogramm“) dargestellt werden. Die Clusteranalyse von SPSS ist nicht besonders benutzerfreundlich, denn es bereitet einige Mühe, die gebildeten Gruppierungen inhaltlich auszuwerten. Auf dem Ausdruck fehlen sogar die Angaben der Clustergrößen. SPSS kann aber die Angaben zur Cluster-Mitgliedschaft der Personen als neue Variable in der Datenmatrix speichern. Hierzu ist im Cluster-Menü die Option „Save" zu wählen und die gewünschte Anzahl der Cluster in der Rubrik „Single Solution" einzutragen. Trägt man dort die Zahl 4 ein, speichert SPSS die Cluster-Mitgliedschaften für die Lösung mit vier Clustern in Form einer neuen Variable namens CLU4_1, deren Häufigkeiten dann ausgewertet werden können.

Auswertung der Cluster und Weiterverwendung der Ergebnisse

Vorrangig ist man natürlich an den inhaltlichen Charakteristika der Cluster interessiert. Die Clusteranalyse-Prozedur von SPSS enthält keine spezielle Auswertungsroutine für die gebildeten Cluster, so dass auf die Prozedur „Report: Summaries in Columns" zurückgegriffen werden muss, die für eine Anzahl ausgewählter Variablen deskriptive Statistiken berechnen kann. Nach Clustern aufgeschlüsselt (hier erfasst mit der Variable CLU4_1) lässt man sich den Prozentanteil der Fälle mit Werten größer als Null ausgeben. Dieses ist der Anteil der Personen im jeweiligen Cluster, der sich umweltgerecht verhält, denn die umweltgerechte Verhaltensvariante wurde ja jeweils mit 1 codiert. Die von SPSS erstellte Übersicht (Abb. 78) enthält für jedes Cluster (Zeile 1 bis 4) den prozentualen Anteil der Personen, die das Merkmal besitzen. In Cluster 1 kommen 90% der Personen ohne Auto zur Arbeit (Item 1) und 100% haben die letzte Urlaubsreise nicht mit dem Flugzeug unternommen (Item 4). Völlig anders hingegen Cluster 4: Hier kommen alle mit dem Auto zur Arbeit und 75% sind in den letzten Urlaub geflogen.

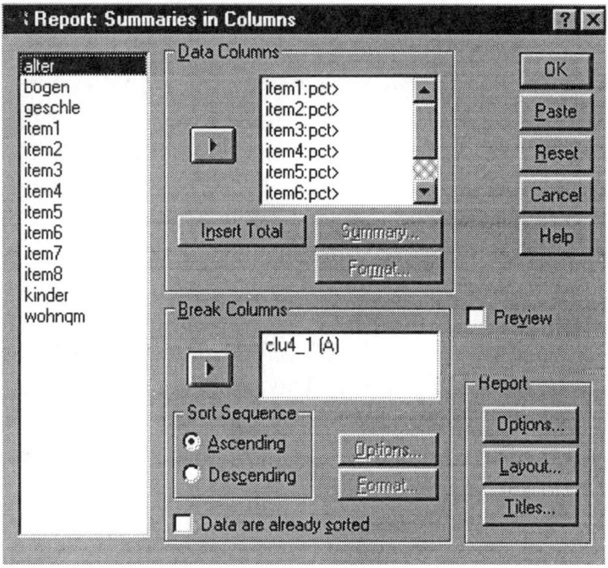

Abb. 78: SPSS: Auswertung der Cluster

Cluster	Item1 >0	Item2 >0	Item3 >0	Item4 >0	Item4 >0	Item5 >0
1	90,0%	90,0%	20,0%	100,0%	100,0%	20,0%
2	77,3%	95,5%	40,9%	36,4%	36,4%	81,8%
3	84,6%	76,9%	38,5%	23,1%	23,1%	92,3%
4	,0%	90,0%	10,0%	25,0%	25,0%	40,0%
Total	56,9%	89,2%	27,7%	40,0%	40,0%	61,5%

Abb. 79: SPSS Report über die Merkmalsverteilungen in den vier Clustern (hier nur für Item 1 bis Item 5 gelistet)

Die Matrix ist nun die Basis für eine sorgfältige Interpretation. Die vier hier gebildeten Cluster lassen sich schlaglichtartig beschreiben als:

Typ 1 - *Die Autolosen, aber wenig Umweltengagierten*
Typ 2 - *Die Umweltsensiblen*
Typ 3 - *Die Hedonisten* des *Sowohl-als-auch*
Typ 4 - *Die Autofahrer*

Hinter diesen plakativen Verdichtungen verbergen sich charakteristische Kombinationen von Verhaltensweisen. Der Typ 1 etwa ist ein Verhaltenstyp, dessen Verkehrsverhalten sehr umweltgerecht ist (Ausnahme: der Autoausflug am Wochenende). 90% kommen ohne Auto zur Arbeit und nehmen bei längeren Fahrten nicht das Flugzeug. Bei niemandem war die letzte Urlaubsreise eine Flugreise. Das Einkaufsverhalten ist aber keineswegs umweltgerecht: Nur 20% kaufen Recycling-Papier. 80% kaufen im Winter Treibhaussalat und gar 90% Früchte und Gemüse außerhalb der Saison, wenn sie von weit her eingeflogen werden müssen. Die Vermutung liegt nahe, dass das umweltgerechte Verkehrsverhalten daraus resultiert, dass den Mitgliedern dieses Clusters schlichtweg kein Auto zur Verfügung steht.

Die gebildeten Gruppen lassen sich gut interpretieren. Bevor man sich für diese Clusterlösung entscheidet, empfiehlt es sich aber, auch andere Clusterlösungen, etwa die 5-Cluster-Lösung, näher zu inspizieren. Dem heuristischen Charakter des Verfahrens entsprechend ist die Entscheidung für eine bestimmte Anzahl von Clustern in erster Linie von dem erwünschten Grad an Differenzierung und der Evidenz der Interpretation der Typologie abhängig. Bei einigen clusteranalytischen Verfahren existieren zudem auch statistische Kriterien für die Wahl einer bestimmten Clusterlösung (vgl. Bacher 1994: 253 ff.), doch haben auch diese Koeffizienten in erster Linie Hinweischarakter und legen die Anzahl der Cluster keineswegs deterministisch fest. Nach der Entscheidung für eine bestimmte Clusterlösung kann für jede Person angegeben werden, zu welchem der gebildeten Cluster sie gehört. Diese Information lässt sich, wie oben dargestellt, als Variable an die SPSS-Datenmatrix anfügen. Nun ist es von großem Interesse, diese Information der Zugehörigkeit zu einem bestimmten Typ auch im Kontext der Textanalyse zu benutzen. Dazu muss lediglich eine neue Fallvariable definiert werden - man könnte sie z.B. „Umweltverhaltenstyp“ nennen - und die Cluster-Zugehörigkeiten müssen eingegeben bzw. importiert werden.

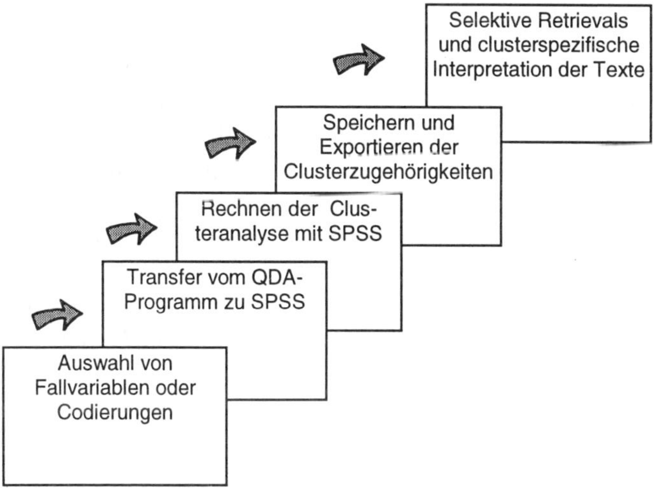

Abb. 80: Zusammenspiel von QDA-Software und SPSS

Die Verwendung der Clusteranalyse als Hilfsmittel bei der Typenbildung kann sowohl auf der Basis der Fallvariablen – wie in diesem Beispiel – als auch auf der Basis der Codierungen geschehen. Nach der Auswahl der Codes bzw. Variablen, die Grundlage der Typenbildung sein sollen, werden diese zu SPSS exportiert und die Analyse wird gerechnet. Nach Auswahl der „optimalen“ Typologie sind die Informationen über die Clusterzugehörigkeiten für alle Personen einzugeben. WINMAX enthält die Möglichkeit, eine komplette Datenmatrix von SPSS zu importieren und die importierten Variablen im Text-Retrieval zu benutzen, so dass die manuelle Eingabe entfällt. Mit der Clusterzugehörigkeit lassen sich nun im weiteren alle im Kapitel 8 beschriebenen Techniken des selektiven Retrievals durchführen.

11.4 Codemuster erkennen: Faktorenanalyse von Codierungen

Explorative Faktorenanalysen zur Entdeckung von Mustern im codierten Material können sowohl auf der Basis der Kategorienzuordnungen wie auf der Basis der Fallvariablen durchgeführt werden. Das folgende Beispiel arbeitet, anders als das zuvor dargestellte, nicht mit den Fallvariablen, sondern mit den Codierungen und knüpft an die in Kapitel 10 gegebene Darstellung der Leitbildanalyse an. Die Ausgangsfragestellung für die Analyse lautet: *Welche Muster enthält das Material in Bezug auf die vorgenommenen Codierungen nach dem Modell der Leitbildanalyse?*

Für jeden der Befragten lässt sich leicht sein spezifisches Muster der Codierungen ermitteln. Angenommen, man will wissen, welche Codierungen im Text der Befragten W. vorgenommen wurden: In WINMAX lassen sich über die Funktion HÄUFIGKEIT DER CODEWORTE die interessierenden Frequenzen ermitteln. Für den Bereich der Wunschprojektionen sehen diese wie folgt aus:

CODES	*absolut*	*Zeilen*
Wunschprojektion.sozial	0	0
Wunschprojektion.sozial.gesellsch. Visionen	3	21
Wunschprojektion.sozial.LA 21-Initiative	1	13
Wunschprojektion.sozial.Öffentlichkeit	1	1
Wunschprojektion.sozial.Partizipation/Politik	1	7
Wunschprojektion.sozial.Umgest. lok. Lebensr.	1	8
Wunschprojektion.ökologisch	1	12
Wunschprojektion.ökonomisch	0	0

Abb. 81: Codehäufigkeiten für die Befragte W.

Man erkennt, dass in diesem Interview insgesamt 8 Textstellen existieren, in denen von Wünschen im Sinne des Kategorienschemas die Rede ist. Die meisten Wünsche beziehen sich auf den sozialen Bereich, in erster Linie sind sie als „gesellschaftliche Visionen“ codiert worden. Mit diesem Code sind drei Textpassagen codiert, die insgesamt 21 Textzeilen umfassen. Ökonomische Wünsche werden im gesamten Interview, das zeigt die Tabelle, nicht geäußert. Da die Kategorie „Wunschprojektion/sozial” Unterkategorien besitzt, weist sie selbst keine Codierungen auf und ihre Häufigkeit ist in der Tabelle mit 0 ausgewiesen.

Diese verdichteten Informationen über den Inhalt des Interviews lassen sich für das gesamte Sample in einer Matrix zusammenstellen: Jedes Interview bildet eine Zeile und jeder Code bzw. Subcode eine Spalte. Abb. 82 zeigt dies für den Bereich der Wunschprojektionen (in der Tabelle abgekürzt als WP). Verfährt man nach diesem Muster mit allen Interviews und den übrigen Leitbildkategorien, so entsteht eine Matrix von 30 Zeilen (Befragte) mal 25 Kategorien. Mittels der explorativen Faktorenanalyse lässt sich nun nach Mustern in den Kategorien suchen.

Interview	WP. sozial. gesell-sch. Visionen	WP. sozial. LA 21-Initiativ	WP. Sozial. Öffentlichkeit	WP. sozial. Partizipation/ Politik	WP. sozial. Umges lok.Lebensr.	WP. ökologisch	WP. ökonomisch
W.	3	1	1	1	1	1	0
A.							
..							

Abb. 82: Die Ausgangsmatrix für die Faktorenanalyse

Die methodische Vorgehensweise der Faktorenanalyse ist in den gängigen Statistikbüchern (z.B. Bortz 1993: 472 ff.) hinreichend beschrieben, so dass hier auf eine Darlegung verzichtet wird. Das Verfahren durchläuft sechs Schritte:

1. Auswahl der in die Faktorenanalyse einzubeziehenden Codes
2. Erstellen bzw. exportieren der Matrix Personen mal Codes
3. Durchführen der Faktorenanalyse mit der SPSS-Prozedur FACTOR
4. Interpretation der Ergebnisse, d.h. der Faktorenstruktur und Variablenladungen
5. Berechnen der Faktorenwerte für jede Person (SPSS)
6. Zuordnung der Faktorenwerte zu den Texten, Rückbezug auf die Texte
7. Interpretative Auswertung der codierten Textsegmente der Leitpersonen, die die identifizierten Muster prototypisch repräsentieren

Die beiden ersten Schritte wurden oben bereits beschrieben. Die Variablen der Faktorenanalyse bestehen hier aus 25 Codes, den relevanten Leitbilddimensionen. Sieben Codes hiervon sind die oben dargestellten Codes der Leitbilddimension „Wunschprojektionen“.

Der dritte Schritt, die technische Durchführung der Faktorenanalyse, wird mit der SPSS-Prozedur FACTOR realisiert. Die Interpretation der Ergebnisse erfolgt auf der Grundlage der rotierten Faktormatrix. Unter Umständen wird man die Anzahl der Faktoren variieren und verschiedene Lösungen im Hinblick auf ihre Brauchbarkeit vergleichen. Im Projekt „Umweltkommunikation“ entschied man sich für eine Vier-Faktoren-Lösung, die 49% der Gesamtvarianz erklärt. Pro Person werden auf der Basis dieser Analyse Faktorenwerte für die vier Faktoren berechnet. So lässt sich ersehen, welche Personen das durch einen Faktor bezeichnete Kategorienmuster besonders ausgeprägt repräsentieren.

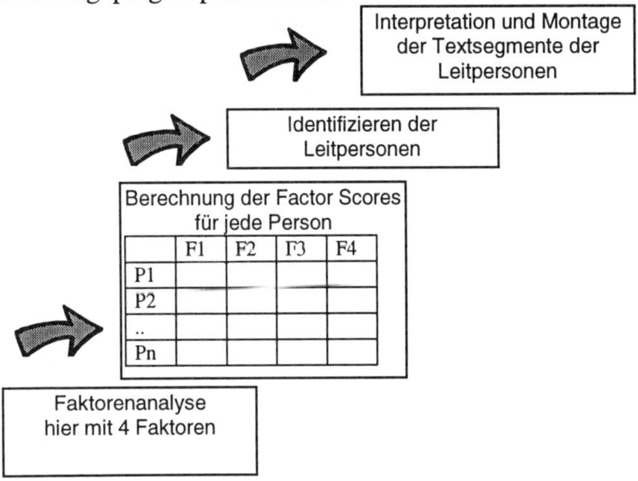

Abb. 83: Von der Faktorenanalyse zur Textinterpretation

Anders als in der quantitativ orientierten Forschung stellt die Faktormatrix hier nicht den Endpunkt der Analyse dar, sondern sie dient zur Identifikation von Mustern und hierfür repräsentativen Personen. Auf deren Textsegmente wird nun zurückgegriffen. Auf dieser Basis - und nicht aufgrund der Konstellation der Faktorladungen - lassen sich dann dichte Beschreibungen der Muster in Form von Leitbildern geben. Im Projekt Umweltkommunikation" wurden die Leitbilder wie folgt skizziert (de Haan/Kuckartz/Rheingans 1998):

- Erstens lässt sich das *Leitbild des starken persönlichen Engagements* identifizieren. Akteure dieses Typs sind durch ein hohes persönliches Engagement gekennzeichnet, das sich nicht nur auf die Aktivitäten in den Agenda-Initiativen bezieht, sondern auch den persönlichen Alltag umfasst. Die hohe Motivation geht mit einem gewissen missionarischen Eifer einher, ohne allerdings den Blick für pragmatische Aktivitäten und Lösungen zu verlieren. Man empfindet es als frustrierend, wenn Phantastereien in Hinblick auf Veränderungen (etwa: Abschaffung des Individualverkehrs) die Arbeitsgruppen beherrschen. Realistische Einschätzungen des Machbaren dominieren – wie auch das Interesse an solchen Themen und Aktionsplänen, die sich in kleinen Schritten umsetzen lassen.

- Das *zweite* identifizierte *Leitbild* gruppiert sich um die Vorstellung, es käme vor allem auf *die sich engagierenden Politiker und alles ordnenden Ämter an.* Das persönliche, private Engagement steht nicht im Zentrum der Betrachtung. Das „man" dominiert in der Rede gegenüber dem „ich". Die Staatsmacht soll durchsetzen, was „man" selbst für richtig hält. Um die Durchsetzung von Aktionsplänen, Konzepten und Ideen kreisen generell viele Gedanken innerhalb dieses Typs. Daher verwundert es auch nicht, dass bei der Frage nach den Erfolgskriterien für eine Lokale Agenda viele Ordnungswünsche und der Wunsch nach einem ordentlich aussehenden Stadtbezirk laut wird.
- Ein *drittes Leitbild* ist durch den *Glauben an die große LA 21-Gemeinde* geprägt. Auch hier wird – wie im zweiten Leitbild – das persönliche Verhalten nicht so sehr in den Vordergrund gestellt. Man glaubt eher an die Fachkräfte, die in den Initiativen den Prozess der Ausgestaltung einer Agenda voranbringen können und sollen. Dieses Votum wird zugleich gebrochen von der Vorstellung, man müsse möglichst viele Bür-

ger – also Laien – mit in das Agenda-Boot holen. Das geht, so weiß man, nur durch eine hohe Motivation der zu erschließenden Personenkreise und attraktive Arbeitsformen in den Initiativen. Von daher neigt man auch bei der Frage nach Erfolgskriterien dazu, den Prozess der Kommunikation als ein solches, entscheidendes Kriterium auszuweisen. Selbstreferentialität dominiert dann gegenüber einer Orientierung an spezifischen Themen.

- Das *vierte Leitbild* sieht – ähnlich dem zweiten – im *Staat den großen Agenda-Akteur*. Nun allerdings mit einer sehr pessimistischen Sicht auf den Normalbürger. Dieser, so die Vermutung, würde sich nicht ändern lassen, es sei denn, man verordnet diese Veränderungen. Die Zahl der konkreten Vorschläge, wo mit Verordnungen etwas zu bewegen sein müßte, ist außerordentlich lang. Und man selbst nimmt nun an den Agenda-Initiativen teil, weil man der Auffassung ist, hier dem Staat helfend beiseite stehen zu müssen.

12 Perspektiven der computergestützten qualitativen Datenanalyse

Zum Abschluss sei ein Ausblick auf die Zukunft der computergestützten Analyse qualitativer Daten gewagt. In den 90er-Jahren hat die Informationstechnik, insbesondere die PC-Technik, rasante Fortschritte gemacht und dies ist nicht ohne Auswirkung auf die QDA-Software geblieben: Neue verbesserte Versionen erschienen in rascher Folge, während manche Programme dem Innovationsdruck erlagen und ganz vom Markt verschwanden. Die Zahl der Benutzer schnellte sprunghaft nach oben. So, wie im Märchen „Frau Holle" das ausgebackene Brot aus dem Ofen heraus rief: "Zieh mich raus" oder der Apfelbaum voller reifer Äpfel bat: „Schüttel mich", so hat die Informationstechnik den Sozialwissenschaftlern in den 80er-Jahren zugerufen: „Nutze mich". Zunächst waren es nur wenige, die den Ruf vernahmen - vermutlich, weil sie eine gewisse Affinität zur Computertechnik besaßen - und ihre Ideen in erste, noch primitive Computerprogramme umsetzten. Diese riefen nun ihrerseits einer größeren Schar von Sozialwissenschaftlern zu: „Versuchs mal, nutze mich". Und siehe, es wurden tatsächlich in kurzer Zeit immer mehr und mehr. Wünsche zur Verbesserung gab es viele und in rascher Folge lösten sich deshalb in den 90er-Jahren neue Programmversionen ab.

Heute sind auf dem Wunschzettel des qualitativen Forschers nicht mehr viele Wünsche offen. Überwiegend beziehen sich diese auf die automatische Transkription von Tonbandinterviews, einem Feld, das nicht direkt zum Aufgabenkreis von QDA-Programmen zu zählen ist. Die Möglichkeiten der QDA-Software sind von der traditionell eher technikfernen Scientific Community qualitativer

Forscher mehrheitlich positiv, teilweise sogar enthusiastisch begrüßt worden. Die Softwareentwicklung - und dies ist die andere Seite der Medaille - ist der Methodenentwicklung inzwischen weit vorausgeeilt. Diese Lücke zwischen Softwareentwicklung und Methodenentwicklung, die eher noch größer als kleiner zu werden scheint, hat, wie nicht anders zu erwarten, auch Kritiker auf den Plan gerufen (vgl. Barry 1998; Coffee/Holbrook/Atkinson 1996; Lee/Fielding 1996). Von Kritikern wird etwa argumentiert, in die gegenwärtige QDA-Software seien ganz bestimmte Vorannahmen und ein ganz bestimmter Analysestil „eingeschrieben" (Coffee u.a.1996). Das zielt vor allem auf eine der Basistechniken von QDA-Software, nämlich auf das Codieren bzw. das „Code-and-Retrieve".

Aber stimmt dieser Vorwurf? Fassen wir zunächst noch einmal die Stärken und die Vorteile moderner QDA-Software zusammen:

- Einfaches und zeitsparendes Codieren der Daten
- Suche nach komplexen Suchausdrücken in den Texten
- Möglichkeit der kontinuierlichen Entwicklung des Kategoriensystems
- Leichtes Recodieren der Daten und einfache Veränderung der Kategorien
- Möglichkeit, Memos zu schreiben, zu speichern und mit ihnen zu arbeiten
- Bessere Handhabbarkeit auch größerer Stichproben
- Verbindung von Textanalyse und quantitativen Variablen
- Verfahren zur Entdeckung und Überprüfung von komplexen Mustern in den Daten

Die Vorteile gegenüber der manuellen Auswertung liegen auf der Hand, sie liegen auch und gerade in einem Zugewinn an interner Validität, in einer erhöhten Transparenz und Nachvollziehbarkeit der Analyse. Zudem ist man flexibler als zu Zeiten manueller Auswertungstechniken, kann mehr Sachen ausprobieren, mit den Daten und den Codes „spielen" und dabei zufällige Entdeckungen machen, ein Phänomen, das mit dem englischen Begriff „serendipity" umschrieben wird. Moderne QDA-Software schafft eine nie gekannte Nähe zu den Daten. Auszunehmen ist hier allenfalls die Ein-Personen-Forschung, bei der die gesamte Datenerhebung in der Hand einer Person liegt, die gewissermaßen alles „im Kopf" hat – hier gibt es in der Tat mehr „head notes" als „field notes".

Nutzt man QDA-Software, so ist im Vergleich zur Arbeit mit Aktenordnern und Karteikarten der Überblick über das Material ungleich besser. Die Daten werden in ihrer Vielfalt zur Kenntnis genommen, und es fällt leichter, die eigenen Vermutungen und Hypothesen zu überprüfen und eventuell gegenteilige Beispiele im Material zu finden. Dies verändert in der Tat bisherige Forschungsstile. Nur allzu oft herrschte in der qualitativen Datenanalyse die Strategie einer „positiven Beweisführung" vor. Forschungsberichte wurden mit der Intention verfasst, eine ganz bestimmte Deutung zu stützen. Das Material wurde entsprechend selegiert und die auf diese Weise ausgewählten Textstellen als Belege präsentiert. Dem Leser blieb da nur der Glaube, dass es sich tatsächlich um Selektionen des „Typischen" und nicht um Lesarten mit subjektivem Bias handelte.

Barry (1998: 2.4) vermutet, dass es eher die Nicht-User von QDA-Software sind, die Kritik äußern. Wer die Programme aus der Nähe kennt und längere Zeit mit ihnen gearbeitet hat, wird feststellen, dass von einer Homogenität der QDA-Software überhaupt nicht die Rede sein kann. Die Ansätze der Programmentwickler sind durchaus verschieden und – unabhängig von diesen Differenzen in den Intentionen der Autoren – stellen die Programme eine Sammlung verschiedenartiger Werkzeuge dar, die sich auf diese oder jene Weise benutzen lassen – unter Umständen auch völlig anders, als es von den Autoren intendiert wurde.

Lee/Fielding (1996) weisen ferner auf den Tatbestand hin, dass qualitative Forscher immer schon einen Analysestil des *Codierens* praktiziert haben (prototypisch Glaser/Strauss), völlig unabhängig von der Verfügbarkeit von Computersoftware. Qualitativ schlechte Forschung, oberflächliche Interpretationen, unzureichende Durchdringung des Datenmaterials, all dies gab es auch schon vor der Existenz von QDA-Software, und wenn Seidel (1991) davor warnt, sich im Vorgang des Codierens zu verlieren („finding the codes and loosing the phenomena"), so gilt auch hier, dass es keines Computers bedarf, um den Wald vor lauter Bäumen nicht mehr zu sehen.

Nun scheint es andererseits aber etwas tief gestapelt, wenn die Rolle des Computers bei der qualitativen Datenanalyse auf die eines bloßen (harmlosen) Werkzeugs reduziert wird. In den Anfängen der Diskussion über QDA-Software zu Beginn der 80er-Jahre, als es noch galt, den Computer für die qualitative Datenanalyse zu „destigmatisieren", wurde des Öfteren die Metapher vom Computer als „clerk", als Sekretär/Protokollführer, benutzt. Der „clerk" spielt nun offensichtlich im Unternehmen eine nachrangige Rolle und hat mit den eigentlichen Geschäften wenig zu tun. Dies scheint hier nun doch anders zu sein, denn mit herkömmlichen Mitteln (Papier,

Bleistift, Karteikarten, Klebstoff und Aktenordnern) ist es so gut wie unmöglich, umfangreiche und komplexe verbale Daten zu organisieren und adäquat zu analysieren. Wenn, wie Strauss schreibt, Codieren der Prozess der Datenanalyse ist, dann sind die Fähigkeiten von QDA-Software nicht hoch genug zu veranschlagen. Sie sind weitaus mehr als ein bloß technisches Hilfsmittel, wie dies in den Anfängen des Qualitative Computing behauptet wurde. Sie bedeuten einen *Innovationsschub* für die Analyse selbst.

So falsch der Vorwurf von Coffee u.a. (1996) auch sein mag, dass hier eine neue Orthodoxie zu entstehen drohe, so richtig ist wohl die Beobachtung, dass sich hier eine (schleichende) Evolution der Analyseformen vollzieht. Die technische Art und Weise, wie die Datenauswertung stattfindet, beeinflusst vermutlich das inhaltliche Geschehen, wenn vielleicht auch nur unmerklich. In Anlehnung an das auf die Medien und ihre Rolle zielende Dictum von McLuhan, dass *das Medium die Message ist*, wird man wohl genauer hinsehen müssen, welche Auswirkungen dieses technische Instrumentarium denn nun eigentlich auf die Methodik der Datenanalyse hat. Hier wird es aber weniger um Bewertungen im Sinne von „gut" oder „schlecht" gehen als vielmehr um empirische Forschung in der Form, wie Fielding und Lee sie mit ihrer Studie über die Benutzer von QDA-Software bereits begonnen haben (Fielding/Lee 1998).

Hält man sich an Mayrings Unterscheidung von Explikation, Zusammenfassung und Strukturierung als den drei Grundorientierungen der Inhaltsanalyse und fragt, ob QDA-Software eigentlich für alle drei Orientierungen von Nutzen ist, so fällt die Antwort positiv aus. Seidel (1991) glaubte, zwei große Linien in der Analyse von qualitativem Material zu erkennen: *Scope* und *Resolution*.

Scope (Überblick) bedeutet, dass die analytische Aufmerksamkeit auf einen größeren Umfang von Daten gerichtet wird, während Resolution (Feinanalyse) ein sehr kleines Stück Daten intensiv analysiert. Seidels Befürchtung, dass durch vermehrten Einsatz von QDA-Software ein Bias entsteht, der interpretative, hermeneutische Arbeit zugunsten von „distributional research" aufgibt, mag empirisch vielleicht zutreffen. Doch ist dies vermutlich eher darin begründet, dass die überwiegende Zahl der Forscher eben mehr an einem Überblick, an Verteilungen und der Entdeckung von sozialen Regelmäßigkeiten interessiert ist. Es ist jedenfalls kein inhärenter Effekt von QDA-Software, denn diese kann auch die Feinanalyse sehr effektiv unterstützen, etwa durch Suche nach ähnlichen Textstellen, durch Heranziehen von näherem und fernerem Kontextmaterial. Der Orthodoxieverdacht lässt sich jedenfalls schwer erhärten: QDA-Software unterstützt eine Vielzahl analytischer Strategien und drängt die Nutzer keineswegs in Richtung eines Idealtyps qualitativer Datenanalyse.

Wie wird es weiter gehen, in welche Richtung(en) wird sich die Software für die sozialwissenschaftliche Text- und Inhaltsanalyse entwickeln? Hier scheinen mir vier Entwicklungsfelder zukünftig von zentraler Bedeutung zu sein:

- Teamarbeit
- Lexikalische Suche
- Komplexe Analyse
- Quantitativ/qualitativ-Integration

Das erste wichtige Feld betrifft den gesamten Komplex der Teamarbeit: Im Hinblick auf die Unterstützung des kooperativen Arbeitens von Forschergruppen ist noch manches an Verbesserungen denkbar, denn qualitative

Forschung wird normalerweise nicht von Einzelpersonen, sondern in einem Team betrieben.

Verbesserte Techniken der lexikalischen Suche mit integrierten Möglichkeiten zur automatischen Codierung erscheinen als das zweite bedeutsame Entwicklungsfeld. Die lexikalische Suche ist ursprünglich keine Technik qualitativer Analyse, wird aber von den Benutzern von QDA-Software gern und häufig eingesetzt, denn sie stellt einen schnellen und voraussetzungslosen Zugang zu den Daten dar.

Den dritten Schwerpunktbereich der Weiterentwicklung könnte die Integration von formalisierten Methoden der Mustererkennung darstellen. Zu Beginn der 90er-Jahre war es nur das Programm NUD.IST, das eine Vielzahl von Optionen für komplexes Text-Retrieval vorsah. Mittlerweile haben (fast) alle Programme in diesem Punkt nachgezogen. Nun stellt sich die Frage: Wie kann man jenseits der eher deskriptiven Technik des Text-Retrievals Muster in den Daten erkennen?

Den vierten bedeutsamen Entwicklungstrend könnte man als *Cross-Over* charakterisieren. Die Zeit einer strikten Gegenüberstellung von qualitativen und quantitativen Methoden ist offenkundig vorüber, und es deutet sich an, dass die Kluft zwischen qualitativer und quantitativer Inhaltsanalyse geringer wird. Aufgrund technischer Gegebenheiten und der unterschiedlichen Fallzahl der beiden Analyseformen wird man zwar kurzfristig nicht mit der Integration der traditionellen Content Analysis in QDA-Software rechnen können, doch ist ein steigendes Interesse festzustellen, Techniken qualitativer und quantitativer Inhaltsanalyse miteinander zu verbinden.

Es liegt in der Natur der Sache, dass sich Zukunft schlecht vorhersagen lässt, vor allem in einem Bereich, der einem solch schnellen Entwicklungstempo unterliegt.

So sind es vermutlich auch nicht primär die oben benannten vier potentiellen Entwicklungsfelder der Text- und Inhaltsanalyse, die den Motor der Weiterentwicklung von QDA-Software darstellen werden. Nach wie vor kann man erwarten, dass es die generelle Entwicklung der Informationstechnik und PC-Software ist, die hier die entscheidenden Impulse geben wird. Wer hätte schon Anfang der 90er-Jahre, als die Maus nur Mac-Benutzern bekannt war, vorausgesehen, welche Möglichkeiten die graphischen Benutzeroberflächen auch und gerade für die qualitative Datenanalyse bieten.

Wie man sieht: QDA-Software verspricht auch in den nächsten Jahren ein weiterhin faszinierendes Feld der Methodenentwicklung zu bleiben.

Anhang

Download und Installation der winMAX Demoversion

Aus dem Internet (http://www.winmax.de) kann eine aktuelle Try-out-Version von WINMAX heruntergeladen werden, um die Übungsaufgaben dieses Buches zu bearbeiten. Wenn Sie mit dem Download von Dateien aus dem Internet bislang nicht vertraut sind, sollten Sie folgende Hinweise beachten:

1. Zunächst richten Sie einen neuen Ordner auf der Festplatte ein. Im WINDOWS Explorer klicken Sie auf DATEI > NEU > ORDNER. Nennen Sie den Ordner z.B. „Download".
2. Klicken Sie nun in der WINMAX Website einfach auf den Link *Demoversion* und speichern Sie die Datei in dem neu eingerichteten Ordner auf Ihrer Festplatte.
3. Alle Programmdateien sind in einem ZIP-Archiv enthalten, d.h. es wird nur eine Datei übertragen. Nach dem erfolgreichen Download müssen die Dateien zunächst mit einem Zip-Programm, z.B. WINZIP, extrahiert werden. Doppelklicken Sie auf die heruntergeladene Datei und extrahieren Sie alle Dateien in dem von Ihnen neu eingerichteten Ordner.

Nun kann durch Doppelklick das WINMAX Setup Programm („Setup.exe") gestartet werden. Die Installation erfolgt automatisch, bestätigen Sie lediglich die Vorschläge - es gibt keinen Grund, Änderungen vorzunehmen. Nähere Hinweise auf den Ablauf der Installation können Sie der Datei README.TXT entnehmen.

Nach der erfolgreichen Installation finden Sie das WINMAX Programmsymbol im Startmenü in der Gruppe „Programme" wieder und können das Programm starten. Ein WINMAX-Tutorial, das die technische Handhabung des Programms Schritt für Schritt erklärt, kann nach dem gleichen Muster wie die Demoversion von der Webseite heruntergeladen werden

QDA Software-Übersicht

Im Folgenden wird eine Übersicht über die Funktionen von fünf QDA-Programmen gegeben, die zum Zeitpunkt der Abfassung des Manuskripts (Nov. 1998) interessant erschienen. Vorgestellt werden die Programme: AQUAD, ATLAS/ti, NUD.IST, THE ETHNOGRAPH und WINMAX. Alle Programme sind als englischsprachige Versionen erhältlich, eine deutsche Version mit deutschem Handbuch existiert nur von WINMAX. Alle Programme laufen unter WINDOWS, nur NUD.IST bietet eine spezielle Version für den Macintosh. Um dennoch mit den anderen Programmen arbeiten zu können, gibt es für Mac-Benutzer die Möglichkeit, SOFTWINDOWS™ (Insignia Solutions Inc.) oder VIRTUAL PC zu installieren. Erfahrungen von Benutzern deuten aber darauf hin, dass dies mit Einbußen an Schnelligkeit verbunden ist. Wer QDA-Software für die eigene Arbeit auswählt, sollte sich zunächst darüber klar werden, welche Art von Auswertung durchgeführt werden sollen und welche QDA-Tools hierfür benötigt werden. Von Belang sind auch die Art und der Umfang des Materials. Ein einfaches Projekt besteht vielleicht nur aus einer Einmalerhebung (z.B. offenen Interviews) mit wenigen Probanden einer homogenen Gruppe. Komplexe Projekte bestehen vielleicht aus mehreren Erhebungszeitpunkten, verschiedenen Gruppen von

Probanden, verschiedenen Datentypen und großen Samples. Auch die Arbeitsorganisation ist von großer Bedeutung, d.h. wie viele Personen an der Textanalyse beteiligt sein werden und in welcher Form sie kooperieren sollen. Die von den führenden Programmen erhältlichen Demoversionen machen es möglich, die Analysefunktionen auszuprobieren. Leider lassen aber nicht alle Programme einen realitätsnahen Test zu, da sie dem Benutzer nur erlauben, mit einigen wenigen Texten zu arbeiten (z.B. THE ETHNOGRAPH nur mit 3 Texten!). Für die Auswertung komplexer Projekte lässt sich so natürlich kein Praxistest durchführen.

Auf den folgenden Seiten werden die Programme nach einem einheitlichen, aus 12 Punkten und entsprechenden Leitfragen bestehenden Schema beschrieben:

1.	*Programmname, Autor*
2.	*Kurzbeschreibung*
3.	*Sprache, Hard- und Softwareerfordernisse*
4.	*Texte*: Wie müssen die Texte gestaltet werden? Welche Begrenzungen hinsichtlich Format, Anzahl der Texte, Länge der Texte etc. gibt es? Müssen Texteinheiten vorab definiert werden? Müssen die Texte eine bestimmte Struktur aufweisen, z.B. eine bestimmte Zeilenlänge?
5.	*Codes/Kategoriensystem*: Wie ist ein Code im Programm definiert? Gibt es Subcodes? Welchen Typs ist das Kategoriensystem? Wie geht das Codieren vonstatten? Kann man das gleiche Segment mehrmals codieren? Werden Codierungen visualisiert, in welcher Form? Dürfen Codierungen sich überlappen oder ineinander verschachtelt sein? Wie einfach sind Veränderungen von Codierungen und Kategoriensystem, z.B. Codierungen löschen, Codes fusionieren und ausdifferenzieren? Lässt sich die Relevanz von Textsegmenten markieren?
6.	*Memos*: Wie sieht ein Memo aus, aus welchen Angaben besteht es? Welche Arten von Memos gibt es? Wie werden Memos angezeigt? Gibt es Begrenzungen hinsichtlich der Anzahl und Größe von Memos? Kann man Codeworte zu Memos zuordnen? Wie ist die gesamte Sammlung von Memos organisierbar, kann man in

	Memos suchen, Memos nach bestimmten Codes selegieren?
7.	*Fallvariablen*: Kann man Fallvariablen definieren? Welchen Typs? Wie viele? Gibt es Import-Export-Möglichkeiten zu SPSS? Kann man Fallvariablen und Text-Retrieval verbinden?
8.	*Text-Retrieval*: Wie werden codierte Segmente wiedergefunden? Gibt es eine Zusammenstellung der Segmente in einer Liste? Kann man vom codierten Segment in den Herkunftstext springen? Ist selektives Retrieval in Abhängigkeit von Fallvariablen möglich. Welche Funktionen zur Evaluierung von gleichzeitigem Vorkommen von Codes gibt es?
9.	*Lexikalische Suche/automatische Codierung*: Ist lexikalische Suche in den Texten möglich? Kann eine Auswahl von Texten nach bestimmten Kriterien vorgenommen werden? Ist eine automatische Codierung der Treffer möglich? Lässt sich ein Keyword-in-Context erstellen? Lassen sich aufeinander aufbauende Suchrecherchen durchführen?
10.	*Unterstützung von Teamarbeit*
11.	*Besondere Funktionen*
12.	*Webseite*

Die Kurzbeschreibungen der Programme und die Hard- und Softwareerfordernisse basieren auf den zugehörigen schriftlichen Unterlagen und Erfahrungen, die der Autor beim Ausprobieren gemacht hat. Die Übersichten sind sorgfältig zusammengestellt, dennoch lässt sich nicht garantieren, dass alle Informationen und Details auch vollständig korrekt sind. Noch weniger garantieren lässt sich, dass die Funktionen fehlerfrei funktionieren. Die angegebenen Internet-Adressen machen es jedem möglich, sich über den neuesten Stand der Programme zu informieren und gegebenenfalls eine Demoversion herunterzuladen und auszuprobieren. Die bisherige Schnelligkeit der Weiterentwicklung von QDA-Software macht es ohnehin wahrscheinlich, dass dann, wenn diese Zeilen gelesen werden, bereits verbesserte und erweiterte Versionen verfügbar sind.

AQUAD Version 5.4, 1998, G. Huber (Schwangau/Deutschland)

2	AQUAD ist ein von Günter Huber (Uni Tübingen) in Deutschland entwickeltes Programm, das seit 1987 existiert. Es orientiert sich an dem von Shelly/Sibert für den Großrechner entwickelten Programm Qualog, das den Schwerpunkt auf Techniken der logischen Programmierung legt. AQUAD offeriert neben einem Spektrum von Code-and-Retrieve Funktionen auch die Erstellung von Text-Matrizen. Kernstück des Programms sind die Möglichkeiten zur Formulierung von logischen Bedingungen über Code-Relationen. Hier kann der Benutzer auch eigene Hypothesen über Code-Zusammenhänge mittels der Programmiersprache Prolog formulieren.
3	Englisch, 16 und 32-Bit Windows, Windows 3.1, 95/98 oder NT mit 16 bzw. 32 MB RAM
4	Texte müssen als ASCII-Texte mit fester Zeilenbreite formatiert sein. Die Zeilenbreite kann maximal 60 Zeichen pro Zeile betragen. Maximal können 1000 Texte bearbeitet werden. Eine Vorab-Definition von Texteinheiten ist nicht notwendig.
5	Codes sind bis zu 22 Zeichen lange Bezeichnungen. Codieren geschieht durch Markieren des Textes und Eingabe des Codes oder Auswahl aus der alphabetischen Codeliste. Codierungen können sich überlappen und verschachtelt sein, pro Textsegment sind maximal 10 Codes möglich. Die kleinste Einheit des Codierens ist eine Textzeile. Es wird ein lineares Kategoriensystem aufgebaut. Der Anfang einer Codierung wird durch ein „X" in der Spalte „Codes" visualisiert. Durch Metacodes können mehrere Codes zusammengefasst werden.
6	Memos bestehen aus einem beliebig langen Text und einem Keyword. Es kann ein Codewort zugeordnet werden. Memos können nur an Textzeilen angeheftet werden, zu jedem Code kann eine kurze Beschreibung eingegeben werden. Die Zahl der Text-Memos ist nicht begrenzt. Das Vorhandensein von Text-Memos wird angezeigt.
7	Fallvariablen können nur in Form von Codes gebildet werden. SPSS Export/Import-Features sind nicht verfügbar.
8	Beim einfachen Retrieval sind Codes aus der Codeliste auszuwählen. Die so codierten Textstellen werden hintereinander in eine Liste geschrieben, die gedruckt oder gespeichert werden kann. Direktes Zurückspringen vom codierten Segment in den Primärtext ist nicht möglich. Eine Vielzahl von Optionen macht komplexe Text-Retrievals möglich. Anfragen nach dem gemeinsamen Vorkommen von Codes lassen sich mit einem Linkage-Editor konstruieren. Wenn man Codes so gebildet hat, dass sie in einem Text nur einmal vorkommen (z.B. sozio-demographische Codes), lassen sich Tabellenanalysen durchführen. Bei der aufwendigsten Form,

	den Texttabellen, werden codierte Segmente für ausgewählte Codeworte in Matrixform erstellen. Die Zeilen werden durch die Codeworte, die Spalten durch die sozio-demographische Variable gebildet.
9	Die einfache Suche nach Textstrings ist möglich. Es können Listen von Suchstrings aufgebaut werden. Keyword-in-Context ist möglich, der Kontextumfang lässt sich nicht beeinflussen. Automatische Codierung und aufeinander aufbauende Suchprozesse sind nicht vorgesehen.
10	Zur Unterstützung von Teamarbeit sind keine speziellen Funktionen vorgesehen.
11	Der Benutzer kann eigene Hypothesen über die logischen Relationen in der Programmiersprache Prolog formulieren. AQUAD enthält ein Modul, das die Analyse nach dem Verfahren der logischen Minimierung nach Ragin ermöglicht.
12	http://www.aquad.com

	ATLAS/ti Version 4.1, 1997, T. Muhr (Berlin/Deutschland)
2	ATLAS-TI ist ein seit Ende der 80er-Jahre von Thomas Muhr (Scientific Software Development, Berlin) kontinuierlich weiterentwickeltes Programm mit einem graphischen User-Interface. ATLAS-TI kann nicht nur Texte bearbeiten, auch die Codierungen von Bildmaterial und - derzeit noch eher eingegrenzt - Audiomaterial ist möglich. Das Programm bietet vielfältige Optionen. Codierungen, Memos und das Codesystem werden visuell dargestellt. Kernstück von ATLAS-TI ist die graphische Darstellung von Codenetzwerken.
3	Englisch, 32-Bit-Windows, Windows 95,98, NT mit 16 bzw. 32 MB RAM
4	Texte müssen als ASCII-Texte mit Zeilenumbruch formatiert sein. Die Texte werden nicht importiert, sondern verbleiben an ihrem Platz. Es gibt keine Begrenzung hinsichtlich der Anzahl und der Länge der Texte. Eine Vorab-Definition von Texteinheiten ist nicht notwendig.
5	Codes sind beliebig lange Bezeichner. Subkategorien lassen sich nicht direkt definieren, aber Codes können zu Netzwerken und Codefamilien arrangiert werden. Die Codes werden hintereinander in einem Listenfenster angezeigt. Mittels verschiedener Verfahren wird direkt am Text codiert. Der Text wird mit der Maus markiert, das Codewort in der Liste angeklickt oder neu eingetippt. Mehrfachcodierung und Überlappung von Segmenten sind möglich. Drag and drop wird unterstützt. Codierungen werden neben dem Text angezeigt. Textstellen können über Hyperlinks miteinander verbunden werden.

6	Ein Memo in ATLAS-TI ist eine Text-Datei mit einem speziellen Memo-Titel. Autor und Entstehungsdatum werden ebenfalls festgehalten. Memos können zu Textstellen, Codes und Memos zugeordnet werden. Zu jedem Memo kann eine Typangabe gespeichert werden (Theorie-Memo, beschreibendes Memo o.ä.), die als Filterkriterium dienen kann. Zuordnung von Codes zu Memos ist nicht vorgesehen. Beliebig viele Memos können definiert werden.
7	Fallvariablen im Sinne eines eigenen Datentyps gibt es nicht, aber ATLAS kann Informationen dieses Typs als spezielle Codes („scaled codes") handhaben. Es müssen dann so viele dichotome Codes definiert werden wie Skalenpunkte vorhanden sind.
8	Beim einfachen Retrieval wird ein Code aus der Liste ausgewählt. Eine Liste aller codierten Segmente dieses Codes wird angezeigt. Von dort aus kann direkt zur Textstelle gesprungen werden. Diese wird hervorgehoben im umgebenden Text dargestellt. Mittels des vielfältigen Query Tools sind komplexe Text-Retrievals möglich. Die Formulierung der Suchfragen geschieht mit einer gewöhnungsbedürftigen Abfragesprache.
9	Umfangreiche lexikalische Suche in den Texten ist möglich. Man kann in nur einem (geöffneten) Text, in Textfamilien oder in allen Texten einer hermeneutischen Einheit gleichzeitig suchen. Automatische Codierung von Treffern ist möglich. Keyword-in-Context ebenfalls.
10	Atlas versieht alle Codes, Memos und Codings mit einem Stempel des Autors und unterstützt Teamarbeit durch die Möglichkeit, Projekte (in ATLAS-Terminologie „Hermeneutische Einheiten") zu fusionieren. Außerdem kann das Projekt in HTML-Format gespeichert werden.
11	Besonderheit von ATLAS-TI ist die Netzwerkstruktur der Codes und die Möglichkeit, Audio- und Graphik-Dateien zu bearbeiten.
12	http://www.atlasti.de

	NUD.IST Version 4.0, 1997, QSR (Melbourne/Australien),
2	NUD.IST, von Lyn und Tom Richards (La Trobe University/Melbourne) entwickelt, ist ein bereits seit den 80er-Jahren auf dem Markt befindliches Programm, das vor allem in den USA und England benutzt wird. Die Stärken des Progamms liegen in den vielseitigen Möglichkeiten der Suche nach dem gemeinsamen Vorkommen von Codes. Die Schwächen liegen im Bereich des Zugangs zu den Daten und vor allem in der fehlenden Visualisierung von Codierungen und Memos.
3	Englisch, 16-Bit-Windows, Windows 3.1, 95,98, NT mit 8 MB RAM (16 MB empfohlen), Apple Macintosh Power PC oder 680x0 CPU, System 7 in Virtual Memory Mode, 8 MB

4	Texte müssen als ASCII-Texte formatiert sein. Zeilenumbruch ist nicht notwendig, da NUD.IST beim Import alle Texte auf eine voreinstellbare Zeilenlänge umbricht. Anders als die vier anderen hier beschriebenen Programme kann NUD.IST nur Texteinheiten codieren - das ist der Text bis zum nächsten Absatzzeichen. Deshalb ist es unumgänglich, sich vor dem Importieren der Texte Gedanken über die Definition von Texteinheiten zu machen. Begrenzungen hinsichtlich der Anzahl der Texte und ihrer Länge gibt es nicht.
5	Die kleinste Codiereinheit ist eine Texteinheit. Codiert wird direkt am Bildschirm, indem die Texteinheit(en) markiert werden und ein bestehender oder neuer Code (=Node) zugewiesen wird. Es kann mit einem hierarchischen Kategoriensystem gearbeitet werden. Codierungen dürfen sich überlappen und verschachtelt sein, es gibt keine Begrenzungen in Bezug auf das Codieren. Eine Visualisierung der Codierungen am Text erfolgt nicht.
6	Text-Memos können in Form einfacher Dateien erstellt werden, die dann in den Text eingefügt werden und immer sichtbar sind. Text-Memos werden wie Text behandelt, d.h. sie sind also auch codierbar. Auch für Codes können Memos eingegeben werden. Beschränkungen hinsichtlich der Anzahl der Text-Memos bestehen nicht. Visualisierung erfolgt nicht.
7	Fallvariablen im Sinne eines eigenen Datentyps gibt es nicht, aber NUD.IST ist in der Lage, Informationen dieses Typs (z.B. sozio-demographische Variablen) als gesonderte „Nodes“ im Indexsystem zu behandeln und auch in Form einer Tabelle im ASCII-Format zu importieren und zu exportieren. Auf diese Weise lässt sich für nominalskalierte Variablen ein Datentransfer von und zu SPSS realisieren.
8	Textsegmente können aufgrund komplexer Suchabfragen wiedergefunden werden. NUD.IST sieht vor, die Kategorienhierarchie in das Retrieval einzubeziehen, d.h. Subcodes (=children) werden optional in das Retrieval integriert. Zusammenstellung der Fundstellen ist als Report möglich. Zur Evaluation des gleichzeitigen Vorkommens von Codes gibt es umfangreiche Funktionen (überlappende Codes, eingebettete Codes, Entfernungsoperatoren etc.). Die Ergebnisse solcher komplexer Retrievals können unter einem neuen Code automatisch codiert werden.
9	Der Text kann nach Strings abgesucht werden. Mittels Operatoren sind auch komplexe Suchabfragen möglich. Texte können für die lexikalische Suche ausgesucht oder aus ihr ausgeschlossen werden. Den Treffern einer lexikalischen Suche kann automatisch ein Code zugewiesen werden. Keyword-in-Context ist nur über diesen Umweg der automatischen Codierung mög-

	lich. Aufeinander aufbauende Suchvorgänge sind möglich.
10	NUD.IST unterstützt Teamarbeit durch die Möglichkeit, zwei Projekte zu fusionieren.
11	NUD.IST erlaubt die Erstellung von Command-Files, mit denen sich wiederkehrende Befehlsfolgen speichern lassen.
12	http://www.qsr.com

	The Ethnograph V 5.0, 1998, J. Seidel (Salt Lake City/USA)
2	The Ethnograph wurde von John Seidel (Qualis Research) schon in den 80er-Jahren als DOS Version entwickelt und war in dieser Zeit das am weitesten verbreitete Programm in den USA. The Ethnograph ist ein klassisches Cut-and-paste Programm und ist primär für das Segmentieren und Codieren von Texten konzipiert. Ende 1998 erschien die lange angekündigte Windows-Version, der die DOS-Vergangenheit noch stark anzumerken ist. Das Programm wird nun zwar nicht mehr durch Eingabe von Buchstabenkürzeln, sondern mittels der Maus gesteuert, doch werden die Möglichkeiten einer graphischen Benutzeroberfläche so gut wie gar nicht genutzt.
3	Englisch, 16-Bit-Windows, Windows 3.1, Windows 95/98, NT
4	Texte müssen als ASCII-Texte mit fester Zeilenbreite formatiert sein. Maximal sind nur 40 Zeichen pro Zeile zulässig, sind die Textzeilen länger, werden sie von The Ethnograph einfach abgeschnitten. Die Texte dürfen 9999 Zeilen lang sein, eine Vorab-Definition von Texteinheiten ist nicht notwendig. Die Texte werden in einem sehr kleinen, nicht veränderbaren Fenster dargestellt.
5	Codes sind maximal 10 Zeichen lange Bezeichnungen. Zwischen Groß- und Kleinschreibungen wird nicht unterschieden, d.h. Codes bestehen nur aus Großbuchstaben. Das Kategoriensystem ist hierarchischen Typs, allerdings dürfen die Subcodenamen nur ein einziges mal vorkommen. Es wird eine alphabetische geordnete Liste der Codes erstellt, auch die Darstellung als Codewortbaum mit Subcodes ist möglich, sie erfolgt allerdings in einem sehr kleinen Fenster. In einem Codebook können kurze Definitionen der Kategorien abgelegt werden. Die kleinste Einheit der Codezuordnung ist eine Zeile. Beim Codieren wird der Text mit der Maus markiert und ein Codewort eingegeben oder aus der Liste ausgewählt. Da die Liste jedesmal neu geladen wird, ist die Auswahl aus der Liste bei umfangreicheren Kategoriensystemen umständlich. Codierungen werden am Text visualisiert, allerdings in sehr einfacher Form im Stile eines DOS-Programms. Bei Subkategorien erfolgt nur eine Angabe der untersten Ebene.

6	Memos können zu einem Text insgesamt und zu Zeilen bzw. Passagen eines Textes zugeordnet werden. Autor, Datum und Thema des Memos können eingegeben werden. Bis zu drei Codeworte können zugeordnet werden, diese müssen eingetippt werden, Listenauswahl ist nicht möglich. Alle vorhandenen Memos werden in einer Liste aufgeführt. Mittels einer vielseitigen Filterfunktion können Memos gezielt selegiert werden. The Ethnograph V 5.0 zeigt jetzt zwar an, wenn bei einer Textzeile ein Memo vorhanden ist, doch besteht die Anzeige nur in einem neben der Textzeile platzierten Buchstaben M.
7	Es können Fallvariablen (Typ numerisch oder Text) gebildet werden. Die Anzahl der Fallvariablen ist auf maximal 40 beschränkt. Es gibt keine Import-Export-Möglichkeiten für die Variablenmatrix.
8	Die Codeworte, deren Segmente man wiederfinden will, müssen eingetippt oder aus der Liste ausgesucht werden. Selektives Retrieval ist möglich. Es kann nach dem Überlappen von Codes, nach ihrer Sequenz und ihrer Nähe gesucht werden. Fallvariablen können als Selektionskriterium beim Text-Retrieval benutzt werden. Der Sprung vom codierten Segment in der Resultatsliste zum Originaltext ist nicht möglich.
9	Lexikalische Suche ist nur in sehr einfacher Form möglich. Automatische Codierung ist nicht vorgesehen.
10	Keine speziellen Funktionen zur Unterstützung von Teamarbeit.
11	Eine Speaker-Section kann genutzt werden, um verschiedene Sprecher in einem Text zu unterscheiden.
12	http://www.QualisResearch.com

	WINMAX, 1998, U. Kuckartz (Berlin/Deutschland)
2	WINMAX, von Udo Kuckartz (FU Berlin) entwickelt, existiert seit 1994 als Windows-Version und baut auf das frühere DOS-Programm MAX auf. In den Anfängen war MAX ein klassisches Cut-and-Paste Programm. Von Beginn an wurde ein Schwerpunkt auf die Möglichkeit zur Kombination von qualitativen und quantitativen Daten gelegt. WINMAX enthält spezielle Funktionen zur Auswertung von offenen Fragen und kann Variablenmatrizen mit intervallskalierten Daten von SPSS importieren.
3	Deutsch und Englisch, 32-bit-Windows, Windows 95,98, NT mit 16 bzw. 32 MB RAM
4	Texte müssen ASCII-formatiert sein, sie können entweder mit Zeilenumbruch importiert oder von WINMAX formatiert werden. Es gibt keine Begrenzung hinsichtlich der Anzahl und der Länge der Texte. Eine Vorab-Definition von Texteinheiten ist nicht notwendig. Ein Text-Preprozessor macht den Import von vorcodierten Texten möglich.
5	Codes sind maximal 27 Zeichen lange Bezeichner; Subkatego-

	rien lassen sich bis zu 10 Ebenen tief staffeln. Alle definierten Codes werden in einer Baumstruktur angezeigt. Zum Codieren wird der Text mit der Maus markiert und ein Codewort/Subcodewort zugeordnet. Die kleinste Codiereinheit ist ein Wort. Mehrfachcodierung und Überlappung von Segmenten sind möglich. Die Codierungen werden neben dem Text visualisiert. Jedem codierten Segment kann ein Relevanz-Score zugeordnet werden.
6	Vorgesehen sind Text-Memos und Code-Memos. Beide Memotypen werden visualisiert. Memos bestehen aus einem Titel, Autor, Entstehungsdatum und dem Memo-Text. Ihnen können Codeworte zugewiesen werden. Der Memo-Manager verwaltet alle vorhandenen Memos und ermöglicht es, diese nach verschiedenen Kriterien (u.a. zugeordnete Codes) zu filtern. Memos können nach dem Vorkommen von bestimmten Worten oder Zeichenketten durchsucht werden.
7	Fallvariablen werden als eigenständiger Datentyp neben den Texten verwaltet. Die Matrix der Fallvariablen kann zum Zwecke statistischer Analysen exportiert werden. Auch der Import einer Variablenmatrix von SPSS ist möglich, diese wird mit der vorhandenen Datenmatrix zusammengefügt.
8	Codierte Segmente können aufgrund einfacher und komplexer Methoden wiedergefunden werden. Die Kategorienhierarchie wird im Text-Retrieval berücksichtigt. Die Fundstellen werden in einer Liste zusammengestellt, von jedem Segment ist der Sprung in den Originaltext möglich. Mittels verschiedener Operatoren (u.a. Entfernungs-, Mengen-, boolesche Operatoren) kann das gleichzeitige Vorkommen von Codes evaluiert werden. Selektives Retrieval in Abhängigkeit von den Fallvariablen sind möglich, mittels boolescher Operatoren lassen sich komplexe Selektionen formulieren.
9	Lexikalische Suche in den Texten oder Teilgruppen der Texte ist möglich. Resultate von Text-Retrievals lassen sich ebenfalls durchsuchen. Die Treffer einer Suche lassen sich automatisch codieren, die Größe des codierten Segments ist wählbar. Eine KWIC-Liste mit bestimmbarem Umfang des Kontextes lässt sich erstellen.
10	Spezielle Teamworkfunktionen: zu einem Text gehörende Codierungen und Memos können ex- und importiert werden; Auch das Fusionieren von Projekten ist möglich.
11	Spezielle Möglichkeiten zur Verknüpfung von quantitativen und qualitativen Prozeduren, z.B. zum Codieren offener Fragen; Import/Export einer Variablenmatrix; Möglichkeit, codierten Segmenten einen Relevanz-Score zuzuordnen.
12	http://www.winmax.de

Interessante Internet-Seiten

Zur computerunterstützten Analyse qualitativer Daten existieren eine Reihe von Internet-Seiten. Derzeit ist vieles stark in Bewegung, so dass mit ständigen Veränderungen zu rechnen ist.

An der University of Surrey wird, finanziert vom Economic and Social Research Council, unter der Leitung von Fielding/Lee/Lewins das Projekt CAQDAS durchgeführt, das sich zur Aufgabe gestellt hat, zur Verbreitung von QDA-Software beizutragen, Trainingskurse zu veranstalten und über das Thema zu forschen. Es handelt sich um eine Infrastruktureinrichtung für die sozialwissenschaftliche Forschung, ähnlich wie ZUMA in Deutschland, unvergleichlich kleiner, doch sehr innovativ, engagiert und produktiv für die englische und internationale Methodenszene. Die Web-adresse lautet:
http://www.soc.surrey.ac.uk/caqdas/

Das Projekt CAQDAS unterhält eine „email discussion group", bei der man Mitglied werden kann, indem man per E-mail eine Message ohne Titel/Betreffangabe an folgende Adresse sendet:

mailbase@mailbase.ac.uk

Die E-mail sollte nur aus folgender Zeile bestehen:

join qual-software Vorname Nachname

Auf alles weitere, auch einen Signaturblock, sollte verzichtet werden. Der Mail-Server sendet eine Bestätigung für die erfolgreiche Aufnahme in die Liste.

QDA-Software im Internet:

AQUAD	http://www.aquad.com
ATLAS/TI	http://www.atlasti.de
CODE-A-TEXT	http://www.codeatext.u-net.com/
HYPER RESEARCH	http://www.researchware.com/
KWALITAN	http://www.kun.nl/methoden/kwalitan/
MARTIN	http://www.son.wisc.edu/~son/resources/simonds/martin/martin.htm
NUD.IST	http://www.qsr.com
THE ETHNOGRAPH	http://www.QualisResearch.com
winMAX	http://www.winmax.de

Weitere Quellen:

http://www.scolari.co.uk/	Auf Promotion und Vertrieb von QDA-Software hat sich der Verlag Sage/Scolari spezialisiert.
http://www.ualberta.ca/~iiqm/	International Institute for Qualitative Methodology, Edmonton/Alberta (Canada)
http://www.gamma.rug.nl	Die niederländischen Institution Pro-Gamma vertreibt weitere Textanalyseprogramme.
http://www.rz.tu-ilmenau.de/~hklein/start.htm	Informative Seite zur Inhalts- und Textanalyse von Harald Klein.
http://gwdu19.gwdg.de/~mromppe/content.htm	Informative deutschsprachige Seite zur Inhaltsanalyse von M. Romppel.
www.gsu.edu/~wwwcom/content.html	"Content analysis resources" von William Evans von der Georgia State University ist eine Website, die zwar hauptsächlich an quantitativer Inhaltsanalyse interessiert ist, aber auch einiges zu QDA zu bieten hat. Man unterhält auch eine Mailing Liste under dem Namen CONTENT, die von Evans moderiert wird.

Literatur

Abbott, A., 1992: What do cases do? Some notes on activity in sociological analysis. In: Ragin, C. and Becker, H.: What is a case? Exploring the foundations of social inquriy, S. 53-82, New York/ Melbourne.

Atteslander, P., 1991: Methoden der empirischen Sozialforschung, 6.A., Berlin/New York.

Bacher, J., 1994: Clusteranalyse. Anwendungsorientierte Einführung. München/Wien.

Bailey, K. D., 1983: Sociological classification and cluster analysis. Quality & Quantity 17: 251-268.

Barben, D./Dierkes, M./Marz, L., 1993: Leitbilder - ihre Rolle im öffentlichen Diskurs und in der wissenschaftlich- technischen Entwicklung der Biotechnologie. WZB Papers FS II 93-110. Berlin.

Barry, C.A , 1998: Choosing Qualitative Data Analysis Software: Atlas/ti and Nudist Compared. In: Sociological Research Online, vol. 3, no. 3

Beck, U., 1996: Das Zeitalter der Nebenfolgen und die Politisierung der Moderne. In: Beck, U./Giddens, A./Lash, S.: Reflexive Modernisierung, S.19-112, Frankfurt/M.

Berelson, B., 1952: Content analysis in communication research. Glencoe.

Böhm, A./Muhr, T./Mengel, A. (Hrsg.), 1994: Texte verstehen: Konzepte, Methoden, Werkzeuge. Konstanz.

Bortz, J., 1993: Statistik für Sozialwissenschaftler. 4. A. Berlin/ Heidelberg/ New York.

Bos, W./Tarnai, C. (Hrsg.), 1989: Angewandte Inhaltsanalyse in der Empirischen Pädagogik und Psychologie. Münster.

Bos, W./Tarnai, C. (Hrsg.), 1996: Computerunterstützte Inhaltsanalyse in den Empirischen Sozialwissenschaften. Theorie - Anwendung - Software. Münster u.a.

Böttger, I., 1996: Leitbilder im ökologischen Film. Beobachtungen zu einem Medium der Erwachsenenpädagogik. Paper 96-125 der Forschungsgruppe Umweltbildung. Berlin.

Brent, E., 1984: Qualitative computing: Approaches and issues. Qualitative Sociology 7:34-60.

Bryman, A. 1988: Quantity and Quality in Social Research. London/New York.

Bukova, A./Hellstern, G.-M., 1995: Computergestützte Argumentationsanalyse der Hochschulreformdebatte mit Hilfe von WINMAX 1.0. In: Kuckartz, U. (Hrsg.), 1995: Computergestützte Auswertung qualitativer Daten: Praxis, Erfahrungen, Zukunft. 1. MAX Benutzerkonferenz, Berlin.

Carstens, W. et. al., 1990: Hilfsbereite Männer. Eine qualitative Studie über die Motive von jungen Männern in der ehrenamtlichen sozialen Arbeit. Berlin.

Coffey, A./Atkinson P., 1996: Making sense of Qualitative Data Analysis: Complementary Strategies. Thousand Oaks.

Coffey, A./Holbrook, B./Atkinson, P., 1996: Qualitative data analysis: technologies and representations. In: Sociological Research On-line' Vol.1, No.1.

Colby, B. N./Kennedy, S./Milanesi, L., 1991: Content Analysis, Cultural Grammars, and Computers. In: Qualitative Sociology, Vol. 14, No. 4, S. 373-387.

Conrad, P./Reinarz, S. (Eds.), 1984: Computers and Qualitative Data: Special Issue of Qualitative Sociology. New York.

Constas, M.A., 1992: Qualitative Analysis as a Public event: The Documentation of Category Development Procedures, In: American Educational Research Journal, Vol. 29, No. 2, S. 253-266.

Corbin, J./Strauss, A., 1990: Grounded theory research: procedures, canons and evaluative criteria. In: Zeitschrift für Soziologie 19, S. 418-427.

de Haan, G./Kuckartz, U., 1996: Umweltbewusstsein. Denken und Handeln in Umweltkrisen. Opladen.

de Haan, G./Kuckartz, U./Rheingans, A. (1996 ff.): Umweltkommunikation und Lokale Agenda 21. Materialien I bis V. Papers der Forschungsgruppe Umweltbildung. Berlin.

de Haan, G./Kuckartz, U./Rheingans, A./Schaar, K., 1996: Leitbilder im Diskurs um Ökologie, Gesundheit, Risiko. In: de Haan, G. (Hrsg.): Ökologie, Gesundheit, Risiko. Perspektiven der ökologischen Kommunikation Band II. Berlin.

de Haan, G./Schaar, K., 1994: Leitbilder in der Organisation des „Modellversuchs zur Umweltbildung im Ballungsraum des wiedervereinigten Berlins". Paper 94-106 der Forschungsgruppe Umweltbildung. Berlin.

Denzin, N., 1989: Interpretive Interactionism. Newbury Park/ London/New Delhi.

Denzin, N./Lincoln, Y. (Eds.), 1994: Handbook of Qualitative Research. Thousand Oaks.

Dey, I., 1993: Qualitative Data Analysis. London/New York

Diekmann, A., 1996: Empirische Sozialforschung. Grundlagen, Methoden, Anwendungen. Reinbek.

Dierkes, M./Marz, L. (1992): Leitbilder der Technik - ihre Bedeutung, Funktionen und Potentiale für den KI-Diskurs. WZB Papers FS II 92-107. Berlin.

Eckes, T./Roßbach, H., 1980: Clusteranalyse. Stuttgart.

Engel, U./Wuggenig, U., 1991: Statistische Auswertungsverfahren nominalskalierten Daten. In: Flick, U. et. al. (Hrsg.), 1991, S. 237-242.

Fielding, N. G.,/Lee, R. M. (Eds.), 1991: Using Computers in Qualitative Research. London.

Fielding, N. G./Fielding, J. L., 1986: Linking Data. Qualitative Research Methods, Vol. 4. Beverly Hills.

Fielding, N./Lee, R., 1998: Computer Analysis and Qualitative Research. London.

Flick, U. u.a. (Hrsg.), 1991: Handbuch Qualitative Sozialforschung: Grundlagen, Konzepte, Methoden und Anwendungen. München/Weinheim.

Flick, U., 1991: Ad-hoc-Gruppe „Verwendung von Computern in der Qualitativen Forschung". In: Glatzer, W. (Hrsg): Moderisierung moderner Gesellschaften - 25. Dt. Soziologentag, Beiträge der Sektions- und Ad-hoc-Gruppen, S. 800-820. Opladen.

Flick, U., 1992: Triangulation Revisited: Strategy of Validation or Alternative? In: Journal for the Theory of Social Behaviour. Vol. 22, Nr. 2, June 1992, pp. 175-197.

Flick, U., 1995: Qualitative Forschung: Theorie, Methoden, Anwendung in Psychologie und Sozialwissenschaften. Reinbek.

Früh, W., 1991: Inhaltsanalyse. Theorie und Praxis, 3. A. München.

Früh, W., 1992: Analyse sprachlicher Daten. Zur konvergenten Entwicklung „quantitativer" und „qualitativer" Methoden: In: Hoffmeyer-Zlotnik, J. (Hrsg.): Analyse verbaler Daten. S. 59-89. Opladen.

Galliker, M., 1996: Delegitimierung von Migranten im Mediendiskurs. Eine Co-Occurence-Analysis drei Jahrgängen einer Tageszeitung, In: Kölner Zeitschrift für Soziologie und Sozialpsychologie, 48, S. 704-727.

Garz, D. (Hrsg.), 1994: Die Welt als Text. Frankfurt.

Garz, D./Kraimer, K. 1991: Qualitativ-empirische Sozialforschung. Konzepte, Methoden, Analysen. Opladen.

Gerson, E. , 1984: Qualitative research and the computer. Qualitative Sociology 7:61-74.

Gerson, E., 1985: Computing in Qualitative Sociology. Qualitative Sociology 8 (1): 97-99.

Gerson, E., 1987: Another Way of Working with Text. Qualitative Sociology 10 (2): 204-207.

Gerson, E., 1987: Do We Sincerely Want to be Programmers? Qualitative Sociology 10 (4): 407-409.

Giegler, H., 1992: Zur computerunterstützten Analyse sozialwissenschaftlicher Textdaten: Quantitative und qualitative Strategien, in: Hoffmeyer-Zlotnik, J.P. (Hrsg.), 1992: Analyse verbaler Daten, Opladen.

Glaser, B. G./Strauss, A., 1979: Die Entdeckung gegenstandsbezogener Theorie. S. 91-111 in: Hopf, C./Weingarten, E. (Hrsg.), Qualitative Sozialforschung. Stuttgart.

Glaser, B., 1978: Theoretical Sensitivity. Advances in the Methodology of Grounded Theory. Mill Valley.

Glaser, B./Strauss, A., 1967: The Discovery of Grounded Theory. Chicago.

Glaser, B.G., 1992: Emergence vs. forcing. Basics of grounded theory analysis. Mill Valley.

Goffman, E., 1980: Rahmen-Analyse. Frankfurt/M.

Greenstein, Daniel I., 1994: A Historian's Guide to Computing. Oxford/New York.

Hesse-Biber, S./Dupuis, P., 1996: An Automatic Hypothesis Tester for Qualitative Analysis In: Bandilla, W. and Faulbaum, F. (Eds.). SoftStat '95: Advances in Statistical Software 5. S. 353-360. Stuttgart.

Hesse-Biber, S./Dupuis, P./ Kinder, S., 1991: HyperRESEARCH: A Computer Program for the Analysis of Qualitative Data with an Emphasis on Hypo-

thesis Testing and Multimedia Analysis, In: Qualitative Sociology, Vol. 14, No. 4, S. 289-306.
Hoffmeyer-Zlotnik, J. (Hrsg.), 1992: Analyse verbaler Daten. Über den Umgang mit qualitativen Daten, Opladen.
Holsti, O. R., 1969: Content Analysis for the Social Sciences and Humanities, Reading.
Hopf, C. 1982: Norm und Interpretation. Einige methodische und theoretische Probleme der Erhebung und Analyse subjektiver Interpretationen in qualitativen Untersuchungen. Zschr. für Soziologie 11: 307 ff.
Hopf, C. u.a., 1995: Familie und Rechtsextremismus: Familiale Sozialisation und rechtsextreme Orientierungen junger Männern. Weinheim/München.
Hopf, C., 1985: Fragen der Quantifizierung in qualitativen Untersuchungen. Vortrag gehalten auf der Herbstsitzung der Methodensektion der Deutschen Gesellschaft für Soziologie in Mannheim Oktober 1985.
Hopf, C., 1991: Qualitative Interviews in der Sozialforschung. ein Überblick. S.177-181 in: Flick, U. u.a., Handbuch Qualitative Sozialforschung.
Hopf, C./E. Weingarten (Hrsg.), 1979: Qualitative Sozialforschung. Stuttgart.
Hopf, C./Schmidt, C. (Hrsg.), 1993: Zum Verhältnis von innerfamilialen sozialen Erfahrungen, Persönlichkeitsentwicklung und politischen Orientierungen. Dokumentation und Erörterung des methodischen Vorgehens in einer Studie zu diesem Thema, Institut für Sozialwissenschaften der Universität Hildesheim.
Huber, G. L. (Hrsg.), 1992: Qualitative Analyse: Computereinsatz in der Sozialforschung. München/Wien.
Huber, G. L., 1994: Analyse qualitativer Daten mit AQUAD Vier. Schwangau.
Huber, G., 1996: Theoriebildung und Rekonstruktion subjektiver Sichtweisen mit Aquad Vier. In: Bos,W./Tarnai, C. 1996, S. 193-208. Münster/New York
Huber, G.L., 1997: Analysis of Qualitative Data with Aquad Five for Windows, Schwangau.
Huberman, A. M./Miles, M.B., 1983: Drawing Valid Meaning from Qualitative Data: Some Techniques of Data Reduction and Display. Quality und Quantity 17: 281-339.
Huberman, A. M./Miles, M.B., 1994: Data Management and Analysis Methods. In: Denzin, N./Lincoln, Y. (Eds): Handbook of Qualitative Research, S. 428-444.
Jahoda, M./Lazarsfeld, P. F./Zeisel, H., 1980: Die Arbeitslosen von Marienthal. Frankfurt.
Kelle, U., 1990: Computerunterstützte Auswertung qualitativer Daten. Ein Überblick über Konzepte und Verfahren. SFB 186 der Universität Bremen, Arbeitspapier Nr.11. Bremen.
Kelle, U., 1994: Computergestützte Kategorisierung verbaler Daten. In: Faulbaum, F. (Ed.): SoftStat '93: Advances in Statistical Software 4. S. 369-376. Stuttgart.
Kelle, U., 1994: Empirisch begründete Theoriebildung. Zur Logik und Methodologie interpretativer Sozialforschung. Weinheim.

Kelle, U., 1995 (Ed.): Computer-Aided Qualitative Data Analysis. Theory, Methods and Practice, London.

Kelle, U., 1996: Computer-Aided Qualitative Data Analysis: An Overview. In: Züll, C./Harkness, J./Hoffmeyer-Zlotnik, J. (Hrsg.), 1996: Text Analysis and Computers. S.33-64.

Kelle, U./Kluge, S., 1999: Vom Einzelfall zum Typus. Fallvergleich und Fallkontrastierung in der qualitativen Sozialforschung. Opladen.

Kelle, U./Bird, K., 1996: An Overview of Current Trends in Computer-Aided Qualitative Data Analysis In: Bandilla, W. and Faulbaum, F. (Ed.). SoftStat '95: Advances in Statistical Software 5. S. 315-322. Stuttgart.

Kern, H., 1982: Empirische Sozialforschung. Ursprünge, Ansätze und Entwicklungslinien. München.

Klein, H., 1997: Intext. Version 4.0, Februar 1997, o.O.

Klein, H., 1997: Overview on text analysis software. In: Bandilla, W./Faulbaum, F. (Eds.). SoftStat '97: Advances in Statistical Software 6. S. 251-258. Stuttgart.

Klein, H./Giegler, H., 1994: Correspondence analysis of text data with INTEXT/PC. In: Greenacre, M./Blasius, J. (Hrsg.): Correspondence analysis in the social sciences, S. 283-301. London.

Kluge, S., 1995: Klassische und computergestützte Typenbildung im Vergleich: Ein Beispiel aus der Forschungspraxis, in: Kuckartz, U. (Hrsg.), 1995: Computergestützte Auswertung qualitativer Daten: Praxis, Erfahrungen, Zukunft. 1. MAX Benutzerkonferenz, Berlin.

Konzept Nachhaltigkeit. Vom Leitbild zur Umsetzung. Abschlußbericht der Enquete-Kommission „Schutz des Menschen und der Umwelt des 13. Deutschen Bundestages". Bonn, Dt. Bundestag 1998.

Kriz, J./Lisch, R., 1988: Methoden-Lexikon. München/Weinheim.

Kromrey, H., 1998: Empirische Sozialforschung, 8.A., Opladen.

Kuckartz, U. (Hrsg.), 1995: Computergestützte Auswertung qualitativer Daten: Praxis, Erfahrungen, Zukunft. 1. MAX Benutzerkonferenz, Berlin

Kuckartz, U. , 1993: Wie der Computer vom Keller auf den Schreibtisch kam - Anmerkungen zur Modernisierung der Methoden in der empirischen Sozialforschung. S. 81-85 in: Soziologie und Technik - Das Mackensen Seminar - Beiträge zur Wende, hrsg. v. U.Tasche, Berlin

Kuckartz, U., 1988: Computer und verbale Daten: Chancen zur Innovation sozialwissenschaftlicher Forschungstechniken, Frankfurt/M.

Kuckartz, U., 1990a Computerunterstützte Suche nach Typologien in qualitativen Interviews. S. 495-502 in: Faulbaum, F. et al. a. (Hg.), SOFTSTAT' 89. Fortschritte der Statistik-Software 2. Stuttgart.

Kuckartz, U., 1990b: New developments in qualitative computing: MAX - a new program for linking quality and quantity. Bulletin de Methodologie Sociologique, published by the International Association of Sociological Methodology, No. 29.

Kuckartz, U., 1991: Computers and qualitative research: A comparison of the computer software for qualitative data analysis. Paper presented at the

SoftStat 91, The 6th Conference on the Scientific Use of Statistical Software, Heidelberg 8.4.1991.

Kuckartz, U., 1991a: Ideal types or empirical types: the case of Max Weber's empirical research. Bulletin de Methodologie Sociologique published by the International Association of Sociological Methodology, No. 32.

Kuckartz, U., 1992: Textanalysesysteme für die Sozialwissenschaften, Einführung in MAX und TEXTBASE ALPHA. Stuttgart/New York/Jena.

Kuckartz, U., 1995: Case-oriented quantification. In: Kelle, U. (Ed.) : Computer-Aided Qualitative Data Analysis. Theory, Methods and Practice, London.

Kuckartz, U., 1995: MAX für WINDOWS: ein Programm zur Interpretation, Klassifikation und Typenbildung. In: Bos, W./Tarnai, Chr. (Hrsg.): Computerunterstützte Inhaltsanalyse in den Empirischen Sozialwissenschaften. Theorie - Anwendung Software. Münster.

Kuckartz, U., 1996: Argumentationen und Leitbilder computergestützt analysieren. In: Historical Social Research, Historische Sozialforschung, Vol 21, No.3, S. 115-136.

Kuckartz, U., 1997: A standardized text interchange format for computer programs for qualitative data analysis. In: Bandilla, W. and Faulbaum, F. (Ed.). SoftStat '97, S. 259-266. Stuttgart.

Kuckartz, U., 1998: WinMAX Professionelle Version. Handbuch zum Textanalysesystem winMAX für Windows 95. Opladen.

Lamnek, S., 1993: Qualitative Sozialforschung. 2 Bde, 2. A. Weinheim.

Lazarsfeld, P. F., 1972: Qualitative analysis. Historical and critical essays. Boston.

Lee, R. M./Fielding, N. G., 1996: Computer-Assisted Qualitative Data Analysis: The User's Perspective In: Bandilla, W. and Faulbaum, F. (Ed.). SoftStat '95, S. 323-325. Stuttgart.

Lee, R.M./Fielding, N., 1996: Qualitative Data Analysis: Representations of a Technology: A Comment on Coffey, Holbrook and Atkinson. In: Sociological Research Online Vol 1, No. 4.

Legewie, H./Schervier-Legewie, B., 1995: Anselm Strauss im Gespräch, Journal für Psychologie, 3, S. 64-75

Lofland, J./Lofland, L.H., 1984: Analyzing social settings: A guide to qualitative observation and analysis (2nd ed.). Belmont.

Mangabeira, W., 1996: Computer-Assistance, Qualitative Analysis and „Model Building": Hyper-Research and Ethno Programs In: Bandilla, W. and Faulbaum, F. (Ed.). SoftStat '95, S. 334-343. Stuttgart.

Marz, L., 1993: Leitbild und Diskurs (Eine Fallstudie zur diskursiven Technikfolgenabschätzung von Informationstechniken). WZB Papers FS II 93-106. Berlin.

Marz, L./Dierkes, M., 1992: Leitbildprägung und Leitbildgestaltung. Zum Beitrag der Technikgenese-Forschung für eine prospektive Technikfolgen-Regulierung. WZB Papers FS II 92-105. Berlin.

Mayring, P., 1988: Qualitative Inhaltsanalyse: Grundlagen und Techniken, Weinheim

Mayring, P., 1993: Einführung in die qualitative Sozialforschung. 2.A. Weinheim.

Mayring, Ph./Köng, J./Birk, N. 1996: Qualitative Inhaltsanalyse von Berufsbiographien arbeitsloser LehrerInnen in den Neuen Bundesländern. In: Bos, W./Tarnai, C. (Hrsg.): Computerunterstützte Inhaltsanalyse in den Empirischen Sozialwissenschaften., S. 105-120. Münster.

McTavish, D./Pirro, E.B., 1990: Contextual content analysis. In: Quality and Quantity 24/3, S.245-265

Merten, K., 1996: Inhaltsanalyse. Einführung in Theorie, Methode und Praxis, 2. verb. Aufl., Opladen.

Miles, M.B./Huberman, M., 1994: Qualitative Data Analysis. An Expanded Sourcebook, 2nd Edition, Newbury Park.

Muhr, T., 1997: Atlas-ti. Visual Qualitative Data Analysis- Management – Model Building – Release 4.1. Short User's Manual. 1st edition. Berlin.

Ragin, C. , 1987: The comparative method. Moving beyond qualitative and quanitative strategies. Berkely/Los Angeles.

Ragin, C. and Becker, H., 1989: How the Microcomputer is Changing Our Analytic Habits, In: Blank, G., McCartney, J., Brent, E.: New Technology in Sociology: Practical Applications in Research and Work, S. 47-55, New Brunswick (USA). London.

Ragin, C., 1994: Constructing Social Research: The Unity and Diversity of Method, Thousand Oaks.

Richards, T./Richards, L., 1991: The NUDIST Qualitative Data Analysis System. In: Qualitative Sociology, Vol. 14, No. 4, S. 307-324

Schack, K. (1994): Das Thema Ökologie in der erzählenden Kinder- und Jugendliteratur. Eine Leitbildanalyse. Paper 94-114 der Forschungsgruppe Umweltbildung. Berlin.

Schauf, G./Schünemann, R., 1995: Experteninterviews in der Jugendhilfeforschung, in: Kuckartz, U. (Hrsg.), 1995: Computergestützte Auswertung qualitativer Daten: Praxis, Erfahrungen, Zukunft. 1. MAX Benutzerkonferenz, Berlin.

Schnell, R./Hill, P.B./Esser, H., 1992, Methoden der empirischen Sozialforschung. München/Wien.

Schründer-Lenzen, A., 1996: Inhaltsanalyse als Instrument methodisch kontrollierter Typenbildung: Das Textanalysesystem MAX in der Forschungspraxis. In: Bos,W./Tarnai, C., 1996, S. 135-148.

Schütz, A., 1962: Collected Papers I. The Problem of Social Reality. The Hague.

Seidel, J., 1991: Method and Madness in the Application of Computer Technology to Qualitative Data Analysis. In: Fielding, N. G./Lee, R. (Eds.), 1991: Using Computers in Qualitative Research, London

Silverman, David, 1993: Interpreting Qualitative Data: Methods for Analysing Talk, Text and Interaction. London/Thousand Oaks.

Smith, R., 1987: Linking quality and quantity. Part I. Understanding and explanation. Quality and Quantity 21:291-311.

Spöhring, W., 1989: Qualitative Sozialforschung. Stuttgart.

Strauss, A., 1991: Grundlagen qualitativer Sozialforschung. Datenanalyse und Theoriebildung in der empirischen soziologischen Forschung. München.

Strauss, A./Corbin, J., 1996: Grundlagen qualitativer Sozialforschung, Weinheim.

Tesch, R. (Ed.), 1991: Computers und Qualitative Data II, Special Issue, Part 1,2. In: Qualitative Sociology, Volume 14, Number 3, 4, New York

Tesch, R. , 1990: Qualitative Research: Analysis Types and Software Tools. New York/ Philadelphia.

Toulmin, S.E. 1975: Der Gebrauch von Argumenten. Kronberg/Ts.

Triandafyllidou, A./Fotiou, A. 1996: Competing actors and discourses in the European environmental policy arena. A frame analysis approach. Paper presented at the 4th International Social Science Methodology Conference, Essex, July 1996.

von Grote, C./Sprenger, A./Weingarten, E., 1983: Patientenorientierte Intensivmedizin - einige strukturelle und interaktionelle Bestimmungselemente für ihre Realisierung. In: v.Ferber, C./Badura, B. (Hrsg.), Laienpotential, Patientenaktivierung und Gesundheitsselbsthilfe. S. 141-189. München/Wien.

Weber, M., 1964: Wirtschaft und Gesellschaft. Grundriß der verstehenden Soziologie. Studienausgabe, hrsg. von J. Winckelmann. Köln/Berlin.

Weitzman, E./Miles, B. 1995: Computer Programs for Qualitative Data Analysis: A Software Sourcebook. Thousand Oaks/London.

Witzel, A., 1982: Verfahren der qualitativen Sozialforschung. Frankfurt.

Züll, C. /P. P. Mohler, /A. Geis, 1991: Computergestützte Inhaltsanalyse mit TEXTPACK PC. Stuttgart/ New York.

Züll, C./Harkness, J./Hoffmeyer-Zlotnik, J. (Hrsg.), 1996: Text Analysis and Computers. ZUMA-Nachrichten Spezial. Mannheim.

Züll, C./Mohler, P., (Hrsg.), 1992: Textanalyse, Anwendungen der computergestützten Inhaltsanalyse, Opladen

Züll, C./Mohler, P., 1987: General Inquirer. In: ZUMA-Nachrichten 20, S. 32-36

Züll, C./Mohler, P., 1989: Der General Inquirer III: Ein Dinosaurier für die historische Forschung. Mannheim, ZUMA-Arbeitsbericht Nr. 89/10

Sachregister

A

C

D

Ü

V

W

Z

Über den Verfasser

Udo Kuckartz, Dr. phil., M.A., geb. 1951, ist Professor für Empirische Forschungsmethoden am Fachbereich Erziehungswissenschaften der Philipps-Universität Marburg. Studium der Soziologie und Politikwissenschaft an der RWTH Aachen, Promotion in Soziologie an der TU Berlin, Habilitation für Empirische Erziehungswissenschaft an der Freien Universität Berlin.

Wichtige Veröffentlichungen:

Computer und verbale Daten (Frankfurt 1988); Textanalysesysteme für die Sozialwissenschaften (Stuttgart 1992); Sozialpädagogisches Hochschulstudium und Berufstätigkeit (mit H. Lukas und E. Skiba, Berlin 1994); Umweltbewußtsein. Denken und Handeln in Umweltkrisen (mit G. de Haan, Opladen 1996); winMAX Textanalysesystem für die Sozialwissenschaften (Opladen 1997); Umweltbewußtsein und Umweltverhalten (Berlin/Heidelberg 1998); Umweltbildung und Umweltbewußtsein (hg. mit G. de Haan, Opladen 1998); winMAX - Software for qualitative data analysis (London/Thousand Oaks 1998).